Werner Lord

Das schöne Märchen
von der Treue

Was ist ein »Mindset«?

Der englische Begriff »Mindset« wird in der Psychologie meistens mit »Mentalität« übersetzt, in den Sozialwissenschaften eher mit »kultureller Standard«. Etwas allgemeiner könnte man unter »Mindset« wohl Wissen und Einstellungen verstehen, die weitgehend unhinterfragt das Handeln von Individuen, Gruppen oder Gesellschaften bestimmen.

Wenn wir bedenken, welches Leid schwierige oder scheiternde Beziehungen unter den Menschen verursachen, müssen wir wohl annehmen, dass »Ein Mindset für realistische Beziehungen« noch nicht sehr verbreitet ist.

Wahrnehmen und verstehen, was sich die Menschen, mit denen wir in Kontakt sind, wünschen, und wahrnehmen und verstehen, worum es uns im Kontakt mit den anderen geht – das ist der Weg zu einem solchen Mindset. Mit einer Entdeckungsreise zu Beziehungserfahrungen in vergangenen Zeiten treten wir diesen Weg an und landen, nach vielen exemplarischen Erfahrungen, im Hier und Jetzt, bei uns selbst, bei der Selbsterfahrung.

Über den Autor

Werner Lord hat Germanistik und Philosophie studiert, war danach in einem Lexikonverlag Fachredakteur für die Gebiete Philosophie und Psychologie. Später wurde er Sachbuchlektor in verschiedenen Verlagen, wo er unter anderem viele erfolgreiche Partnerschaftsbücher betreute.

Gelegentlich ist er als Dozent in der Erwachsenenbildung tätig. Nebenbei ist er Biobauer und züchtet eine vom Aussterben bedrohte Schafrasse.

Werner Lord

Das schöne Märchen von der Treue

Ein Mindset für realistische Beziehungen

Die Deutsche Nationalbibliothek verzeichnet diese Publikation in der Deutschen Nationalbibliografie; detaillierte bibliografische Daten sind im Internet über http://dnb.dnb.de abrufbar.

Originalausgabe

© 2024 Werner Lord
Coverfoto: Sacré-Coeur, Montmartre, Paris/© Milan Mika

Verlag: BoD · Books on Demand GmbH,
In de Tarpen 42, 22848 Norderstedt

Druck: Libri Plureos GmbH, Friedensallee 273, 22763 Hamburg

ISBN: 978-3-7597-6733-2

Inhaltsverzeichnis

Teil I

Ewige Treue – ewiges Problem

Findet die Prinzessin den richtigen Prinzen?

Eine wunderschöne Prinzessin soll mit einem Prinzen vermählt werden. Es stellen sich zahlreiche Bewerber ein. Doch welcher Prinz ist der beste für sie? Um das herauszufinden müssen sich die Königssöhne schrecklichen, grausamen oder schier unlösbaren Prüfungen stellen, in denen sie scheitern, mit Schmach davongejagt oder gar getötet werden können. Das ist in vielen Märchen der dramatische Höhepunkt der Handlung. Nicht immer geht es so blutrünstig zu wie im persischen Märchen von der eiskalten Prinzessin Turandot, bei der die Freier gar keine Chance haben und reihenweise geköpft werden. Aber immer geht es darum, den einzig richtigen Prinzen auszuwählen. Das Zueinander-Finden ist das, was dem späteren Paar die höchsten Schwierigkeiten abverlangt.

In der Sammlung der Gebrüder Grimm müssen sich mitunter auch Prinzessinnen bewähren und Standhaftigkeit, Demut oder Klugheit beweisen. Im »Froschkönig« geht es darum, dass die Prinzessin ihr Versprechen einlöst. So wird aus dem verzauberten Frosch ein Königssohn und ihr Ehemann. Dornröschens Prinz muss erst einmal durch die unüberwindliche Dornenhecke kommen, ehe er Dornröschen aufwecken und heiraten darf. In unzähligen Mythen und Märchen müssen erst einmal Rätsel gelöst, die Klugheit oder Treue erwiesen oder gefährliche Mutproben überstanden werden, damit der Weg frei wird für die königliche Hochzeit. Aber wenn diese Hürde genommen ist, dann kommt als Lohn das beständige Glück zu zweit, ohne weitere Probleme. Im Märchen dauert die treue Paarbeziehung selbstverständlich das ganze Leben: »Und wenn sie nicht gestorben sind, dann leben sie noch heute.«

Ich will Ihnen keine Märchen erzählen. Bei mir – und bei vielen Menschen, die mir begegnet sind – war es nämlich so, dass nach dem Zueinander-Finden die Probleme erst richtig anfingen.

Und wie ist das bei Ihnen? Sind Sie, seit Sie Ihrer ersten großen Liebe begegnet sind, mit diesem Menschen zusammen und führen eine glückliche Partnerschaft? Womöglich schon seit vielen, vielen Jahren? Oder erst seit Kurzem und genießen das Hochgefühl, jetzt am Ziel zu sein? Leben Sie genau das Leben, das Sie sich wünschen? Glückwunsch! Dann werden Sie die Ideen und Einsichten in diesem Buch wahrscheinlich mit großer Gelassenheit aufnehmen und staunen, welche Dramen und Leidensgeschichten andere Menschen mit Beziehungen durchleben und was ich hier in diesem Buch an Problemen berichten und abhandeln werde.

Aber vielleicht ist Ihre erste große Liebe ja auch schon länger Vergangenheit, ist irgendwann aus Ihrem Leben verschwunden, hat schöne oder auch schmerzliche Spuren in Ihrem weiteren Leben hinterlassen. Und vielleicht hat sich schon einmal ein vertrauter Mensch bei Ihnen erkundigt und gefragt: »Sag mal, wie war das denn bei dir mit deiner ersten großen Liebe?«

An welches Erlebnis haben Sie dann gedacht? Was für eine Geschichte haben Sie zu erzählen?

Die erste große Liebe gilt oft als ein Schlüssel für den weiteren Beziehungsweg; wie wir uns noch unerfahren auf dieses Terrain gewagt und unsere Liebe, Begeisterung und Hoffnung in die Welt gebracht, welche Erfahrungen wir damit gemacht haben, all das hat in den meisten Lebensgeschichten eine besondere, nachhaltige Bedeutung.

Vielleicht gibt es in Ihrem Leben aber auch gar keine prägnante erste große Liebe, vielleicht gab es mehrere in etwa gleich große, vielleicht ist auch eine frühere durch eine spätere verblasst. Vielleicht fällt es Ihnen schwer, sich zu entscheiden, und Sie wollen nicht der einen diese Ehre vor anderen geben.

Das Wesen der Liebe ist, dass wir sie nicht bewusst steuern oder planen können. Sie macht etwas mit uns, nicht wir mit ihr. »Wo die Liebe hinfällt...!«, ist ein geläufiger Ausruf, mit dem wir diese Verwunderung ausdrücken: Da geschieht etwas mit uns, und unser Verstand kann das alles nicht kontrollieren, er kann es bestenfalls beobachten und begleiten. Das, was sich in der Liebe und in den Beziehungen der Menschen ereignet, ist im Wesentlichen von ganz anderen Kräften gelenkt als von unserem bewussten Denken und unserem willensgemäßen Handeln. Und wenn wir darüber angemessen sprechen wollen, sind wir im Idealfall erst einmal nur aufmerksame Beobachter – ohne schon eine Bewertung, eine moralische Forderung oder einen eigenen Wunsch ins Spiel zu bringen.

Ich möchte mit Ihnen über Beziehungen und Partnerschaft nachdenken, erst einmal erkunden, welche Erfahrungen aus der Vergangenheit unsere Vorstellungen von Partnerschaft prägen und dann natürlich die eigenen Erfahrungen begleiten. Wir werden schnell auf die Frage stoßen, wie wir unsere Beziehungen im Spannungsfeld zwischen Zugehörigkeit, Selbstbestimmung und Freiheit gestalten – ob es die eine Partnerin oder den einen Partner im Leben gibt, die oder der genau zu unseren Bedürfnissen und zu unserem Lebensentwurf passt, und was wir tun können, um ein möglichst glückliches oder sinnvolles Leben zu führen.

Ich möchte in diesem Buch ausgreifen und auch von Zeiten erzählen, in denen es selbstverständlich nur die eine oder den einen gab, mit der oder dem man dann das ganze weitere Leben zusammenzubleiben hatte. So einfach – aber auch so unfrei – sind unsere Partnerschaften heute nicht mehr. Unsere Freiheit ist eine große Chance. Aber sie hat auch Risiken (und Nebenwirkungen). Ob wir mit der Freiheit glücklicher leben können, hängt (auch) von unserem persönlichen Verhalten ab und also von dem, was wir an Prägungen, Erfahrungen und Wissen über das menschliche Zusammenleben mitbringen. Wir haben Entscheidungs- und Gestaltungsspielräume! Wie wir sie erkennen und zu unser aller Wohl und Glück nutzen können – darum soll es hier gehen.

Als mir einmal die Frage gestellt wurde:»Sag mal, wie war das denn bei dir mit deiner ersten großen Liebe?«, da war ich erst mal unschlüssig, welches Erlebnis genau diesen Rang hatte… Es gab mehrere, die sich so anfühlten. Und in der Rückschau bemerkenswert: Sie endeten alle ähnlich unglücklich, schmerzvoll, unerlöst. Ein Schlüsselerlebnis in diesem Sinn war aber zweifellos meine Geschichte mit Anna:

Bis heute ist dieser Name für mich ein besonderes Signal. Als ich Anna zum ersten Mal sah, war ich nur aus schüchterner Distanz aufmerksam auf sie. Wir sangen in unterschiedlichen Kirchenchören, und unsere beiden Chöre hatten sich zu einem gemeinsamen Projekt zusammengetan. Es war die Art, wie sie lachte, die mich ansprach. Wie ihre dunklen Locken schwangen; wie sie sich bewegte, so elastisch, so bestimmt, so konzentriert. Ich beobachtete sie, bewunderte sie, ihre Schönheit machte mich unruhig; ich mühte mich, nicht immer zu ihr hinüberzusehen; ich fürchtete, es würde ihr auffallen und mich nur verlegen und peinlich machen. Dann hörte ich sie singen, ihre warme, dunkle, kräftige Stimme. Ich fühlte mich von ihr umfangen, fühlte die Schwingung in der Magengrube und war gebannt.

Als unsere gemeinsamen Proben schon eine Weile fortgeschritten waren und ich merkte, dass auch sie auf mich aufmerksam war, wurde ich mutiger, suchte ihre Nähe, sprach mit ihr und begleitete sie nach dem Singen ein Stück ihres Wegs nach Hause. Und dann wartete sie sogar auf mich, und wir verabredeten uns auch ohne Chor. Ich wurde fortgetragen von einem Jubel, wie ich ihn vorher kaum erlebt zu haben glaubte. Ich war so was von verliebt! Wenn ich nicht bei ihr war, dachte ich alle fünf Minuten an sie. Wenn ich neben ihr stand, dachte ich gar nicht mehr, da war nur noch ein Zittern, Sehnen, Staunen.

Sie war nicht meine Erste, ich war 23, aber noch nie zuvor hatte es mich so heftig erwischt. Sie ließ sich auf mich ein, nahm mich wichtig, wollte mit mir sein! Das ging Wochen so, wir sahen uns täglich und machten alles gemeinsam. Wir standen Hände haltend nebeneinander im Chor, unsere Stimmen verschmolzen, ich meinte, wir wären zusammen am Ziel, es fühlte sich so nach seliger Einheit an, bei ihr zu sein.

Mich faszinierte ihre Entschlossenheit, ihre Energie, ihr Eigenwille. Sie hatte etwas von einer Raubkatze, ich nannte sie »den Puma« und wusste: Genau so will ich es haben. Mit diesem Mädchen wollte ich immer zusammen sein, an ihrer Seite hatte mein Leben die Tiefe, die Klarheit, das Ziel. Das war meine Bestimmung, daran hatte ich keinen Zweifel.

Ein paar Monate war unsere Euphorie und unser Zutrauen in das gemeinsame Leben ungebrochen. Wir machten lange Wanderungen, verreisten zusammen, besuchten sogar – auf diese Idee wäre ich ohne sie nie gekommen – einen Volkstanzkurs. Anna sah in mir den starken, souveränen, glücklichen jungen Mann, und der war ich anfangs gewiss auch. Sie war begeistert von der Wendung, die ihr Leben plötzlich nahm und hielt meinen großen Gefühlen und Erwartungen stand und erwiderte sie. Es war faszinierend und leicht, und das Vertrauen zueinander wuchs. Miteinander zu sein wurde uns immer selbstverständlicher.

Doch je mehr wir voneinander kennen lernten, desto mehr stellten sich auch Aspekte ein, die nicht so zueinander passten: meine Freunde, meine Gewohnheiten, ihre Wünsche… In meinen Gefühlen war nicht nur Leichtigkeit und Zuversicht, da gab es auch Schwere, Zweifel, Angst. Und so empfand sie unsere Liebe allmählich so wie ein Geschenk, das man einerseits haben will, andererseits ein Grauen dabei verspürt, die Verpflichtung und Verantwortung dafür zu tragen. Die Verantwortung begann zu drücken, die Leichtigkeit schwand dahin. Ich spürte Widerwillen bei ihr, wo mir vormals nur Freude und Neugierde entgegenkamen. Bald fühlte ich mich gar nicht mehr als der starke, souveräne, glückliche Mann, sondern immer mehr als der bedürftige, gefährdete, enttäuschte. Meine Angst übernahm die Führung, und ich ahnte: Wenn man *so* verliebt ist, steuert man auf die Trennung zu. Ich wurde empfindlich, kleinlich, gereizt, redete mir ein, Anna hätte jetzt mein wahres Ich erkannt, und das würde ihr gar nicht mehr so gefallen. Sie entglitt mir, ich fühlte mich hilflos und fand kein Mittel mehr, das abzuwenden.

Plötzlich hatte sie keine Lust mehr, mit mir etwas zu unternehmen. Meine Versuche sie umzustimmen wurden zur Katastrophe. Es gab noch ein paar ratlos verzweifelte Wochen im Niemandsland, dann machte sie Schluss.

Wir waren noch jung und hatten uns unbekümmert und ohne Vorbehalt in diese Erlebnisse gestürzt. Und jetzt litt ich fürchterlich. Ich war verzweifelt und glaubte, die einzige große Chance in meinem Leben wäre nun verspielt; nichts könnte je wieder so schön werden, so tief gehen. Wenn ich mich recht erinnere, war ich damals der Meinung, mir wäre ein großes Unrecht widerfahren, das eigentlich – in einer freundlichen Welt – nicht hätte passieren dürfen. Ich wollte einfach an der Idee festhalten, dass die Liebe dazu in der Welt ist, um Menschen glücklich zu machen, mit besonderen Energien auszustatten und Bindungen zu schaffen, die ganz von selbst in rückhaltloses Vertrauen und unerschütterliche Treue münden.

Aber dass das in aller Regel nicht so glatt geht, hatte ich eigentlich auch schon vor meinem 23. Lebensjahr zur Genüge erfahren. Woher hatte ich nur diese Erwartung, mit der Liebe würde sich auch die Treue von selbst einstellen und mir ein dauerhaftes Glück in der Zweisamkeit bescheren?

Aus dem Himmel voller Geigen mit Anna wurde keine lebenslange harmonische Beziehung, sondern eine schmerzhafte Enttäuschung, eine harte Landung auf dem Boden der Realität.

Trotzdem ging das Leben weiter, mit einer intensiven Erfahrung und einer Wunde mehr.

Dass zu diesem enttäuschenden Ablauf auch ich, ohne es zu merken, meinen Teil beigetragen habe, davon bekam ich erst viel, viel später eine Ahnung, nach so mancher weiteren Wunde. Und auch, dass ich vielleicht auch die Chance gehabt hätte, das Ganze ein bisschen weniger verletzend und entmutigend zu gestalten.

Da war ich inzwischen von klugen Freunden, Beraterinnen, Therapeuten und vielen psychologischen Büchern mit Fragen konfrontiert worden wie: »Was hast du von deiner Familie mitbekommen?«, »Wie war das eigentlich mit deinem Vater?« oder »Welche inneren Bilder tauchen bei dir auf mit dem Wort ‚Glück‘, ‚Partnerschaft‘, Einsamkeit‘, ‚Verlassenwerden‘, ‚Treue‘…?«

So ein müheloses dauerhaftes Glück, wie mir das damals mit Anna in den Schoß fallen sollte, war eine schöne Phantasie, ein naiver Wunsch … ein Märchen. Immerhin, eine kurze Zeit konnte ich diesen Sehnsuchtszustand erleben. Aber mehr … woher hätte das kommen sollen?

In den Jahren, in denen Kinder alles noch ganz unbewusst aufnehmen, wäre es natürlich ideal, in einem harmonischen, freudigen Umfeld aufzuwachsen, in dem man Vertrauen gewinnen und sich fallen lassen kann. Aber wer hatte schon so eine ideale Kindheit? Die meine habe ich jedenfalls nicht so in Erinnerung. Ich wurde schon in frühen Jahren zum Scheidungskind – die Ehe meiner Eltern hielt nur wenige Jahre, lange Zeit davor gab es schon heftige Kämpfe zwischen den beiden und danach erst recht. So war das eben, und wahrscheinlich hat das auch dazu geführt, dass mich das Thema Beziehungen und Treue so stark angeht und ich mich schon so lange intensiv damit beschäftige.

Wahrscheinlich können Sie, meine Leserinnen und Leser, ebenso nicht-ideale, problematische Geschichten über die Prägungen aus Ihrer Kindheit erzählen. In irgendeiner Weise haben wir alle Problemstoff aus der Herkunftsfamilie, an dem wir uns ein Leben lang abarbeiten.

Was mir aus der Kindheit geläufig war, hat wohl meine Wahrnehmung der Realität stark beeinflusst – jedenfalls muss ich gestehen, dass ich lange den Eindruck hatte, es gebe nahezu ausschließlich unglückliche, scheiternde oder gescheiterte Ehen oder Paarbeziehungen. Die statistischen Zahlen der Ehescheidungen rücken meine extreme, offensichtlich übertreibende Wahrnehmung ein bisschen zurecht: Anscheinend gibt es doch noch Ehen, die lange halten und ohne Scheidung bis zu ihrem natürlichen Ende dauern. Ich würde heute davon ausgehen, dass etliche solcher Ehen von den Ehepartnern als gelungen, befriedigend und glücklich empfunden werden. Aber als Normalfall kann man das sicherlich nicht mehr ansehen – und die Scheidungszahlen steigen nach wie vor.

Auch das progressive Milieu meiner Jugendzeit in den 1970er Jahren war vermutlich alles andere als günstig, um ein naives Vertrauen in die Verlässlichkeit menschlicher Beziehungen aufzubauen. Da wurde erst mal gründlich ausgemistet mit den überkommenen bürgerlichen Werten. Da wurde, in den Nachwehen der 68er-Bewegung »Treue« als ein Begriff aus dem Gruselkabinett der repressiven und reaktionären bürgerlichen Ideologie empfunden. Mit so etwas zu kommen, das ging gar nicht, damit hätte ich unter den Gleichaltrigen meiner Gymnasiumszeit Spott und offene Feindseligkeit geerntet. »Zweierkiste« (das war die gängige Bezeichnung für das, was heute vielleicht etwas neutraler »auf Dauer angelegte Paarbeziehung« heißen würde) gehörte natürlich auch in jenes Gruselkabinett und wurde zwangsläufig in einen Zusammenhang gebracht mit Besitzergreifen, Zwangsverhältnis, Unlebendigkeit und Verlogenheit.

Heute ist der Revolutionsgeist, mit dem alles Überkommene erst einmal gesprengt und durch etwas ganz Neues ersetzt werden sollte, längst abgeklungen. Aber wenn wir es genau bedenken: Der

Begriff »Treue« ist ein Problem. Seinen Inhalt brauchen wir immer noch und haben meistens eine ziemliche Sehnsucht nach ihm. Aber es ist mit ihm schon so viel Schindluder getrieben worden, dass er ein bisschen peinlich wirkt, sein Pathos hohl und nicht ganz auf der Höhe der Zeit. Wenn es um das geht, was früher ganz unschuldig und unmittelbar »Treue« hieß, weichen wir heute gern auf andere Begriffe aus, sprechen von »Bindung« oder »Verlässlichkeit«. Die »Treue« dagegen wechselt oft ins ironische oder spöttische Fach, und wir trauen uns nur noch dann davon zu sprechen, wenn wir das alles nicht so ernst meinen.

Treuepunkte

Ein allseits geläufiges Beispiel für den Alltagsverschleiß der hehren Treue finden wir im Supermarkt. Dort, wo ich häufig einkaufe, erwartete mich an der Kasse viele Jahre die Frage, die mich halb belustigte, halb ärgerte: »Sammeln Sie Treuepunkte?«

Nein, ich sammle sie nicht, obwohl doch eine ganze Menge zusammenkämen, schließlich kaufe ich oft genug da ein. Er ist nun mal der nächste Laden, in dem es Milch und Butter, Brot und Gemüse gibt. Meine Treue hat in dem Fall damit zu tun, dass ich in der Nähe wohne. Die Tatsache, dass ich in diesem Laden so oft einkaufe, kann man vielleicht als »Standorttreue« bezeichnen; aber in diesem Falle würde ich eher von Gewohnheiten sprechen, »Treue« erscheint mir hier ein bisschen übertrieben. Anfangs habe ich auf die Frage »Sammeln Sie Treuepunkte?« immer scherzhaft geantwortet: »Nö, mit der Treue hab ich's nicht so!« Doch irgendwann beschlich mich das Gefühl, dass das ein ziemlich billiger Scherz war, und seitdem habe ich das gelassen.

Inzwischen hat der Laden einen neuen Eigentümer, mit den Treuepunkten ist es jetzt vorbei. Das Geschäft hat einen neuen Namen, und viele Waren, an die ich mich gewöhnt hatte, bekomme ich dort nicht mehr. Mit der »Treue« der Firma ist es also offensichtlich auch nicht so weit her. Wie gut, dass weder ich mich von dem Supermarkt, noch er sich von mir abhängig fühlte. Er hat ja noch Tausende anderer Kunden, und Einkaufsmöglichkeiten habe ich noch genug. Sonst wäre daraus womöglich ein Drama geworden.

Es klingt vielleicht cool,»es mit der Treue nicht so zu haben«, und wenn es um nicht viel geht, kann man darüber schon mal leichtfertig scherzen. Aber in Wahrheit ist mein Verhältnis zum Thema »Treue«, wie Sie nun schon ahnen werden, um Dimensionen vielschichtiger.

Im Marketing lebt die Treue als »Treuepunkte«, »Treuerabatt« oder »Treueprämie« fort. Für den Handel sind sie ein Mittel, möglichst viel von meinem Konsum in die eigene Kasse zu bekommen. Digitale Kundenkarten verfolgen das gleiche Ziel, und ihr Nutzen für die Händler ist sogar noch größer. Kaufverhalten und Produktvorlieben können mit Kundenprofilen abgeglichen werden, die Händler kennen ihre Kunden so gut wie nie zuvor – eine innige Beziehung. Aber Moment mal, diese Beziehung ist völlig einseitig! Ich soll möglichst »treu« sein, er soll mein einziger Supermarkt sein, aber er? Er legt es darauf an, möglichst viele Kunden zu haben, und das nimmt ihm ja auch keiner übel. Treue, so, wie wir diesen Begriff immer noch romantisch-idealistisch verstehen, ist da von keiner Seite im Spiel. Der Kaufmann, der mich mit Treuepunkten bei der Stange halten will, bringt einen sehr vordergründigen Nutzen ins Spiel; die hohen Ideale sollte man da besser nicht bemühen; die Analogie von Kunden-Händler-Beziehungen zu ernsthafteren menschlichen Beziehungen sollten wir beiseite lassen – auch wenn uns später natürlich auch die menschlichen Beziehungen mit sehr ungleich verteilten Freiheiten und Bindungen interessieren werden.

Wir nehmen es ja doch ganz gerne hin, dass in dem Begriff »Treue« viele Überlieferungen mitschwingen, dass er heute immer wie mit Patina daherkommt. Er klingt noch ein bisschen nach

Mittelalter, nach sehr festgefügten Verhältnissen mit wenig Mobilität und wenig äußeren Veränderungen … nach Zeiten, in denen die Menschen viel eher wussten, wozu sie ihr Leben lebten und was sie erreichen konnten. Treu zu sein ist nicht weiter schwierig, wenn man eh nicht weg kommt und keine Wahl hat.

Und doch beinhaltet der Begriff der Treue immer schon eine bewusste, selbstbestimmte Entscheidung: Dableiben, wenn das Weggehen vielleicht einfacher wäre. Verlässlichkeit geben, um einen höheren Zweck zu erfüllen. Sich im Sinne eines »Wir« verhalten, auch wenn die Möglichkeit bestünde, entgegengesetzte Ziele des Ego zu verfolgen. Und deswegen steht das nicht gerade sehr modische Wort »Treue« in unmittelbarem Zusammenhang mit einer hochaktuellen Problematik, an der sich unsere Zeit abarbeitet. Es ist vielleicht noch nicht sehr geläufig, so zu denken – aber »Treue« wird immer wichtiger, je weiter die individuelle Freiheit gehen kann, je mehr Mobilität den Menschen möglich ist und je mehr sich die Menschen als isolierte Egos empfinden. In Zeiten der Freiheit des Individuums muss sie natürlich einen anderen Beweggrund haben als nur eine moralische Forderung. Treue, die nur durch Vorschriften und Strafdrohungen erreicht wird, geht an der Idee wirklicher Treue vorbei.

Die Treue, über die ich gerne näher nachdenken möchte, ist die selbstbestimmte Treue unter den Bedingungen der Freiheit: Ich habe die Wahl, ob ich treu oder untreu bin; ich kann mich entscheiden und das Bessere wählen.

Dableiben oder Ausharren haben manchmal den Anschein von Treue. Vieles machen wir aus Gewohnheit oder aus Bequemlichkeit, weil es praktisch ist und weil es unseren Alltagsroutinen entspricht. Aber Treue ist das noch lange nicht. Treue ist es erst dann, wenn ich mit ganzem Herzen daran Anteil nehme, wenn ich Teil von etwas Größerem werde und mich klar dafür entschieden habe … und wenn ich dann da bleibe. Dann hat dieses Größere etwas mit mir und meiner Identität zu tun; ich gehöre dem an und gebe mich dem hin. Das ist meistens ein Glück, denn ich finde mich darin selbst. Aber immer ist es auch eine Aufgabe, in der wir uns bewähren müssen.

Deshalb ist Treue immer mit Liebe verbunden. Denn Liebe ist genau das: mit ganzem Herzen Anteil nehmen und sich hingeben. Liebe, die wir nur eine kurze Zeit erleben, nennen wir vielleicht Verliebtsein und ahnen schon, dass dieser Zustand nicht von langer Dauer sein wird. Liebe ohne Dauer ist in der Tat möglich. Zur Treue aber gehört dies beides: die Liebe und die Dauer.

Treu bin ich erst, wenn ich auch untreu sein könnte ...

Als ich meiner Kollegin Christina erzählte, dass ich gerade etwas über Treue schreibe, blitzten ihre Augen, erst neugierig, dann skeptisch und schließlich nur noch besorgt: »Gehst du da nicht ein bisschen zu idealistisch an die Sache heran?« Und nach einer Schweigesekunde brach es aus ihr heraus: »Ich habe noch nie einen treuen Mann gesehen! Das ist doch alles nur Fassade! Ihr spielt die treuen Liebhaber, und euer Weibchen soll schön daran glauben und sich selber daran halten und keinen anderen neben euch haben. Aber ihr Männer – ihr könnt doch keinem Abenteuer widerstehen! Zeig mir einen, der das auf Dauer durchhält!«

Christina hatte vor kurzem eine acht Jahre dauernde Beziehung beendet. Der Grund für die Trennung war: Sie hatte ihren Freund mit einer gemeinsamen Bekannten in flagranti im Bett erwischt. Und das wäre vielleicht noch gar nicht das schmerzvolle Ende der Beziehung gewesen. Denn der Freund zeigte Reue und bat um Nachsicht für diesen einmaligen Ausrutscher, und Christina war zunächst geneigt, darüber wieder zum Beziehungsalltag überzugehen. Erst als ihr diese Bekannte bei nächster Gelegenheit eröffnete, dass sie bereits seit fünf Jahren Christinas Nebenfrau war – da schwammen ihr alle Felle davon. Dass die beschwichtigende Ausrede ihres Freundes, das sei nur ein einmaliger dummer Ausrutscher gewesen, gleich die nächste dreiste Lüge war … und dass seine Zerknirschung und Reue nur ein Trick war, um so weitermachen zu können – das machte alles Vertrauen zunichte. Nach dieser Enthüllung und Ent-Täuschung war kein vernünftiges Wort zwischen Christina und ihrem »Ex« mehr möglich.

Eine groteske Geschichte, sicherlich, und doch habe ich keinen Zweifel, dass sie aus dem wirklichen Leben gegriffen ist. Zwar habe ich das alles nur in der empörten Sichtweise von Christina wiedergegeben; danach allein zu urteilen wäre ein bisschen unfair. Ich gehe davon aus, dass der Freund dieses Beziehungsgeschehen aus einer anderen Perspektive erzählen würde. Womöglich könnte da noch manches zur Sprache kommen, das die klare Rollenverteilung vom vertrauensseligen Weibchen und dem ruchlosen Schuft wieder relativiert. Ich würde auch nicht gelten lassen, dass alle Männer so sind oder dass sich jedes ruhige Glück in einer Paarbeziehung irgendwann als Illusion herausstellt. Aber dass Partner, die eigentlich eine »treue« Zweierbeziehung von einander (und von sich selbst) erwarten, bei passender Gelegenheit dabei erwischt werden können, wie sie heimlich fremdgehen …von solchen Geschichten lebt nicht nur die Yellow Press – auch im Alltag gewöhnlicher Leute passiert so etwas gelegentlich. Und es sind auch durchaus nicht nur die Männer, die in Konflikt mit dem Treuegebot geraten – ohne Zweifel haben wir es hier mit einem allgemein-menschlichen Problem zu tun.

»Ich habe noch nie einen treuen Mann gesehen«, hatte Christina ausgerufen. Wahrscheinlich gibt es doch treue Männer, ebenso wie Frauen, hin und wieder und in bestimmten Lebenssituationen. Aber schon mich selbst hätte ich nicht als leuchtendes Beispiel anführen können. Ich will gestehen, auch in meinen Beziehungen gab es viel Verwirrung. Oft genug wusste ich schon im Augenblick des Handelns: Was ich da tue, ist nicht o.k. So manches habe ich schmerzlich bereut. Zu manchem zu stehen fällt mir bis heute schwer... Da werde ich mir nicht anmaßen, Christinas untreuen Partner zu verurteilen. Und ich will auch nicht als Pharisäer auftreten, der die Treue predigt und sich selbst nicht daran halten kann.

Aber ich erwarte, dass es bessere Lösungen des Dilemmas zwischen Freiheit und Geborgenheit, Selbstbestimmung und Bindung gibt, als die, die der Freund und Christina gelebt haben ... Lösungen, die mehr Zufriedenheit schaffen und weniger Schaden anrichten. Schließlich hat meine Generation die Freiheit, unter allen nur denkbaren Formen des Beziehungslebens zu wählen und die Chance, den Erfahrungsschatz von Millionen Menschen zu nutzen, die alles nur Denkbare schon einmal ausprobiert, genossen oder erlitten haben.

Mono- oder polygam?
Wohin gehören wir?

Es ist bei den Menschen ein bisschen anders als bei den Präriewühlmäusen, den Waldkäuzchen oder den Graugänsen. Diese und manche andere Tierarten suchen sich nach der Geschlechtsreife einen Partner und bleiben das ganze weitere Leben in dieser Partnerschaft – soweit wir das beobachten können, ohne Konflikte, ohne ernsthafte Störungen. In den Zoologiebüchern wird diese Eigenheit meist deutlich herausgestellt, sie ist ja in der Tierwelt nur eine von vielen unterschiedlichen Formen des Paar- bzw. Paarungsverhaltens, und sie ist unter den Tieren beileibe nicht die vorherrschende.

Beim überwiegenden Teil der Tierarten gehen Männchen und Weibchen gleich nach der Kopulation wieder ihre eigenen Wege. Der Samen ist abgeliefert, die befruchtete Eizelle ist damit sich selbst überlassen, oder aber die Aufzucht der Jungen ist dann allein Sache der Weibchen.

Bei einem anderen Teil der Tierwelt bleiben Männchen und Weibchen eine gewisse Zeit als Paar zusammen und kümmern sich gemeinsam um den Nachwuchs. Sobald diese Aufgabe erledigt ist, trennt sich das Paar wieder, um in der nächsten Saison neue Partner zu suchen. Der Begriff »Lebensabschnittspartnerschaft« beschreibt dieses Verhalten zutreffend, und er kam in den 1970er- und 1980er-Jahren auch unter den Menschen in der industrialisierten Welt geradezu in Mode, wie wir später noch genauer betrachten werden.

Die Monogamie, also die von der Paarung an lebenslang dauernde Paarbeziehung, soll es nach dem derzeitigen Stand der zoologischen Forschung zwar sowohl bei Säugetieren als auch bei Vögeln, Amphibien und Fischen geben, aber jeweils nur bei einer Minderheit. Etwa 7 Prozent der Tierarten binden sich demnach lebenslang an einen Partner.

Bei der Suche nach den physischen Bedingungen für monogames Verhalten in der Tierwelt sind Forscher kürzlich auf eine heiße Spur in den Genen gestoßen: Bei genetisch sehr verschiedenartigen Tiergruppen, die monogames Verhalten zeigen, haben die Wissenschaftler genetische Gemeinsamkeiten entdeckt. In den Gehirnen dieser Tierarten sollen ganz ähnliche Gruppen von Genen aktiv sein, die mit monogamem Verhalten in Verbindung stehen.[1]

In den Genen der Gattung Mensch hat man keine analoge Programmierung der Monogamie gefunden. Das entspricht ja auch unserer Erfahrung: So einfach und eindeutig macht es uns unsere Natur nicht mit der Treue.

Auf die monogamen Tierarten schauen wir Menschen deshalb meist mit ein bisschen Rührung – oder auch ein bisschen Neid. Wir wagen kaum, dieses Verhalten als »Treue« zu bezeichnen, so naturvorgegeben und so unbedingt, wie es funktioniert …

Warum ist es bei uns Menschen nur so kompliziert, so uneindeutig? Der Wunsch, mit einer Partnerin oder einem Partner monogam und womöglich lebenslang zusammenzubleiben, ist doch auch unter den Menschen verbreitet. Und beispielsweise vor dem Traualtar wird die Fähigkeit des Menschen zur Monogamie beschworen – als wäre sie eine gottgegebene Selbstverständlichkeit. Von dieser Gemütslage ist es nicht weit zur moralischen Entrüstung über diejenigen Individuen, die von der (angeblich) gottgegebenen Monogamie abweichen, die den Verlockungen des Partnerwechsels oder der Polygamie nachgeben. Aber wie so oft lässt Gott – wenn es ihn gibt – auch hier die Möglichkeit der Sünde – wenn Polygamie etwa eine sein sollte – offen. Oder, naturwissenschaftlich gesehen: Die Natur hat dem Menschen keine eindeutige Disposition zur Monogamie gegeben. Aber ebenso wenig eindeutig zur Polygamie: Während andere Tierarten nur zur Fortpflanzung oder zur Aufzucht des Nachwuchses kurze Episoden der Paarbindung zeigen und danach klaglos wieder auseinandergehen, herrschen beim Menschen durchaus Tendenzen zu längerfristigen Paarbindungen vor. Der Mensch scheint irgendwie dazwischen zu stehen, zwischen klarem Bindungsverhalten und klarer bindungsloser Polygamie. Die Zoologen haben für diese Mittelstellung auch einen physischen Beleg ausfindig gemacht: Sie haben festgestellt, dass die männlichen Individuen der eindeutig monogamen Tierarten im Verhältnis zur Körpermasse alle relativ kleine Hoden haben – die der eindeutig polygamen Tierarten dagegen überproportional riesige Teile. Die Menschen-Männchen sind, was die Hodengröße angeht, genau in der Mitte.

Manchmal ist so ein Mittelmaß der Weg zur Glückseligkeit. Aber hier? Weder eindeutig polygam noch unumwunden monogam – das ist eher der unbequeme Platz zwischen zwei Stühlen. Die Natur hat dem Menschen offenkundig genau diese komplexe Gemengelage, dieses Sowohl-als-auch, zugewiesen. Der Mensch hat die Freiheit sich zu entscheiden, das eine Ziel zu verfolgen oder das andere – das Richtige zu tun oder das Falsche. Nur – wann ist was richtig oder falsch? Mit welcher Entscheidung erfüllen wir unser volles Potenzial, mit welcher verpfuschen wir das Großartige, das unser Leben sein könnte?

Tendenzen zur Monogamie konkurrieren manchmal mit der Neugierde auf andere Begegnungen, wir denken über unsere Beziehung nach und stellen uns eine andere, bessere vor, wir wollen das eine und das andere, aber wir sind ganz verzweifelt, wenn wir feststellen, dass es der Partnerin oder dem Partner genauso ergeht. Wir erstreben das, was uns am schönsten, besten oder interessantesten erscheint, und müssen dieses Recht wohl oder übel auch allen anderen zugestehen. Es ist in diesem Wogen der Sehnsüchte, der Reize und Triebe nicht selbstverständlich, dass die Monogamie die Oberhand behält. Die natürliche Disposition der Gattung Mensch lässt uns hier immer »auf der Kippe stehen«.

In unserer natürlichen Anlage ist die partnerschaftliche Treue also nicht unbedingt vorgegeben. Wenn sie trotzdem in vielen Kulturen zur Norm erhoben wurde, haben das eher die Kulturen aus sich selbst heraus entwickelt – aus welchen Gründen auch immer, vielleicht aus praktischen Erfahrungen bei der Aufzucht der Nachkommen, zum Schutz vor sexuell übertragbaren Krankheiten oder um den Zusammenhalt von Familien und Sippen zu stärken. Auch ohne irgendeine Zweckbegründung bleibt die partnerschaftliche Treue die Norm – als die Annahme eines göttlichen Auftrags an uns Menschen oder als Vorstellung von etwas moralisch Richtigem. Aber dass überhaupt ein solcher moralischer Druck vonnöten ist, liegt ja genau daran, dass uns die lebenslange und ausschließliche Partnerschaft keineswegs von der Natur schon vorgegeben ist. Und wenn der Mensch so sehr die Neigung hat, Partnerschaften wieder zu beenden und noch dazu die Freiheit hat, das eine oder das andere zu tun, wie soll er da nicht zum Sünder werden?

Die Religionen, die es als Gottes Wille reklamieren, dass Menschen lebenslang in ausschließlicher ehelicher Paarbeziehung leben sollen, stehen hier vor einem Dilemma: Gott der Allmächtige hat den Menschen erschaffen, so wie er ist: in der Mitte zwischen monogamem und polygamem Lebewesen – als monogame Beziehungen Suchenden und als potenziellen Ehebrecher, »auf der Kippe« eben. Verantwortet dann nicht auch der Schöpfer, wenn seine Geschöpfe dem nachgehen, was ihnen der Schöpfungsplan aufgegeben hat? »Und führe uns nicht in Versuchung«, beten die Christen zu ihrem Gott. Aber hat er es denn nicht längst getan? Und wenn ja, warum?

Eine landläufige theologische Begründung ist, dass Gott uns Menschen die Freiheit, uns gegen seinen Willen zu entscheiden, als eine Art Bewährungsprobe gegeben hat. Und in der Tat entspricht es ja auch unserer Anschauung, dass das, was wir in Freiheit und aus eigenem Antrieb tun, einen viel höheren Wert hat als das, was wir unter Zwang oder nur deshalb tun, weil wir gar nicht anders können.

Ich möchte hier nicht weiter theologisch spekulieren. Aber auch ohne Gott ins Spiel zu bringen gibt es eine mögliche Rechtfertigung für dieses Auf-der-Kippe-Stehen des Menschen: Unsere Treue, unsere Liebe hat genau nur unter den Bedingungen der Freiheit diese Tiefe, Intensität und ihre Ehrfurcht gebietende Würde.

Das Liebesleben einer Graugans, das mit einer zielsicheren Programmierung zur lebenslangen monogamen Paarbindung führt, ist wahrscheinlich weniger kompliziert als das von Unsicherheit und Versuchungen begleitete Liebesleben von uns Menschen. Aber das, was uns selbstverständlich in den Schoß fällt, erscheint uns kaum als etwas Einzigartiges, besonders Wertvolles. Was wir uns dagegen unter Risiko, Bangen und Leid erkämpft haben, das achten wir besonders, das erscheint uns von höchstem Wert.

Menschen, die sich aus freien Stücken zu einer Zweierbeziehung zusammenfinden, drücken damit eine außerordentliche Wertschätzung füreinander aus, eine Anerkennung und Bejahung ihrer Einmaligkeit:»Du bist die eine, die ich unter all den vielen erwählt habe«, bzw.»Du bist der eine, den ich unter all den vielen erwählt habe«. Und desto gewichtiger wird dieses Hochgefühl, wenn diese Wahl die einzige und endgültige für dieses Leben bleiben soll.

Wenn die religiös-moralische Kontrolle nicht mehr die Kraft dazu hat, kann dann eine individuelle moralische Haltung die Norm der monogamen Paarbeziehung aufrechterhalten? Wie steht es heute um diese Norm? Das 20. Jahrhundert hat ihr mächtig zugesetzt, ohne Zweifel. Die biologische Betrachtung des menschlichen

Verhaltensrepertoires, die sexualwissenschaftlichen Forschungen und mehr noch die freiere Kommunikation darüber, wie die Menschen tatsächlich leben und wie sie's mit der Moral halten, haben die sittlichen Übereinkünfte heftig in Frage gestellt. Viele Tabus, hinter denen Paare früher ihr wahres Sein verbergen konnten, sind gefallen, kulturelle Normen wurden kritisch hinterfragt. Kein Wunder, wenn viele Menschen in unserer Kultur heute den Begriff »Treue« als altmodisch empfinden. Sie misstrauen ihm und haben doch ein tiefes Bedürfnis nach seinem Wert und seiner Ausstrahlung – typisch für die Position »auf der Kippe«!

Heute ist es üblich, auch bei einer Abfolge von monogamen Beziehungen von Treue zu sprechen. Bei der Dauer unserer Lebensspanne kommt es häufig zu mehreren, einen bestimmten Zeitabschnitt lang stabilen Beziehungen. Monogamie herrscht also in einer Beziehung, bis sie durch eine neue, wiederum monogame Beziehung abgelöst wird.

Aber da die Menschen – anders als die monogamen Graugänse – durchaus auch zur Beziehungsvielfalt, im sexuellen Sinne zur Polygamie, befähigt sind, ist es sogar denkbar, dass sich auch Menschen in vielfältigen Beziehungsverhältnissen als treu empfinden, als einander zugehörig und verlässlich füreinander da.

Worin sich Treue erfüllt, kann mithin gar nicht eindeutig festgelegt werden – es kommt immer darauf an, welche Forderungen und Erwartungen die Menschen aneinander haben.

Du sollst nicht ehebrechen… Aber du kannst es, und manchmal willst du es auch

Wo es die Möglichkeit der Treue gibt, ist auch ihr Gegenteil, die »Untreue« möglich. Sie kommt natürlich in allen denkbaren Beziehungsverhältnissen auch vor. Wenn Menschen frei sind, sich füreinander zu entscheiden, haben sie auch die Möglichkeit, sich gegeneinander zu entscheiden und sich den Forderungen bzw. Erwartungen der Beziehungspartner zu verweigern. In der distanzierten, sachlichen Beschreibung ist noch nicht zu ahnen, welche Katastrophe Untreue für viele Partner sein kann. Problematische oder scheiternde Beziehungen gehören zu den größten Verursachern von Stress und Leiden im psychischen Leben überhaupt. Sie begleiten das Thema der Liebe wie ein Schatten, den alle Menschen fürchten. Aber es hilft nichts, wir müssen mit ihm leben – wenn wir nicht von vornherein auf Partnerschaft und Liebe verzichten wollen.

Liebe und Partnerschaft sind ohne das Risiko enttäuscht zu werden nicht zu haben. Damit haben sich alle Kulturen auseinandergesetzt. Die Tragödien der zerbrochenen Herzen durchziehen die Menschheitsgeschichte gleichermaßen wie die Triumphe der Liebe.

Die Trennung der Liebenden kann schon jederzeit durch den Tod des einen Partners eintreten. Dagegen können die Menschen nichts ausrichten. Unsere Sterblichkeit setzt dem Genuss der Liebe eine unerbittliche, unumstößliche Grenze, die die Menschen zu akzeptieren gezwungen sind. Aber das vielleicht noch drängendere Risiko, dass ein geliebter Partner aus freien Stücken die Beziehung verlässt und der andere bitter enttäuscht und verzweifelt zurückbleibt, das wenigstens wünschen sich die Menschen doch in den Griff zu bekommen. Damit setzt sich die Menschheit seit Urzeiten auseinander. Jede Generation – und auch jedes soziale Milieu – stellt sich die Frage, wie mit diesem Risiko möglichst klug umzugehen wäre, ein bisschen anders. Doch das grundlegende Problem, dass sich da eine Kluft auftun kann zwischen »du sollst…« und »ich will aber…«, besteht immer noch fort.

Wenn ich all die Lebensgeschichten überblicke, von denen ich irgendwann und irgendwo erfahren habe, dann kann ich realistisch zusammenfassen: Klar lebenslang monogame Beziehungen sind da eine große Seltenheit, zumal, wenn man auch noch eine gewisse

Anzahl an »Fehltritten« annimmt, die nicht bekannt geworden sind. Offen und über lange Zeit polygam lebende Menschen habe ich kennen gelernt; aber auch sie sind in der Minderheit. Die »Lebensabschnittspartnerschaft« ist in meinem Umfeld die vorherrschende Paarungsform. Und in aller Regel beinhaltet die: große Glücksgefühle beim Zueinanderfinden, die Hoffnung auf eine stabile (unbefristete…) Beziehung, womöglich Krisen, die mit starken Ängsten vor einer möglichen Trennung belastet sind, und im Falle von tatsächlichen Trennungen große Enttäuschung, Stress, Leiden und eine Phase der Auseinandersetzung mit widerstrebenden Gefühlen und der Neuorientierung.

Ein Leben mit solchen Perspektiven ist ganz schön herausfordernd. Wir können hoffen, dass wir mit unserem Urvertrauen und unserer psychischen Resilienz – unserer persönlichen Fähigkeit, mit solchen Herausforderungen gut fertig zu werden – oder auch mit unserem Glück bei der Partner*innenwahl gut durch unser Leben kommen. Aber ob es so sein wird, ist nicht sicher.

Unser Leben wird oft mit einer Reise verglichen. Doch ist es eben nicht eine moderne Pauschalreise, bei der alles schon voraussehbar, bequem und angenehm sein wird, sondern eher eine Abenteuerreise in unerschlossene Länder, wo erst vor Ort entschieden werden muss, wie es weitergehen soll. Eine solche Reise ist unser Leben wohl insgesamt – aber im Besonderen auch das Leben mit anderen Menschen – die Beziehung.

Wäre uns die Monogamie von Natur aus eingepflanzt, hätten wir es leichter. Ebenso, wenn das Gebot der Treue für alle Menschen eine verlässliche Richtschnur wäre. Aber wir müssen realistischerweise damit rechnen, dass wir eventuell andere Erfahrungen machen.

Das Ende – eine Zumutung

»Denn alle Lust will Ewigkeit«, stellt Friedrich Nietzsche in seinem Mitternachts-Gedicht »Oh Mensch, gib Acht!« (Zarathustras Rundgesang) mit psychologischem Tiefblick fest. Die Lust will Ewigkeit – aber sie bekommt sie nicht, denn alles in unserem Leben, ja unser Leben selbst, ist an die Zeit gebunden und durch sie begrenzt. Und weil es den Menschen schwer fällt, diese Grundbedingung unserer Existenz hinzunehmen, denken sie möglichst nicht weiter darüber nach. Wir wollen das Leben genießen, und dabei würde vielleicht stören, wenn wir den eigenen Tod ständig vor Augen haben. Trotzdem können wir nicht leugnen, dass es ein Ende mit uns haben wird.

Das Leben und die Liebe bewegen sich auf den gleichen Bahnen. In dieser Welt haben sie Anfang und Ende. Wir wollen die Liebe genießen, und das Glück wäre schnell verflogen, wenn wir ständig über die Möglichkeit von Entzweiung, Trennung und Verlust nachdenken würden. Wir schieben davor die Vorstellung von Treue, wir wollen den Zustand sicherer Zugehörigkeit festhalten; aber genau in diesem Festhaltenwollen ist schon der Keim des Auseinandergehens enthalten. Die lebenslange monogame Paarbeziehung ist eben eine kulturell bedingte moralische Norm und keine biologisch determinierte Gegebenheit. Dass das Glück der Zweisamkeit, das in einem Moment vielleicht felsenfest und unverbrüchlich erscheint, in alle Ewigkeit so weiter bestehen werde, ist eben nur ein Wunsch. Gelegentlich geht er, wenigstens für die Dauer eines Menschenlebens, in Erfüllung. Aber nach aller menschlichen Erfahrung müssen wir uns eingestehen, dass wir auch mit den Zumutungen von Trennung, Treuebruch und Verlust zu rechnen haben.

Teil II

Das Gebot der Treue – von der Antike bis in die Gegenwart

Irrfahrten des Odysseus: die Affären mit Kirke und Kalypso

Schon die Odyssee, der zentrale Urmythos des Abendlands, setzt die monogame Paarbeziehung als moralische Regel voraus. Penelope, Odysseus' Gattin, wird in Homers Epos als das beispielhafte Urbild monogamer Treue gerühmt. Sie bleibt zu Hause und steht als Fürstin über die Insel Ithaka wohl auch ein wenig unter der Kontrolle der Inselgesellschaft; da ist die Versuchung vielleicht nicht allzu groß. Aber der Gatte – wie die Männer bei Homer eben so sind – der muss, kaum dass sein erstes Kind geboren ist, hinaus in die Welt. Es gibt Krieg gegen Troja, und da muss er hin. Zwanzig Jahre ist Odysseus unterwegs, Penelope hat keine Nachricht von ihm, es gibt viele Menschen in ihrer Umgebung, die ihr zureden, die Hoffnung auf Odysseus aufzugeben, und es gibt Männer, die um sie werben. Doch Penelope lässt sich nicht beirren in der Erwartung, dass ihr Odysseus zurückkehren wird. Sie weiß, wo sie hingehört und harrt aus. Am Schluss wird der Sinn ihrer Standhaftigkeit bestätigt und geehrt. Odysseus lässt sich wieder blicken, und die Norm der monogamen Ehe ist in ihr Recht gesetzt.

Und Odysseus, der Held, das Musterbild eines Mannes? Von ihm erzählt Homer ohne Weiteres, dass es mit seiner Treue nicht ganz so weit her war. Zehn Jahre harrt er mit dem Griechenheer vor Troja aus, um schließlich die Trojaner zu besiegen und ihre Stadt zu zerstören. Und so, wie Homer das erzählt, wird deutlich: Genau das soll als Heldentum und männliche Bewährung gelten. Dann aber ist der Feldzug beendet, und Odysseus könnte nach Hause zurückkehren und sich um seine Familie und die Inselherrschaft kümmern. Doch auch da bleiben andere Dinge noch wichtiger, weitere zehn Jahre lang. Er gelangt mit seinen Gefährten zu jener Insel, auf der

34

Kirke wohnt, eine wunderschöne Frau, zufällig ist sie auch noch Tochter des Sonnengottes Helios. Ihrem Zauber kann er nicht widerstehen, die wartende Penelope, die Treue und alles, was bisher bestimmend war, hat keine Bedeutung und keinen Einfluss mehr, der ekstatische Augenblick gebietet allein, Odysseus und Kirke entflammen in Liebe und sexueller Faszination. Das Gefühl, zeitlos in einem Zustand des Einsseins aufgehoben zu sein, beherrscht die beiden eine Zeit lang, doch allmählich verliert es an Kraft. Irgendwann nach dem rauschhaften Erleben folgt die Ernüchterung, die gewohnte reale Welt tritt wieder auf den Plan. Odysseus erinnert sich erst jetzt wieder, wer er ist und wo er hingehört. Schuldgefühle melden sich. Er bereut sein Verhalten und hat das Bedürfnis, das Erlebnis ungeschehen zu machen. Kirkes Illusion von der sorglosen Zweisamkeit mit dem Traumpartner zerplatzt, und sie bleibt enttäuscht und tief verwundet (und außerdem mit Nachwuchs, den Odysseus mit ihr gezeugt hat) zurück.

In dieser Schlüsselszene sind die wesentlichen Aspekte der menschlichen Seitensprung-Problematik versammelt: die moralische Überforderung angesichts der sexuellen Faszination, das schmerzhafte Zurückfinden in die Realität und die Schwierigkeit, diesen Konflikt in ein an sich gewünschtes monogames Leben zu integrieren.

Nach vielen anderen Abenteuern landet Odysseus noch einmal auf einer Insel, auf der ihn wieder eine Frau in seinen Bann zieht: Die Nymphe Kalypso findet ihn am Strand, und da er so ein richtiger Kerl ist, wie ihn Kalypso brauchen kann, bleibt er einfach mal sieben Jahre mit ihr zusammen. Erst dann befinden die Götter, dass es nun genug ist und arrangieren Odysseus' Rückkehr zu seiner Penelope und dem schon erwachsenen Sohn.

In unseren Zeiten, in denen wir uns bemühen, die patriarchalischen Verhältnisse in Richtung auf Gleichberechtigung zu korrigieren, springt dieser Aspekt schon ins Auge: Natürlich ist es hier – wie meistens – der Mann, den die sexuelle Leidenschaft »übermannt« und der deswegen das Gebot der Monogamie über Bord gehen lässt. Mit der Monogamie der Männer nimmt es die Männergesellschaft traditionell nicht so genau wie mit der der Frauen. Deshalb gibt es nach der Rückkehr des Odysseus ein Happy End ohne Ehedrama: Hauptsache, die Frau, Penelope, ist standhaft geblieben!

Diese für die Männer so komfortable Ungleichbehandlung hat Jahrtausende überdauert, und bis ins 20. Jahrhundert haben sich die Männer mit der Behauptung beruhigt, die Frauen stünden von Natur aus gar nicht so auf der Kippe wie die Männer, die weibliche Libido sei viel eher auf Monogamie und eine stabile sexuelle Beziehung ausgelegt.

Doch manche zeitgenössische Studie lässt ahnen, dass auch diese Behauptung zu den Mythen gehört, die die Verhältnisse in unserer Zivilisation geprägt haben. Und schwindet der Einfluss der Mythen, dann ändern sich auch die Verhältnisse – dann entdecken am Ende auch mehr Frauen ihre Neigung zur Polygamie. Soziale Faktoren scheinen den Unterschied zu machen, nicht die Libido. Jedenfalls erleben viele Paarberater, dass Seitensprünge heute nahezu gleich auf die Geschlechter verteilt sind.

Du sollst nicht ... aber es verlockt!

In den Zehn Geboten Moses' wird der Option der Untreue in der Ehe ein Riegel vorgeschoben:»Du sollst nicht ehebrechen«. Wenn es auch die Stimme Gottes ist, die die Einhaltung einer göttlichen Ordnung verlangt, so liegt es doch auf der Hand, dass die Nutznießer die Liebenden sind, die damit vor dem Risiko geschützt werden, dass sie ihr Partner bzw. ihre Partnerin verlässt.

Gott erlässt Gebote – aber zugleich gewährt er dem Menschen die Freiheit, sie zu übertreten. So ist der faktische Nutzen, den dieses Gebot bietet, nicht allzu groß. Hätte Gott den Menschen als monogames Wesen erschaffen (wie er es ja offenkundig bei anderen Lebewesen fertigbrachte), dann wäre das Problem der Untreue von Natur aus erledigt. So aber zieht sich der Ehebruch durch die Geschichte, wo immer Ehen geschlossen werden.

Und wo Gott den Menschen die Freiheit gelassen hat, in Eigenverantwortung zu sündigen, fühlen sich die Mitmenschen schnell berufen, mit Moral oder mit Schloss und Riegel die allzu freien Geschöpfe Gottes in Schranken zu weisen.

Monogamie als moralisches Gebot

Wenn man die ganze abendländische und jüdisch-christliche Tradition überblickt, war lebenslange Monogamie in der Paarbeziehung, wenngleich mit mancherlei Schlupflöchern und Toleranzen, die Norm.

Der Kirchenlehrer und bedeutendste Theologe des Mittelalters, Thomas von Aquin (1225–1274), hat diese Norm genauer ausgestaltet und kodifiziert. Als Essenz der katholischen Sexualethik verfügte er, dass sexuelle Handlungen nur mit der Ehepartnerin bzw. dem Ehepartner, auf die richtige Weise (d. h. durch Koitus) und nur zum richtigen Zweck (ausschließlich zur Fortpflanzung) stattfinden dürften.

Das galt als allgemeine sittliche Übereinkunft, geprägt durch die christliche Kirche und ab dem 19. Jahrhundert auch noch durch staatliche Regelungen abgesichert. Dieses »Gebot der Treue« hieß im Laufe der Geschichte, dass Sexualität nur zwischen Eheleuten stattfinden durfte und bisweilen auch, dass Eheleute (und im besonderen Maße die Frauen) sich von jeglichen Kontakten zu potenziellen anderen Partnern fernzuhalten hatten.

Dies war die offizielle Forderung der Kirche, aber sicherlich nicht die tatsächliche Praxis der Menschen. Gerade das Mittelalter wird oft als sehr sinnenfrohe Epoche beschrieben – und auch das strenge Regelwerk des Thomas von Aquin hat die Kirche offenkundig nicht in die Lage versetzt, die sexuellen Verlockungen aus der Welt zu verbannen. Statt dessen hat es die Menschen eher dazu gebracht, ein Leben nach dem Moralkodex zu heucheln und das wahre Leben, sobald es nicht der Moral entsprach, ins Verborgene zu verlegen.

Zack! Da schnappt der Riegel zu

Schon das älteste deutschsprachige Liebesgedicht, das wir aus dem Mittelalter kennen, beschäftigt sich mit dem Dilemma der Treue, mit dem wir uns bis heute herumschlagen. Es ist der »Tegernseer Liebesgruß«, entstanden zwischen 1160 und 1186. Sie soll doch positiv und erstrebenswert sein, die unverbrüchliche Zugehörigkeit. Aber welches Mittel wird hier erwogen, um sie zu realisieren: Das sieht doch, objektiv betrachtet, kein bisschen anders aus als Gefangenschaft:

Du pist min ih bin din
des solt du gewis sin
du bist beslossen in minem herzen
verlorn ist das sluzzelin
du most och immer darinne sin

Du bist mein, ich bin dein
Dessen sollst du gewiss sein.
Du bist eingeschlossen in meinem Herzen
Verloren ist das Schlüsselein.
Du musst auf immer darin sein.

Fühlt sich das denn gut an, im Herzen des Partners eingesperrt zu sein und immer drin bleiben zu müssen?

Ich denke, wenn zwischen zwei Partnern unbedingte Liebe und Vertrauen herrschen, wenn es das sehnlichst erwünschte Ziel ist, mit der oder dem Geliebten zusammen zu sein und »immer« zu bleiben, sind diese Sätze ein großes, hingebungsvolles Versprechen und fühlen sich an wie großes Glück und Erfüllung: Wir sind miteinander am Ziel, und es wird nun immer so bleiben.

So ist dieses Gedicht wohl gemeint, und seit mehr als 800 Jahren verstehen es die Leser so – und vor allem die Liebenden, die es sich gegenseitig schreiben oder zuraunen.

Üblicherweise stellen wir uns vor, der Dichter sei ein Mann und das »Du« eine Frau, die sich durch diese Worte von der Liebe des Sprechenden überzeugen lässt und ihm – im idealen Fall – gleichfalls mit Liebe und Vertrauen folgt.

Im Milieu der Gleichberechtigung könnte auch eine Frau reklamieren, dass sie ihren Geliebten in ihrem Herzen eingeschlossen hat und dass es für ihn kein Entkommen mehr gibt.

Wenn der Mann und die Frau dieses Verhältnis aus vollem Herzen bejahen können, könnten die beiden wohl glücklich zusammen sein bis ans Ende ihrer Tage.

Bedenken wir, dass im deutschen Sprachraum im Mittelalter und noch bis weit in die Neuzeit Mobilität nahezu unmöglich und Abhängigkeits- und Zwangsverhältnisse in der menschlichen Gesellschaft die Regel waren. Es war daher völlig normal, mit der Vorstellung zu leben, dass der Platz, den man einnahm, der einzig richtige und mögliche war, und man ihn bis ans Ende behalten würde. Das war die gottgegebene Ordnung, in der man sich auch zu Hause und geborgen fühlen konnte. So galt das für die Ehe und für die Abhängigkeit der Frau von ihrem Mann, das galt für die Untertanen gegenüber ihrem Feudalherren, für Knechte und Mägde gegenüber ihrem Brotgeber und ebenso auch für die Leibeigenen.

Wer seine Abhängigkeit als normal, in Ordnung oder gut empfindet, hat keinen Grund, gegen die Unfreiheit aufzubegehren. Aber wer sich eine größere Freiheit vorstellen kann und mit seiner

Unfreiheit doch nicht so ganz einverstanden ist – wie fühlt sich für den die Aussage an, dass der Schlüssel verloren ist und er immer in Gefangenschaft bleiben muss?

Ob der (unbekannte) mittelalterliche Dichter wohl auch diese Lesart mitbedacht hat? War ihm vielleicht dieses Dilemma zwischen Freiheit und Zugehörigkeit auch schon bewusst? Für uns ist der ungesagte Hintergrund des Gedichtes auf jeden Fall dies – vielleicht war er es auch für ihn: Neben den unerwünschten Unfreiheiten gibt es auch eine, in die wir uns freiwillig begeben – die Liebe. Und paradoxerweise erhoffen sich viele Menschen diesen Zustand und empfinden ihn als Glück.

Der Dichter hat das Glück seiner Liebenden im Sinn – so verstehen wir üblicherweise dieses Gedicht. Aber deutet der Satz »Verloren ist das Schlüsselein« nicht schon den Verlust der Selbstbestimmung als Mangel an? Und wenn die oder der Angesprochene den Satz »Du musst auf immer darin sein« nicht als liebevolles Versprechen empfindet? Dann ist er genau das Gegenteil: eine unverschämte Zumutung und ein höhnischer Triumph.

Ganz physisch um Schloss und Schlüsselein, die den Frauen die Selbstbestimmung nehmen, geht es beim »Keuschheitsgürtel«. Gern wird behauptet, er sei eine Erfindung des Mittelalters. Wahrscheinlich trifft das nicht zu, und er ist in Wirklichkeit eine Herrschaftsphantasie späterer Jahrhunderte, die man gern auf das »finstere« Mittelalter projizierte. Aber egal, welcher Mann sich zuerst dieses Mittel ausgedacht hat, sich die Treue einer Frau (jedenfalls im sexuellen Sinne) gegen alle Eventualitäten zu sichern – es zeugt von einem Denken, das der Unverbrüchlichkeit des christlichen Ehesakraments wie auch eines in Freiheit gegebenen Treueversprechens massiv misstraut. Empörend und vielleicht auch ein bisschen rührend, welche brachialen und abstrusen Maßnahmen da erwogen wurden, um das angeblich gottgewollte Alleinverfügungsrecht eines Mannes über seine Ehefrau durchzusetzen. Dieser

Versuch, die immer mögliche Gefahr der sexuellen Untreue abzuwenden, erscheint uns heute brutal, unmenschlich und letztlich hilflos. Aber der Zweck, dem das dienen sollte, ist uns auch heute immer noch geläufig. Gegen alle Vernunft und Erfahrung sträuben sich die Menschen bis heute dagegen, das Risiko der Untreue der Partnerin oder des Partners demütig zuzulassen. Lieber phantasieren sie über Zwang, Schlüsselgewalt und monströse Metallgestelle – und das, obwohl klar ist, dass die Idee der Treue längst verloren gegangen ist, wenn solche Mittel ins Spiel kommen.

Immanuel Kant hat die Gedankenwelt des Mittelalters als »selbstverschuldete Unmündigkeit« beschrieben und diese – 600 Jahre nach dem »Tegernseer Liebesgruß« – durch seine Philosophie der Aufklärung zu überwinden gesucht. Wir sind Nachgeborene der Aufklärung, glücklicherweise, mit Abhängigkeits- und Zwangsverhältnissen sind wir nicht mehr so leicht einverstanden wie die Menschen des Mittelalters. Eine Beziehung, die mit der Vorstellung von Eingesperrtsein verbunden ist, würden wir sicher nicht als erstrebenswert ansehen.

Aber wenn uns die errungene Freiheit so ein hoher Wert ist – wohin führt uns das im Anbetracht unserer Hoffnungen auf stabile Partnerschaften? Was macht die Idee der Selbstbestimmung mit den monogam angelegten Beziehungen? An beiden gegenüberliegenden Polen – dem der Freiheit und dem des Gebundenseins können den Menschen sowohl Glück als auch Leid begegnen; Menschen streben nach Zugehörigkeit und Gemeinschaft, aber Gefangenschaft und Fremdbestimmung in der selben Richtung werden als Qual empfunden. In der entgegengesetzten Richtung lockt die Weite, die Selbstverwirklichung, die Freiheit. Aber es droht dort auch die Einsamkeit, Vereinzelung, die Leere und Resonanzlosigkeit.

Die Erfahrungen, die verschiedene Menschen mit den unterschiedlichen Doktrinen zum Treue-/Freiheits-Dilemma gemacht haben, möchte ich später noch ausführlich betrachten. Aber so viel, glaube ich, kann man heute als allgemein gültig voraussetzen: Eine

Ehe oder Lebenspartnerschaft als Falle, die zuschnappt und die Partner lebenslang womöglich gegen ihren Willen festhält, ist eben nicht mehr die zeitgemäße Lösung. »Verlorn ist das sluzzelin/du most och immer darinne sin« – das wäre heute für die überwiegende Mehrheit der Menschen in unserem Kulturkreis ein sicherer Beziehungskiller, so verständlich der Wunsch ist, bösen Überraschungen und Enttäuschungen einen Riegel vorzuschieben.

Wenn Sie also nicht wollen, dass Ihre Partnerin oder Ihr Partner in Panik die Flucht ergreift, dann sollten Sie in Ihrer Liebeserklärung dieses mittelalterliche Gedicht besser nicht zitieren. Liebe braucht für uns Entscheidungsfreiheit und Selbstbestimmung, hinter diese Forderung werden wir nicht mehr zurückgehen wollen. Wer nicht eingesperrt ist, kann abhauen, wann er will. Dieses Risiko bleibt den Liebenden nicht erspart. Das Selbstbestimmungsrecht der Partner*innen bedeutet, dass sie der Untreue eben keinen Riegel vorschieben können – dass es keinen Schutz davor gibt, verlassen zu werden und womöglich tief enttäuscht und existenziell getroffen zu werden.

Vergegenwärtigen wir uns noch einmal, dass es nach der üblichen Lesart ein Mann ist, der »Verlorn ist das sluzzelin/du most och immer darinne sin« zu einer Frau sagt: Ja, so asymmetrisch waren die Machtverhältnisse in einer Ehebeziehung im Mittelalter, dass kaum denkbar ist, dass eine Frau dies zu einem Mann hätte sagen können. Und das Verfügungsrecht des Mannes über die Ehefrau (aber beileibe niemals umgekehrt) hatte eine Jahrtausende bestehende Tradition, die in einigen Bereichen bis weit ins 20. Jahrhundert fortbestand und in manchen Gegenden dieser bunten Welt auch im 21. Jahrhundert noch fortbesteht. Ein Mann hätte sich wohl auch im Mittelalter dagegen gesträubt, im Herzen der Frau eingesperrt zu sein und immer darin bleiben zu müssen. Was im Klartext der Geschlechterverhältnisse bedeutet: Wie bei Odysseus mit Kirke und Kalypso war dem Mann das Fremdgehen eher zugestanden. Wenn es nicht in der ehelichen Wohnung stattfand, fiel es weniger auf, und wenn es doch aufkam, wurde es milder bestraft. Aber für die Frauen waren Gefangenschaft und Verzicht die Norm. Und beim Verstoß dagegen ging es für sie häufig um Leben und Tod.

Die Tragik Gesualdos

Don Carlo Gesualdo da Venosa, der 1566 in Süditalien geboren wurde, stammte aus dem Hochadel und wurde mit 20 Jahren, nach dem Tod seines älteren Bruders, regierender Fürst. Im selben Jahr heiratete er seine Cousine Maria d'Avalos, eine Frau, deren Schönheit die Zeitgenossen rühmten. Vier Jahre später, im Oktober 1590, hatte er wohl die Vermutung, dass seine Frau ein Verhältnis mit dem jungen neapolitanischen Adeligen Fabrizio Carafa habe; jedenfalls kehrte er eines Abends unerwartet schnell vom Jagdausflug zurück, erwischte seine Frau und ihren Liebhaber genau im eindeutigen Augenblick und, offensichtlich durch Eifersucht und Wut in einen Blutrausch getrieben, ermordete er sie beide.

Strafverfolgung hatte Gesualdo nicht zu befürchten. Die Untreue der Maria d'Avalos wurde als das eigentliche und ursächliche Verbrechen angesehen. Gesualdo hatte ja mit seiner Bluttat den Ehebruch seiner Gattin gesühnt, das war ein Ehrenmord, der Männern seines Standes zugestanden wurde. Höchstens vor der Rache der Familien der Ermordeten musste er sich in Acht nehmen, und das tat er denn auch, indem er sich auf eines seiner Schlösser zurückzog. 1594 heiratete er ein zweites Mal, eine politisch nützliche Verbindung mit Leonora d'Este, der er zunächst für zwei Jahre nach Ferrara folgte. Ein Kind ging aus dieser Ehe hervor, das starb bereits im Jahr 1600. Er selbst lebte noch bis 1613, offenkundig ein Leben mit Depressionen und Schuldgefühlen.

Die Tragödie von Carlo Gesualdo ist uns überliefert, weil sein Rachemord an der untreuen Ehefrau und ihrem Geliebten der Nachwelt untrennbar verbunden scheint mit der Musik, die Gesualdo schrieb: Madrigale, deren intensivster Ausdruck von Verzweiflung, Schmerz und Selbstanklage uns bis heute berührt und erschaudern lässt: abgrundtiefes Leiden in bizarrer Schönheit. Obwohl er im Sinne seiner »Ehre« und des Rechts nicht falsch gehandelt hatte, war, so scheint es, sein Leben forthin überschattet und geprägt vom Entsetzen über all das, was in jeder Nacht geschehen war. Das jedenfalls berichten die Legenden, die über sein weiteres Leben überliefert sind.

Woher genau stammte der dunkle Schatten, der Gesualdos Leben zu begleiten scheint? Hatte er seine untreue Gattin Maria d'Avalos vielleicht so sehr geliebt, dass er fortan über die Enttäuschung und den jähen Verlust zu trauern hatte? War er entsetzt über sich selbst und die im Affekt verübte Bluttat? Grollte er dem Schicksal, das ihm eine so fürchterliche und unlösbare Situation zugemutet hatte? Wir können hier nur spekulieren. Hätte er überhaupt die Wahl gehabt, diese Schmach anders aus der Welt zu schaffen als mit dem Dolch? Auch der Gedanke, dass seine Tragik vielleicht aus dem Konflikt zwischen den humanistischen Idealen seiner Epoche zwischen Renaissance und Barock und der alt überlieferten Vorstellung von Mannesehre herrührte, kann nur Spekulation bleiben.

Ehrenmorde sind heute – glücklicherweise – keine Option mehr, Maria d'Avalos und ihr dreister Liebhaber müssten heutzutage in aller Regel nicht mehr mit dem Leben bezahlen, Gesualdo müsste nicht mehr zum Mörder werden; Ehebruch ist heute auch nicht mehr von Staats wegen sanktioniert, Strafgesetze mischen sich da (in der DDR seit 1968, in der Bundesrepublik Deutschland seit 1969, in der Schweiz seit 1989 und in Österreich seit 1997) nicht mehr ein. Wir müssten heute auf andere Weise versuchen, mit der Enttäuschung, der Wut, der Demütigung, der Notwendigkeit zum Ausgleich ins Reine zu kommen. Aber etwas können wir mit Carlo Gesualdo teilen: die Trauer und den Schmerz, von dem seine Musik zeugt – das blanke Entsetzen über das, was wir mit unseren Mitmenschen – und speziell mit den geliebten – zuweilen aushalten und bewältigen sollen.

Von den enttäuschten Beziehungen der einfachen Bevölkerung in früheren Jahrhunderten wissen wir nicht allzu viel. Natürlich gab es in allen Epochen auch bei den kleinen Leuten Liebesleid, scheiternde Beziehungen und Ehebruch. Aber vielleicht waren sie regelmäßig mit so vielen existenziellen Nöten befasst, dass ihre Liebesnöte gar keinen überragenden Stellenwert einnehmen konnten. Vielleicht war es aber auch eher die literarische Ständeklausel, nach der nur das Schicksal hochgestellter Personen wichtig genug sein konnte, um darüber zu berichten. Jedenfalls gibt es reichlich Geschichten über das Liebeschaos der antiken Götter und Könige, der Fürsten des Mittelalters, der Renaissance oder des Barock; die Bäuerinnen, Handwerker, Mägde und Knechte sind in diesen Überlieferungen eher gering vertreten. Ja selbst in den Märchen, die sich das einfache Volk erzählte, sind die Liebeserfahrungen der Prinzen, Prinzessinnen, Königinnen und Könige im Vordergrund. So drängt sich der Eindruck auf, Probleme in der Liebe und Partnerschaft seien vor der Epoche der bürgerlichen Gesellschaft im 18. Jahrhundert »Luxusprobleme« gewesen, mit denen sich die hohen Stände herumschlugen. Und die Mächtigen der feudalen Gesellschaft (in aller Regel Männer) nahmen sich zuweilen auch gern das Privileg heraus, dass das kirchliche Gebot der ehelichen Treue für sie nicht zu gelten habe. Die Mätressen etwa der französischen Könige bis zur Revolution von 1789 waren für jedermann – und auch für die Kirche – nicht zu übersehen. Nicht von ungefähr tritt die eheliche Treue als moralisches Gebot mit besonderem Nachdruck zusammen mit der bürgerlichen Ordnung auf. Gestützt auf den Einfluss der christlichen Kirchen galten diese »Werte« jahrhundertelang – gewissermaßen als eine Untreue-Prohibition – mit den charakteristischen Merkmalen aller Prohibitions-Bemühungen: Ehebruch und Untreue wurden dadurch nicht vereitelt. Aber sie gehörten nicht zum offiziellen Selbstbild; die Gesellschaft konnte so tun, als wäre die prohibierte Untreue ein Randproblem, gegen das man das richtige Mittel in Stellung gebracht hätte – ein Gebot und Strafen – wie Gott, der Allwissende und Allmächtige, der's auch nicht besser hingekriegt hat.

Mit dem falschen Mann das Leben verpasst

Elfriede kam im Jahr 1900 in Kattowitz zur Welt, im äußersten Osten den Königreichs Preußen, im oberschlesischen Kohlerevier. Katholisch, konservativ und reichstreu war die Familie, und die Erwartung der jungen Elfriede war natürlich, dass ihr ein Leben in den vorgegebenen Bahnen der alten bürgerlichen Ordnung vorgezeichnet wäre. Damit allerdings war sie ziemlich schlecht vorbereitet auf das, was ihr Jahrhundert alles aufbot. Als sie 17 war, verliebte sie sich in den Medizinstudenten Bernhard. Dem behüteten, hübschen Mädchen hatten zuvor schon einige Freunde ihrer älteren Brüder den Hof gemacht. Das war ein gesittetes, galantes Spiel für Elfriede gewesen, auf das sie sich geschmeichelt und neugierig eingelassen hatte. Mit Bernhard war das vom ersten Augenblick an anders gewesen. Er hatte an einem Sonntagnachmittag im Park eine Zeitung lesend auf einer Bank gesessen, als Elfriede und ihre Familie durch diesen Park spazierten und sich arglos auf der Bank daneben niederließen. Der Vater sprach den fremden jungen Mann an und erkundigte sich, ob in der Zeitung wohl etwas Neues über den Verlauf des großen Krieges stehe, der nun schon im vierten Jahr das ganze Reich erschütterte. Darauf entwickelte sich ein höfliches Gespräch, in dem Bernhard Auskunft über das, was er in der Zeitung gelesen hatte und schließlich auch über sich selbst gab. Der Vater zeigte sich besorgt, weil zwei seiner Söhne im Felde waren. Bernhards und Elfriedes Blicke streiften sich scheu. Er rechne auch damit, bald eingezogen zu werden, sagte der junge Mann. Das klang beklommen und ernst und nahm den Vater so für ihn ein, dass er ihn zu einem Abendessen nach Hause einlud. Elfriede ertappte sich selbst bei einem ungewohnten Gedanken, als die Familie vom Park nach Hause ging:»Der würde mir gefallen«.

»Du gefällst mir...« ratterte es ihr im Kopf, als sie sich das nächste Mal sahen, und als Elfriede bei einem weiteren Male bemerkte, dass Bernhard auch – oder vor allem – auf sie aufmerksam war, begann eine große, schwärmerische Liebe. Elfriede ließ sich anstrahlen von dem Glück, von diesem warmherzigen, sanften, klugen Mann verehrt – oder geliebt – zu werden ... ein paar Monate, dann musste Bernhard in den Krieg ziehen. Natürlich schworen sie sich die Treue, bevor Bernhard mit seinem Regiment irgendwo in Ostpreußen verschwand.

Elfriede wartete voller Hoffnung, bis der Krieg im November 1918 beendet war; Oberschlesien wurde vom deutschen Reich abgetrennt und kam zu Polen, von Bernhard gab es keine Nachricht. Elfriedes Familie siedelte in das Reichsgebiet um, die heiratsfähige Elfriede wartete auf ihren Bernhard Jahr um Jahr.

Schließlich begann man in ihrer Familie sich Sorgen zu machen, dass Elfriede mit ihrem Warten den richtigen Zeitpunkt zur Ehe verpassen würde.»Der Bernhard, wenn er noch lebt, hat bestimmt schon eine andere. Er hätte sich längst gemeldet, wenn er noch die Ehe mit dir im Sinn hätte. Du musst dich nach einem anderen Mann umsehen...«

Elfriede war in ihrer Liebe lange unbeirrt. Es war so etwas wie Gottvertrauen – dass das Geschenk der großen Gefühle schon zu einem guten Ziel führen müsse. Doch die Ungewissheit war quälend, einen plausiblen Grund für ihr beharrliches Warten konnte sie doch nicht anführen. Das Zureden nährte schließlich den Zweifel an der Unverbrüchlichkeit des Treueschwurs mit Bernhard. Sie begann sich zu ärgern – über Bernhard, der sie warten ließ, und über ihre Anhänglichkeit, die ihr nur Kummer bereitete. Es traten andere Männer auf, die sich um die Ehe mit der hübschen Elfriede bewarben. Ein Wilhelm stellte sich ein, ein freundlicher Mann aus anständiger Familie. Außerdem war er Beamtenanwärter – »Das ist was Solides, da bist du versorgt…« – der machte schließlich das Rennen, und, da Bernhard immer noch spurlos verschwunden blieb, heiratete Elfriede im Jahr 1923 den Wilhelm.

Das war in der Tat was Solides: So unübersichtlich und unruhig, wie die Zeitläufe waren nach dem verlorenen Krieg, mit den Kämpfen um die Macht in der neuen Republik, der Wirtschafts- und Währungskrise, war der verbeamtete Wilhelm eine vernünftige Partie, und er war auch ein aufrechter und anständiger Ehepartner und Familienvater. Nur war er die Wahl der Vernunft, nicht die Wahl des Herzens; dieser Mangel begleitete die Beziehung von Anfang an. Und dieser Mangel meldete sich jäh und unerbittlich, als der treue Bernhard wieder auftauchte: Eingeschlossen hinter dem Danziger Korridor hatte er, so berichtete er, keine Möglichkeit, nach Schlesien zurückzukehren, und da Elfriedes Familie aus dem nun polnischen Kattowitz geflohen war, gingen seine Briefe ins Leere. Als er endlich nach Schlesien kommen konnte und Elfriede wiedergefunden hatte, war diese schon vergeben. Der junge Mann war bitter enttäuscht – er hatte tatsächlich gehofft, auch bei Elfriede hätte die Stimme des Herzens das jahrelange Warten im Ungewissen möglich gemacht. In der griechischen Sage wartet die standhafte Penelope auf ihren Odysseus endlose Jahre, und wie oft in der Literatur bewährt sich die wahre Liebe im Ausharren, im Aufeinander-Warten, allen Versuchungen und vernünftigen Gründen zum Trotz. So begegneten sich die beiden Liebenden mit hilflosen Vorwürfen: »Wie konntest du einen anderen heiraten, wo ich doch gar nicht als gefallen gemeldet war? «, wollte Bernhard nicht begreifen. »Warum hast du es nicht geschafft, mir ein Lebenszeichen zu senden?«, war Elfriedes tränenreiche Entgegnung. Und unter quälenden Schuldgefühlen begruben sie nicht nur ihre Liebe zueinander. Sie begruben auch ihre Zuversicht in die Liebe überhaupt.

Herz gegen Vernunft, Ideal gegen Pragmatismus... Elfriede hatte ihre »vernünftige« Ehelösung, das war nicht rückgängig zu machen. Treue war demnach eine äußere Pflicht, und die Stimme des Herzens, die eine andere Lösung ersehnte, wollte keiner hören. Schließlich sah sich auch Bernhard, desillusioniert und in der Seele verwundet – was blieb ihm anderes übrig –, nach einer neuen Braut um, nach all der vertanen Lebenszeit.

Eine tragische, tieftraurige Melodie durchzieht die Lebensgeschichten einer Vielzahl von Menschen dieser Generation. Bernhard, Elfriede und Wilhelm wurden das Gefühl nicht los, nicht zu ihrer eigentlichen Bestimmung zu gelangen – opfervolle Anpassung an widrige Umstände. Die Vorstellung davon, wie es gut und stimmig wäre, lief als blasses, unerreichbares Ideal mit. Auffallend viele in dieser Generation haben in der Rückschau auf ihr Leben festgestellt, aus Gehorsam und Pflichtgefühl ihr wahres Leben verpasst zu haben, in der Not die falschen Entscheidungen getroffen zu haben, ausgeharrt statt das Leben in die eigene Hand genommen zu haben und – ganz oft – mit einer unglücklichen Partnerwahl das Leben vertan zu haben. Und das hieß auch: Gemessen an dem Ideal, das nicht Realität werden konnte oder durfte, war das, was real stattfand, immer unbefriedigend. Und die Enttäuschten hatten immer einen Grund, sich auf ihr reales Leben nicht ganz einzulassen – zu ihrem eigenen Unglück und zum Schaden aller.

Auf eine leidvolle Weise blieb Elfriede ihrem Bernhard ihr ganzes Leben lang treu: Er war der, den sie eigentlich hätte haben wollen und den ihr das grausame Schicksal vorenthalten hat. Der redliche Wilhelm hatte Kinder mit seiner Elfriede und entsprach dem Bild eines guten Familienvaters. Langmütig und sicherlich auch wehmütig nahm er hin, dass das ganz große Glück zwischen Elfriede und ihm nicht mehr stattfinden konnte.

18 Jahre nur bestand diese Ehe. Wilhelm fiel im Zweiten Weltkrieg 1941. Elfriede lebte noch lang – sie überlebte ihren Ehemann 49 Jahre, aber in einer enttäuschten, frustrierten Grundstimmung, mit wenig Wärme und viel zu wenig Lebensfreude. Das Zutrauen

zum Leben hatte sie verloren, damals mit Bernhard, und diese Wunde ist nie mehr geheilt.

Als Großmutter schrieb sie einer Enkelin später einmal einen kleinen Vers ins Poesiealbum. Wahrscheinlich war ihr dabei gar nicht recht klar, dass sie eine Lebensweisheit wählte, die ihr eigenes Verhängnis grausam genau beschrieb: »Sage nie, 'das kann ich nicht!' Alles kannst du, will's die Pflicht.«

Erdulden, sich fügen und gehorchen, sich an Pflichten orientieren statt für eigene Wünsche und Bedürfnisse einzustehen – das galt als Lebenskunst ihrer Generation. Und in der Tradition, aus der diese Lebenskunst stammte, war damit das Versprechen verbunden: Wenn du dich an Tugend und Moral hältst, gelingt dein Leben, und du wirst im Einklang mit deiner Welt zufrieden leben. Nur funktionierte das in Elfriedes Leben nicht. Denn da geriet ihr Treueschwur mit Bernhard in Konflikt mit ihrer gutbürgerlichen Erziehung zu Gehorsam und Anpassung. Wo war denn da die Richtschnur für ein gelingendes Leben? Welches wäre denn die Tugend und die Pflicht gewesen, die zum Glück geführt hätte?

Dass ein ganzes Volk in weitem Umfang bereit war, individuelle Bedürfnisse für eine allgemeine Pflicht zu opfern, machten sich auch die Nationalsozialisten zunutze und trieben die Pflicht zur Aufopferung noch auf die Spitze: »Du bist nichts, dein Volk ist alles«. Vom Leben enttäuscht und als Individuen maßlos zu kurz gekommen, kommt es wohl nicht von ungefähr, dass diese Generation mit ihrem Pflichtethos eine Fremd- und Selbstvernichtung inszenierte wie keine andere.

Dieser Untertanengeist – ein Erbe der preußisch-wilhelminischen Epoche – hat auch die Treue nur als eine Sache des Gehorsams, des Verzichts und der Pflicht gesehen. Von außen gesehen ist Elfriede damit leidlich durch ihr langes Leben gekommen. Pflichtgemäß eigene Wünsche zu unterdrücken und alle schlimmen Erfahrungen möglichst ohne sichtbare Auflehnung zu erdulden war ihre Art, auf schwierige und negative Lebensumstände zu reagieren.

Nur, das Herz bleibt dabei auf der Strecke, und das Leben schenkt wenig Freude. Das ist der hohe Preis, den das kostet.

Wie aber sonst kann man umgehen mit dem Problem, dass die Lebensumstände die Befriedigung der eigenen Wünsche und Bedürfnisse nicht gewähren? Eine andere Möglichkeit ist, diese Wünsche und Bedürfnisse von der »offiziellen« Persönlichkeit abzuspalten und zu versuchen, sie im Verborgenen auszuleben. Die folgende Fallgeschichte berichtet wiederum aus der Zeit vor dem Zweiten Weltkrieg. Auch sie steht für viele ähnliche Lebensläufe. Bei Heinrich, unserem nächsten »Helden«, waren die Kräfte, die ihn an sein bürgerliches Eheleben banden und die Kräfte, die ihn daraus fortdrängten, in einem schier unlösbaren Konflikt. So hat er versucht, das Unmögliche wenigstens im Geheimen möglich zu machen, sobald sich die Gelegenheit dazu bot. In guten wie (vor allem) in schlechten Tagen war er bestrebt, seine Bedürfnisse zu verstecken und sich wenigstens dem Schein nach mit der starren Moral seiner Umwelt zu arrangieren. So ein Doppelleben ist das naheliegende Resultat, wenn ehrlichere Lösungen nicht realisierbar scheinen.

Das anständige Leben und das wahre Leben

Im April 1912 heiratete Heinrich, Sohn aus einer Familie, die in einer süddeutschen Kleinstadt ein Bekleidungsgeschäft betrieb, die Schneidergesellin Eleonore, die Tochter eines Lehrers aus der gleichen Stadt. Heinrich hatte eine Handelsschule besucht und arbeitete danach im Geschäft seiner Eltern mit, das er einmal übernehmen sollte. Bei seiner Heirat war er fünfundzwanzig Jahre alt. Er hatte um Eleonore geworben und ihr ein glückliches Leben an seiner Seite und eine solide wirtschaftliche Basis durch das gut gehende Bekleidungsgeschäft in Aussicht gestellt. Eleonore war neunzehn und fasziniert von der Gewandtheit und Souveränität des feschen Heinrich. Es war durchaus eine Liebesheirat, bei der beide überzeugt waren, das Richtige und Beste für ihr Leben zu wählen. Als der Pfarrer bei der Trauung von Liebe und ehelicher Treue sprach, fühlten sich beide im Einklang mit sich, der Welt und ihrer Kirche. Ein knappes Jahr später kam die erste Tochter zur Welt. Eleonore fügte sich brav in die Rolle der Hausfrau und Mutter und verstand sich auch gut mit den Schwiegereltern, in deren Haus die junge Familie wohnte. Als Heinrich 1914 zum Kriegseinsatz eingezogen wurde, kam das nächste Kind, wieder eine Tochter, und 1916, in einem Heimaturlaub Heinrichs gezeugt, ein Sohn. In den über vier Jahren Krieg bekam Eleonore ihren Ehemann nur selten zu sehen – so hatte sie sich das Eheglück nicht vorgestellt. Sie ertrug es mit einem heimlichen Groll, aber pflichtergeben. Sie hatte genug zu tun mit ihren drei kleinen Kindern, dazu half sie noch im Geschäft der Schwiegereltern. Im Herbst 1917 wurde Heinrich verwundet und lag danach monatelang in einem Lazarett. Nachrichten kamen nur spärlich zu Hause an. Aber immerhin, er lebte und erholte sich, und bald nach Kriegsende traf er wieder in seiner Heimatstadt ein. Er kam als ein Fremder und, ehrlich betrachtet, war der mühselige Alltag zu Hause auch ohne ihn weitergegangen, und hinter allem vordergründigen Lob für die Heimkehrer und Kriegshelden hatte er eher das Gefühl, dass man nach dem verlorenen Krieg gar nicht mehr so dringend auf ihn gewartet hatte. Vieles hatte sich während der Kriegsjahre geändert, er fühlte sich überflüssig und gar nicht willkommen. Die Kinder waren ängstlich und misstrauisch gegenüber ihrem Vater. Und Eleonore bemühte sich, die früheren Verhältnisse und Übereinkünfte wieder aufleben zu lassen … aber sie konnte sich des Eindrucks nicht erwehren, dass ein anderer Mann zurückgekehrt sei, ein mürrischer, unzufriedener, gebrochener. Die einstige Vorstellung ehelichen Glücks mit dem souveränen, optimistischen, großzügigen Heinrich wich dem grauen Ehealltag mit Pflichten und freudlosem Funktionieren.

Für Heinrich war die Rückkehr zweifelsohne enttäuschend. Eleonore empfand er als abgewandt und herrschsüchtig, körperlich gealtert und aufgeschwemmt. Gegenüber den Bildern, die er von früher im Kopf hatte, war das, was ihm jetzt begegnete, ein Hohn. Er fand sich in der Rolle, die er nun spielen sollte, gar nicht mehr zurecht.

Auch die sexuellen Annäherungen missglückten. Wenn Heinrich sein früheres Begehren nacherleben wollte, blickte er in das verkrampfte, verzweifelt schicksalsergebene Gesicht Eleonores, die die Bemühungen ihres Gatten um Intimität offensichtlich als unangenehm und bedrohlich empfand.

Sie hatte drei Kinder geboren und kümmerte sich um sie, wie man es von einer Mutter erwartete, sie führte den Haushalt und versorgte ihren Mann – sie war so mit ihren Pflichten beschäftigt, dass etwas anderes in ihrem Leben gar nicht mehr vorzukommen schien … und obwohl ihr die Freude am Körper ziemlich fremd geworden war, suchte sie auch ihrer Pflicht im Ehebett nachzukommen, soweit sich ihr apathisch gewordener Körper dazu fügte … aber dass es für sie nur eine Pflicht war, empfanden beide und waren enttäuscht und beunruhigt über die Aussicht auf kommende Jahrzehnte des Ehe-Martyriums. »Bis dass der Tod euch scheidet...« – diese Aussicht erzeugte Heinrich ein Grauen. Wäre er nicht besser auf dem Schlachtfeld geblieben?

Dabei waren sie beide noch nicht alt: sie, eine Mittzwanzigerin, die die Stationen des Jungseins schon früh hinter sich lassen musste; und er, ein junger Kerl, Anfang dreißig, mit der Enttäuschung, dass ihm ein ungerechtes Schicksal etwas Wesentliches entzogen hätte. Dass sein Körper Eleonore gar nicht mehr begehrenswert erschien, verletzte ihn tief. Zwar mühte er sich, die Rolle des braven Ehemanns vor den Augen seiner Eltern und der Öffentlichkeit zu spielen. Der Anschein einer tadellosen Ehe musste auf jeden Fall gewahrt bleiben. Aber insgeheim hoffte er auf die Gelegenheit, sich anderswo als der tolle Mann zu erleben, der die Frauen fasziniert und glücklich machen kann.

In seiner Phantasie kam es häufig zu solchen Gelegenheiten. Wenn er eine Frau traf, die ihm gefiel, brauchte sie nur ein kleines Signal von Freundlichkeit oder Aufmerksamkeit auszusenden, und sofort öffnete sich in ihm die Schleuse, hinter der sich all seine Bedürftigkeit gestaut hatte: Er stellte sich vor, wie sein Leben mit der neuen Person endlich wieder glücklich und befriedigend weitergehen könnte, er fühlte sich gebannt und verliebt, aber in sein Hochgefühl mischte sich auch die Angst, dass dieses andere Leben gar nicht mehr zu erlangen wäre, dass auch da doch nur Enttäuschung und Abweisung auf ihn warten würden. Und natürlich sah er gar keine reale Möglichkeit, seinen bürgerlichen Alltag mit Ehefrau und Familie zu verlassen. So zermürbte er sich zwischen seinen idealistischen Hochgefühlen und seiner Hoffnungslosigkeit bei jeder dieser Gelegenheiten. Seine Umwelt bekam von diesen inneren Stürmen kaum mehr mit als sein manchmal unvermittelt und unverständlich manisches Verhalten und dann wieder seinen Trübsinn und seine Gereiztheit.

Während seine Kinder heranwuchsen und es mit seiner Familie und seinem Geschäft weiter seinen gewohnten aber wenig erfüllenden Gang ging, kam es zu einer Gelegenheit, die etwas anders verlief. Die Tochter eines Lieferanten, zu dem er sich gelegentlich auf Geschäftsreise begab, war ihm schon mehrmals begegnet – Bernadette, eine hübsche junge Frau, von der es hieß, sie stehe kurz vor der Verlobung mit einem Justizassessor, und das hieß ja wohl, dass Heinrichs Phantasien von einer Annäherung aussichtslos waren. Einmal aber, als er bei ihrer Familie zum Essen eingeladen war, traf ihn ihr Blick: aus grauen Augen, die stachen und ihm ein ganzes Buch von Bewunderung, Liebe, Verlangen und Aufforderung zu erzählen schienen. Er hatte keinen Zweifel, dass er begehrt wurde, und sofort waren alle seine Sehnsuchtsgefühle wieder aufgepeitscht. Seine Vernunft kämpfte dagegen an, aber die Stimme, dass hier das Leben auf ihn wartet, für das er bestimmt war, brachte ihn heillos durcheinander. Er hatte vor seiner Abreise keine Gelegenheit mehr, dem bedeutsamen Augenblick noch einen weiteren hinzuzugewinnen. Aber in seiner Phantasie wuchs die Idee desto größer heran, dass mit Bernadette, nur mit Bernadette, sein weiteres Leben einen Sinn hätte.

Zu Hause bemühte er sich, seinem bisherigen Leben wieder die Oberhand zu verschaffen. Die – wie er es zu sich selbst sagte – Liebe seines Lebens pochte alle Augenblicke an seine Herzkammer. Ein Hochgefühl und seine Gedanken kreisten ununterbrochen um Bernadette. Bei seiner Familie war er wie abwesend, gedankenverloren und traurig. Er gab sich Mühe, sich nichts anmerken zu lassen und war gleichzeitig enttäuscht, dass Eleonore nichts von seinem inneren Aufruhr mitzubekommen schien. Einerseits hätte er sich gewünscht, mit ihr über seine Verwirrung zu sprechen. Andererseits war ihm klar, dass Eleonore sicherlich nicht – sie am allerwenigsten – die einfühlsame Freundin sein könnte, die er jetzt gebraucht hätte. Unter diesen Umständen war es für ihn völlig unmöglich, etwas von dem zu zeigen, was in ihm umging. Ihm war, als hätte eine andere Person von ihm Besitz ergriffen: ein schwärmerischer Traumtänzer, gleichzeitig voller Hoffnung und voller Angst, dem übermächtigen Drängen einer entflammten, unmöglichen, fesselnden Liebe hilflos ausgeliefert. Er malte sich alle möglichen Zukünfte aus, seine Angst vor einer weiteren bitteren Enttäuschung quälte ihn ebenso wie die Bilder von der kommenden seligen Zweisamkeit mit jenem Menschenkind, das er kaum kannte.

Ahnte Bernadette, was sie in Heinrich ausgelöst hatte? Konnte er dem trauen, was er in ihrem Blick gesehen hatte? »Es geht um dein Leben. Du musst dem Ruf folgen«, raunte es in ihm. Er musste es. Er entwarf einen Brief an Bernadette, taumelte zwischen glühendem Verliebtsein und selbstverurteilender Entrüstung. In seinen Gedanken hielt er Zwiesprache mit Bernadette, leidenschaftliche Szenen, die seine Sehnsucht immer weiter steigerten. Bernadette war die tiefe Seele, die jedes seiner Gefühle verstand und es achtete und förderte. Und er stellte sich vor, wie alles, was sie ihm von sich offenbarte, so genau zu seinen Wünschen und zu seinem Wesen passte, dass das Leben sie wie eine mächtige Woge beständigen Glücks tragen würde. Das war es, was ihm jener Blick zu versprechen schien, ein außergewöhnlicher Augenblick sicherlich – aber das meiste, das war ihm schon klar, hatte er mit seinen Wünschen und mit seiner Phantasie dazugetan. Er hatte kaum mit ihr gesprochen, und das nur »schicklich«, unter den Augen ihrer Eltern. Wenn sie ihn überhaupt so liebte, wie er sich das vorstellte, was würde sie sich von ihm erwarten? Was hatte er anzubieten? »Lass uns zusammen davongehen, irgendwohin, wo uns keiner kennt, wo nichts anderes zählt als die Liebe... « Wo aber sollte das sein? Und wie albern würde das womöglich auf Bernadette wirken, wenn er ihr nichts in Aussicht stellen konnte als seine hilflose, drängende Liebe ohne jeden Plan? Er fürchtete oder ahnte sogar, dass nichts anderes als eine maßlose Enttäuschung diesen Gefühlstaumel beenden konnte und hatte doch keine andere Wahl.

Den Brief änderte er je nach augenblicklicher Stimmung immer wieder um, und es verschaffte ihm eine gewisse Beruhigung, immer wieder darin zu lesen, zu korrigieren und weiterzuschreiben. Aber es kam nie zu einer Fassung dieses Briefes, die er gewagt hätte abzuschicken. Nach etlichen Wochen allerdings, in denen er vielleicht insgeheim auch auf eine Nachricht von Bernadette gehofft hatte und in denen ihm seine Gedanken immer quälender geworden waren, beschloss er, wieder in Bernadettes Stadt zu reisen. Unter dem Vorwand, persönlich Ware bei dem Lieferanten anzusehen, kam er wieder in ihre Nähe und wollte sein Schicksal jetzt – so oder so – selbst in die Hand nehmen.

Er kam abends in der Stadt an, belegte schnell ein Hotelzimmer und machte sich gleich auf zu Bernadettes Haus. Als er in die Straße einbog, beobachtete er, wie an ihrer Haustür gerade ein Mann eingelassen wurde. Sofort hatte er einen glühenden Verdacht, der ihn schwindeln ließ. Er ging an dem Haus vorüber, registrierte, welche Fenster erleuchtet waren und beobachtete eine Zeit lang, ob er etwas von den Vorgängen hinter den Fenstern mitbekommen könnte. Es war alles andere als selige Erwartung, was er verspürte. Es war Verlust, Niederlage und Angst. Dann wurde die Haustür wieder geöffnet, und heraus kam Bernadette am Arm des Besuchers, den Heinrich zuvor beobachtet hatte. Kein Zweifel, dass das der Justizassessor war. Das Paar ging mit schnellen Schritten davon, ohne den heimlichen Beobachter zu bemerken. Der jedoch verfolgte die beiden, kam näher heran und überholte schließlich. Als er gerade einen Meter rechts vor Bernadette stand, wandte er sich ihr zu.»Guten Abend. Guten Abend, Bernadette!« brachte er mit heiserer Stimme heraus. Diese erschrak, blieb stehen, blieb auch noch stehen, als der Arm des Justizassessors sie weiterzuziehen versuchte, und blickte Heinrich verstört und lange in die Augen.»Was machen Sie hier? «, fragte sie schließlich kleinlaut, und Heinrich:»Entschuldige, wenn es ungelegen ist. Aber ich wollte dich wieder sehen.« Das war alles, was er noch mit Fassung herausbringen konnte, dann hob er hastig seinen Hut und machte sich eilig davon.

Er hatte Bernadette erschreckt. Aber der lange Blick. War der nicht voller Sehnsucht? Verriet er nicht, dass sie ihn liebte? Er stellte sich vor, wie der Justizassessor jetzt mit deutlicher Missbilligung die Frage stellte: »Wer war denn das?«

»Ich wollte dich wieder sehen.« Das war doch gerade eine Liebeserklärung gewesen. Keine lange und keine melodramatische. Aber, zieht man die Situation in Betracht, doch eine ziemlich mutige. Der Justizassessor müsste sie geradezu als unverschämt empfunden haben, und das empfand Heinrich als kleinen Triumph. Nun konnte Bernadette doch keinen Zweifel mehr haben, dass er sie liebte.

Was würde Bernadette dem Justizassessor jetzt erklären? »Das ist Heinrich, der Mann, den ich wirklich liebe«? Oder: »Das ist nur ein Geschäftspartner meines Vaters. Ich kenne ihn kaum.«?

Heinrich fror und schlotterte mit dem Unterkiefer, er hastete mit weichen Knien zu seinem Hotel, warf sich dort auf sein Bett und begann hemmungslos zu schluchzen.

Was hatte er sich erhofft? Insgeheim sicherlich, dass seine Phantasien von der Glückseligkeit mit Bernadette in seinem realen Leben wie ein Geschenk eintreffen würden, ohne weitere Mühen, einfach, weil es die Schicksalsmächte mit ihm nach so vielen Entbehrungen und Rückschlägen einmal gut meinten. Mit einer derart aussichtslosen Situation – seine Bernadette am Arm eines Rivalen – hatte er jedenfalls nicht gerechnet. War seine Situation aussichtslos? Da gab es eine Stimme in ihm, die das sagte. Aber auch eine andere, die raunte ihm Hoffnung zu: »Du hast den Feind mutig herausgefordert. Um deiner Liebe willen. Früher hättest du damit ein Duell provoziert. Heute immerhin Spott und Schande. Du hast es getan, weil es um etwas Wichtigeres geht als um dein Ansehen und dein bürgerliches Leben. Weil es um deine Liebe geht.«

Hatte er das Richtige getan? Er hörte den vielen Stimmen in seinem Inneren zu. Und jede sagte etwas anderes. Nach Stunden des inneren Aufruhrs entschloss er sich zu einem nächsten Schritt. Er schrieb einen kurzen Brief:»Meine geliebte Bernadette, du bist mein Leben, bitte komm zu mir. Heinrich.«

Er fügte die Hoteladresse an, schrieb Bernadettes Adresse auf das Kuvert und machte sich im Morgengrauen noch einmal auf den Weg zu ihrem Haus, ließ den Brief dort in den Briefkasten gleiten, ging dann zurück ins Hotel, legte sich in sein Bett, schlief und wartete.

Den ganzen nächsten Tag geschah nichts. Am übernächsten jedoch, um die Mittagszeit, wurde er an den Empfang gerufen, eine Dame wolle mit ihm sprechen. Bernadette wartete auf ihn.

»Danke für Ihre Nachricht. Ja, lassen Sie uns den Fall in Ruhe besprechen. Gehen wir eine Runde spazieren?«, fing sie an. Und als sie auf die Straße hinausgetreten waren, wurde ihre Stimme tiefer und leiser:»Heinrich, erst jetzt meldest du dich! Ich habe so auf dich gewartet und gehofft. Ich weiß ja, du bist verheiratet, wir können gar nicht zueinander kommen. Trotzdem habe ich gehofft. Aber ich wusste ja, wir dürfen es nicht. Auch wenn ich lange davon geträumt habe. Aber jetzt habe ich eingewilligt. In drei Wochen werde ich Jakob heiraten, den Mann, den du vorgestern gesehen hast. Ich glaube, es ist richtig, denn dann bin ich dir wenigstens ebenbürtig.«

Heinrich wurde wieder schwindlig, ihn fror, und er schlotterte. Lange trottete er neben Bernadette her ohne etwas zu sagen. Sie folgten einem Bachlauf und waren schon außerhalb der Stadt in einer Auenlandschaft, als Heinrich zitternd anfing:»Aber ich lieb dich so. Und du? Liebst du mich?«

»Doch, natürlich! Vom ersten Augenblick an.«

Da streckte Heinrich seinen Arm aus und zog Bernadette zu sich heran, seine Lippen suchten ihre glatte, weiche Wange und gaben ihr einen zarten, flüchtigen Kuss. Wieder schwiegen sie lange, durchquerten einen kleinen Wald mit jungen Fichten und kamen zu einer Lichtung mit langen, dürr gewordenen Gräsern und abgesägten Baumstümpfen.

»Ich versteh das nicht«, hauchte Heinrich mit einem tiefen Seufzer und ließ sich auf einen Baumstumpf nieder. Er sah auf, in Bernadettes graue Augen, die wieder mit solcher Sehnsucht und Leidenschaft auf ihn hinunterblickten, dass er zu schluchzen anfing, und schließlich, als Bernadette sich gleichfalls niederließ und ihm den Arm um die Schulter legte, mit einem ungehemmten Tränenstrom weinte.

Sie ließ es zu und küsste ihn durch seine Tränen hindurch, aus Gefühl und Mitgefühl wurde Zärtlichkeit, ihre Hände suchten die nackte Haut unter den Gewändern, die Zärtlichkeit steigerte sich allmählich zu Begehren, und schließlich lagen sie nackt im dürren Gras und liebten sich und keuchten verzweifelt und selig zugleich dem Jubel des Einsseins entgegen.

Lange später zog Heinrich sein Hemd und seine Jacke über ihre beiden Körper. »Und, willst du ihn immer noch heiraten?«

»Du dummer Bub! Du bist doch schon verheiratet. Was soll ich denn sonst machen?«, versetzte Bernadette daraufhin, und das klang ein bisschen von oben herab, sodass Heinrich aus seiner schwärmerischen Stimmung gerissen wurde und verstummte. Bernadette hatte darüber offenkundig schon lange nachgedacht und war zu einem realistischeren Plan gelangt als Heinrich, das musste er zugeben. Wenn er Monate später an diese Szene zurückdachte, hatte er das Gefühl, das wäre der entscheidende Augenblick gewesen, in dem er zu feige war, um sie zu kämpfen. Aber Bernadette sah es richtig: Er hatte Frau und Kinder, unmöglich daran zu rütteln. Und was er tat, war Ehebruch ... Schuld. Was hätte er vorschlagen können?

»Und können wir uns einmal wiedersehen?«, war seine nächste bange Frage, während er immer noch seinen nackten Körper an ihren schmiegte.

»Ich habe immer schon auf deine Ehe Rücksicht genommen. Und du musst jetzt auch auf meine Rücksicht nehmen. Aber ich will dich wiedersehen. Ich lieb dich. Ich brauch dich.«

»Ich dich auch.« Dann noch ein Kuss, langsame Rückkehr in die schicklichen Kleider, in die Rolle der Lieferantentochter mit dem Kunden und in die Stadt, in der eine gutbürgerliche Hochzeit bevorstand, auf der natürlich auch viel von Liebe und Treue geredet werden würde.

Heinrich war einfach überfordert von allem, was er in den letzten Wochen und insbesondere in den letzten Tagen erlebt hatte. War das ein Triumph? Ein Glück? Ein Verlust? Eine Enttäuschung? Nicht einmal das konnte er mit Bestimmtheit sagen. Er durfte sich wieder einmal als begehrter Mann erleben, danach hatte er sich seit Jahren gesehnt; das war ein großes Geschenk, das ihm das Schicksal da gemacht hatte. Das Schicksal, sicherlich nicht Gott der Herr. Denn der hatte ja verfügt: Du sollst nicht ehebrechen. Hatte Gott ihn auf die Probe gestellt? Hatte ihm ein Weib gegeben, mit dem er Verzicht und Enthaltsamkeit lernen sollte, und nun hatte er versagt? Mit solchen Gedanken reiste Heinrich wieder nach Hause. Ja, er hatte versagt. Glücklich war er nicht. Aber er fühlte sich lebendig. Das erste Mal seit Langem.

Eleonore empfing ihn zu Hause, ahnte offenkundig nichts von seinen Abenteuern und gab ihm die Zuversicht, dass er so weitermachen könne wie zuvor. Er liebte sie nicht mehr, begehrte sie nicht mehr, sie war der Status quo, und Heinrich war erleichtert, dass der jetzt nicht auf dem Spiel stand. Er konnte seine Rolle als Familienoberhaupt und ehrbarer Geschäftsmann einfach weiterspielen, für so ein bisschen Doppelleben war offenkundig schon noch Platz. Manchmal zögerte er: Merkt sie wirklich keine Veränderung? Oder spielt sie insgeheim mit? Er konnte sie danach nicht fragen; und er würde es nie erfahren.

Nachrichten an und von Bernadette hielt er natürlich sorgfältig geheim, aber das funktionierte. Und auch diskrete Treffen arrangierten sie beide, manchmal alle paar Wochen oder Monate, später, als das schwärmerische Begehren allmählich abgeklärter Routine wich, verging schon mal ein halbes Jahr, ehe sie sich wiedersahen. So vergingen Jahre, ohne dass sie aufflogen. Bis im Frühjahr 1940, es war wieder Krieg, der Justizrat Jakob nach Polen abkommandiert wurde und seine Frau Bernadette bis nach Oberschlesien mitnahm, um dort einen neuen Wohnsitz aufzuschlagen. So kam die Affäre zu ihrem Ende. Heinrich musste ein Jahr später auch noch in den Krieg ziehen. Als er diesmal aus der Kriegsgefangenschaft heimkehrte, war er schon besser vorbereitet auf die Enttäuschungen, die zu Hause auf ihn warteten. Sein Sohn war gefallen, das Haus mit dem Geschäft zerstört, von Bernadette keine Nachricht. Der Status quo mit Eleonore, der blieb ihm erhalten, die Sprachlosigkeit, das freudlose Nebeneinanderherleben, die versteinerten Vorwürfe und Schuldgefühle. Immerhin war der Nachkriegsalltag mühselig genug, dass das Paar sich nicht mit dem Empfinden seiner Enttäuschungen beschäftigte.

Später, als Heinrich im Rentenalter war, stellten sich noch einmal eine Geliebte – oder gar noch mehrere – bei ihm ein. Aber das hatte längst nicht mehr die Bedeutung wie seinerzeit Bernadette. Es konnte ihn kaum noch aus seiner Haltung des Überdrusses herausholen, eher war es ein Spiel, bei dem es ihn beruhigen sollte, dass er es noch beherrschte. Er machte sich auch kaum noch Mühe, seine Seitensprünge vor Eleonore zu verbergen. Und Eleonore nahm es hin – starr und wortlos, ohne sichtbare Empörung oder Eifersucht.

Was hätten sich diese frustrierten Eheleute zu sagen gehabt, wenn sie es nur gewagt hätten, ehrlich das Wort zu ergreifen! Heinrich hätte sich heftigste Vorwürfe anhören müssen, wegen seiner Untreue, wegen seiner Lügen, seiner Abgewandtheit, seines Verrats. Aber auch Eleonore hätte erfahren müssen, wie wütend Heinrich auf sie war, wie sehr er sie schuldig sprach für all die Lügen und die Versteinerung, die ihrer beider Leben trostlos und elend machte. Sie hätten sich solche Szenen zumuten können, auch noch als alte Menschen, die abgekämpft und mürrisch waren und die Hoffnung auf eine bessere Beziehung gänzlich aufgegeben hatten. Sie hätten vielleicht herausfinden können, dass die Schuld des anderen so schwer nun auch nicht wog, und dass sie beide vor allem Opfer und Geschädigte, Leidende waren. Sie haben diesen Schritt raus aus dem gewohnten Leiden vermieden, bis Heinrich im November 1965 nach einem Schlaganfall starb. Eleonore fand in den Papieren ihres toten Mannes noch ein paar leidenschaftliche Briefe, die Bernadette vor Jahrzehnten Heinrich geschrieben hatte. Die Zeilen dieser offenkundig aufdringlichen Person verwirrten sie. Aber was ihr Heinrich damals erlebt hatte, dämmerte ihr nicht.

Stellen wir uns einmal vor, ein ähnliches Partnerschafts-problem würde sich in unserer Gegenwart abspielen: Nach einer anfänglich guten, lebendigen Phase der Partnerschaft lebt sich das Paar auseinander. Enttäuschung, Wut und Widerwille verdrängen die vormals warmen Gefühle der Zuneigung … außerhalb der Beziehung locken andere Partner oder Partnerinnen, die die verloren gegangene Lebendigkeit zurückzubringen verheißen...

Der Einfluss der bürgerlichen und kirchlichen Untreue-Prohibition wirkt noch bis in unsere Zeit fort – aber er ist heute mit Sicherheit wesentlich schwächer als vor hundert oder achtzig Jahren – wie auch der Einfluss der Kirchen insgesamt.

Zwei Weltkriege, die alte Strukturen und Ordnungen über den Haufen warfen und in denen die Menschen auch hinsichtlich der zerstörten Familien nach Notlösungen Ausschau hielten, bewirkten, dass selbst die Institution der Ehe nicht mehr als unumstößliches Naturgesetz zu halten war. Natürlich war nach den beiden Weltkriegen auch der Wille durchaus stark, möglichst schnell zum Alten, Bewährten zurückzukehren. Speziell die 1950er-Jahre hatten auch starke erzkonservative, restaurative Tendenzen. Aber das war nach den Umwälzungen des 20. Jahrhunderts völlig aussichtslos. Die Menschen waren aus den Erfahrungen der Kriegs- und

Nachkriegsjahrzehnte heraus nachhaltiger desillusioniert, als sie es im Alltag wahrhaben wollten. Die Bewegung hin zu »modernen« Lebensformen vollzog sich langsam, und doch kam die Veränderung im Bewusstsein der Menschen einem gewaltigen Erdrutsch gleich, der schließlich alle erfasste, auch die, die eigentlich an den alten, zementierten Formen der Ehe festhalten wollten.

Eleonore und Heinrich standen offenkundig unter einem unüberwindbaren Zwang, den Schein einer ordentlichen Ehe gegen alle Wahrheit aufrechtzuerhalten. Wem hätten sie sich auch anvertrauen können, der ihre Lage verstanden hätte und sie nicht noch zusätzlich verurteilt und mit Vorwürfen überzogen hätte? Heute ist es für Menschen in einer solchen Situation viel leichter, über ihre Probleme zu sprechen, und sie finden auch eher verständnisvolle Unterstützung – von ihren Freunden oder auch von professionellen Beratern. Dort würden sie wahrscheinlich zuallererst hören: »Redet miteinander! Teilt der Partnerin oder dem Partner mit, wie es euch ergeht, anstatt euch frustriert zurückzuziehen! Ein Problem zu verleugnen ist die Lösung, die das meiste Leid verursacht – für den anderen wie für euch selbst. Ehrlichkeit – auch wenn sie schmerzhaft ist – hilft euch auf jeden Fall weiter!«

All diese markanten Appelle sind auch heute alles andere als leicht zu beherzigen – besonders, wenn es um existenzielle Beziehungsprobleme geht. Aber wenigstens haben wir heute solchen Rat zur Hand! Psychologie und Sexualwissenschaft haben in den vergangenen hundert Jahren manches Tabu gebrochen. Sie haben uns zugemutet, das Ideal der partnerschaftlichen Treue ein bisschen realistischer zu sehen und mit toleranteren moralischen Maßstäben über das Problem der Untreue nachzudenken: Wenn viele Menschen das Gebot der lebenslangen ehelichen Treue nun nach aller Erfahrung nicht erfüllen können, gibt es dann vielleicht Lebensmodelle, die ehrlicher und besser funktionieren?

Die Chance zur Neuorientierung

Oft hat man den nach dem Zweiten Weltkrieg Geborenen einen besonderen revolutionären Geist nachgesagt. In der Tat war der Generationenkonflikt nie so heftig wie in den 1960er-Jahren zwischen den Nachkriegsgeborenen und ihren Eltern. Nicht nur die aktiven Unterstützer und die Mitläufer der Naziherrschaft, sondern die Werte und Lebensmodelle der damaligen Eltern- und Großelterngeneration insgesamt standen unter dem Generalverdacht, mitschuld zu sein an der Zivilisationskatastrophe der Weltkriege und der Diktatur. Dass deren Autoritätsanspruch eine Rebellion herausforderte, liegt auf der Hand. Aber, was unser Thema der Treue in der Paarbeziehung angeht, war es doch wohl eher so, dass diese Jugend nur ehrlicher beschrieben hat, was ihr die Elterngeneration bereits vorgelebt hat. Denn das traditionelle Familienbild war ja schon nach dem Ersten Weltkrieg beschädigt. Die Nazizeit hatte zwar mit lautem Pathos die alten Familientugenden beschworen, aber das war schon in den Jahren vor dem Zweiten Weltkrieg mehr Propaganda als Realität, und erst recht in den Kriegsjahren. Nach dem Krieg ließ sich das alte Familienideal dann noch einmal viel weniger praktizieren – angesichts der Millionen gefallener junger Männer, der auseinandergerissenen Familien und der zwangsweisen Mobilität der Menschen. Da passte das, was sich die bürgerliche Welt als »normal« und »anständig« vorstellte, schon längst nicht mehr zu ihrer eigenen Realität. Die soziologischen Befunde, allen voran die Scheidungsstatistiken, mussten erst noch ins Bewusstsein der bürgerlichen Welt vordringen: Die Zeit unmittelbar nach dem Zweiten Weltkrieg hatte viele Ehen durcheinandergebracht; entsprechend schnellte die Zahl der Scheidungen in die Höhe. Das schien sich um 1950 zu normalisieren, und die jährlichen Scheidungen nahmen ab, von ca. 180 000 (1950, in der damaligen Bundesrepublik Deutschland) auf ca. 100 000 (1951). Doch diese Tendenz drehte sich schnell wieder um in einen langfristigen Anstieg der Scheidungszahlen auf über 200 000 im Jahr 2000. In den letzten Jahren sind die Scheidungszahlen wieder rückläufig (137 00 im Jahr 2022) – wobei man aber gegenrechnen muss, dass immer weniger Ehen geschlossen werden: Während 1950 an die 750 000 Paare in der damaligen Bundesrepublik heirateten, waren es 1970 nur noch 590 000, und der Niedergang ging weiter, im vereinten Deutschland waren es im Jahr 2000 ca. 400 000. Seit 2018 zählen auch noch die gleichgeschlechtlichen Ehen dazu, Trotzdem waren es nur noch 373 000 im Jahr 2020. Sondereffekte wie die Corona-Pandemie, die manchen Paaren in den Jahren 2020 und 2021 die Lust auf ein großes Hochzeitsfest genommen haben, müsste man bei einer Trendbeobachtung natürlich auch noch beachten. Immerhin – 2022 gab es 390 000 Eheschließungen. Wenn man diesen die Zahl der Scheidungen im gleichen Jahr gegenüberstellt – 137 000 waren es 2022 – kommt man auf eine Scheidungsrate von über 35 Prozent. Das ist ein bisschen irreführend, die im Jahr 2022 geschiedenen Ehen stammen natürlich alle aus früheren Jahren. Denn auch wenn manche Eheleute schon bald nach der Hochzeit den Entschluss fassen, sich wieder zu scheiden, muss doch wenigstens ein Jahr vergehen (das so genannte Trennungsjahr), ehe dieser Schritt rechtskräftig vollzogen werden kann. Wenn Ehepaare das angeblich »verflixte« siebte Jahr überstehen, ist das auch noch keine Gewähr, dass der Bund ein Leben lang hält. Auch Scheidungen von Paaren, die 20, 30 oder mehr Jahre zusammenblieben, sind keine Seltenheit mehr. Die durchschnittliche Ehedauer betrug 2020 14,7 Jahre.

Der Blick in die Statistiken der letzten 70 Jahre macht deutlich: Seit den 1950er-Jahren ging es dramatisch bergab mit den Erwartungen an den »Bund des Lebens«, und dieser Trend hatte schon lange eingesetzt, bevor die rebellische Jugend der 1968er-

Zeit die Paarbeziehungen als spießig und verlogen verspottete. Bis heute hält dieser Trend an, obwohl die Jugend gar nicht mehr rebellisch ist und gern von Treue und dem Glück in der Zweisamkeit träumt. Heiraten und ein damit verbundener großer Feier-Event sind bei vielen jungen Menschen heute wieder hoch im Kurs. Vielleicht ergibt sich dadurch längerfristig eine Stabilisierung der Eheschließungszahlen – und hoffentlich auch der Scheidungsfälle.

Die geschichtlichen und kulturellen Bedingungen sind selbstverständlich nur ein Teil der Faktoren, die darauf Einfluss haben, wie wir's mit der Treue halten, welche Beziehungen wir eingehen und wie wir sie gestalten oder auch wieder lösen. Die historische Epoche ist gewissermaßen der objektive Rahmen, in dem wir uns bewegen. In diesem Rahmen wirken aber noch jede Menge individuelle Bedingungen: Unsere frühen wie auch späteren Lebenserfahrungen, unsere Erziehung, ebenso unsere individuellen physischen Bedingungen.

Deshalb zeigt ja auch jede Erfahrung: Der Mensch als Gattungswesen mag nicht ganz eindeutig monogam, auch nicht eindeutig polygam sein. Die Individuen haben auf dieser Skala noch ihre individuelle Ausprägung. Da gibt es die Typen, die sehr wohl nach einer monogamen Bindung streben und unangefochten bei ihr bleiben. Und auf der anderen Seite eben auch die Polygamen.

Der polyamouröse Typ

Gegeben hat es diesen »polyamourösen« Menschentypus, mehr oder minder ausgeprägt, wohl schon immer – in der extremen Form die Nymphomanin als Frauentyp und den Don Juan als Männertyp. Doch er wurde meist mit höchstem Argwohn betrachtet. In der Literatur des Abendlandes ist die fragile eheliche Treue eines der wichtigsten Themen. Männer, die keiner sexuellen

Verlockung widerstehen können und sich, meist neben ihrer Ehe, in andere Beziehungsabenteuer verstricken, bieten einen Stoff, an dem sich Jahrhunderte abgearbeitet haben. Niemand kann leugnen, dass es sie gibt, doch sie stehen außerhalb der propagierten Norm. Regelmäßig muss Don Juan zur Hölle fahren.

Von Frauen in dieser polyamourösen Rolle ist wesentlich weniger zu erfahren. Ihr Aktionsradius in patriarchalen Gesellschaften ist traditionell eingeschränkter, und ihre Konflikte treten weniger offen zu Tage. Wo aber doch, trifft sie mindestens die gleiche moralische Entrüstung wie die Männer. In der sozialen Rolle der Hure wird sie ganz auf ihre sexuelle Funktion eingekürzt – und ganz aus der gesellschaftlichen Mitte ausgeschlossen und abgewertet.

Erst das 20. Jahrhundert hat sich, umkämpft genug und erst einmal nur in Großstadt-Milieus, davon wegbewegt. »Warum soll eine Frau kein Verhältnis haben?« war ein beliebter Schlager der frühen 1930er-Jahre, der mit dem Normverstoß der polyamourösen Frau spielt. Das Publikum wird in diesem Lied hineingezogen in den vertraulichen Klatsch über eine Frau, die neben ihrer Ehe noch verschiedene andere erotische Beziehungen unterhält. Der besondere Reiz dabei: Diese Mitteilungen gibt es nur hinter vorgehaltener Hand. In der Öffentlichkeit wäre das ein Skandal. Da amüsiert sich das Publikum über die Doppelmoral seiner Gesellschaft. »Warum soll eine Frau kein Verhältnis haben?« stammt aus der Oscar-Straus-Operette »Eine Frau, die weiß, was sie will«. Uraufgeführt wurde sie 1932 in Berlin; da waren die Zwanzigerjahre mit ihrem emanzipatorischen Aufbruch schon wieder vorbei, und die antiliberalen Kräfte wurden lauter und bedrohlicher. Die Operette wurde von nationalsozialistischen Gruppen bekämpft und ihre Aufführungen massiv gestört.

Die Realität – ein Skandal!

Nach dem Zweiten Weltkrieg versetzte dann der amerikanische Biologe und Sexualforscher Alfred Kinsey dem Selbstbild der konservativen amerikanischen Gesellschaft einen nachhaltigen Schlag: Die als »Kinsey-Report« bekannt gewordenen Untersuchungen *Sexual Behavior in the Human Male* (erschienen 1948) und *Sexual Behavior in the Human Female* (erschienen 1953) lösten international Skandale aus. Deutsche Ausgaben, *Das sexuelle Verhalten der Frau* folgten 1954 bzw. »*Das sexuelle Verhalten des Mannes*[2] 1955.

Diese rein empirischen Forschungen brachten ans Licht, wie sehr die amerikanischen Bürger in ihrem Sexualverhalten von dem sittenstrengen Leitbild der heterosexuellen monogamen Paarbeziehung abwichen, das offiziell galt. Während die Amerikaner Masturbation als krankhaft, sündig und nahezu ausgeschlossen ansahen, stellte sich heraus, dass sie (vor allem unter den Männern) eher die Regel war. Auch die Enthüllung, wie weit verbreitet Bi- und Homosexualität war, schlug ein wie eine Bombe. Und ebenso die Fallzahlen von außerehelichem Sex: Die Hälfte aller verheirateten Männer gab an, außerehelichen Sex gehabt zu haben; bei den Frauen waren es mehr als ein Viertel – in den 1940er- und frühen 1950er Jahren, in denen das alles für völlig unmöglich gehalten wurde.

Kinsey brachte nichts weiter als eine Bestandsaufnahme der gesellschaftlichen Realität an die Öffentlichkeit. Aber schon das reichte, dass ihn die Kirchen und die konservativen Gruppierungen in den Vereinigten Staaten als Volksfeind bekämpften. Immerhin begründete gerade dies seine weite Verbreitung.

Das konservative Amerika hätte viel lieber den Traum von den monogamen, rein heterosexuellen, unschuldigen Menschen, den funktionierenden Familien und der allgemein herrschenden traditionellen Moral weitergeträumt und bliebe bis heute gern bei diesem Traumbild. Da war Kinsey, der der Gesellschaft den Spiegel vorhielt und zur Sprache brachte, was wirklich ablief, zwangsläufig ein bedrohlicher Aggressor. Die kritischeren, fortschrittlicheren Teile der Gesellschaft dagegen griffen diese Studien mit gewaltiger Resonanz auf, nahmen das entlarvte Selbstbild des konservativen Amerika desto bissiger aufs Korn und schoben einen enormen gesellschaftlichen Wandel an, bei dem die bürgerliche Kleinfamilie mit ihren sexuellen Tabus massiv unter Druck geriet. Heute gilt Kinsey als ein wichtiger Impulsgeber für die sexuelle Revolution der 1960er Jahre.

Menschen, die offen sexuelle Beziehungsvielfalt praktizierten, brachen in den meisten Epochen und Milieus bis weit ins 20. Jahrhundert hinein ein Tabu, standen gegen die Norm und wurden von der herrschenden Moral scharf verurteilt. Das muss man mitbedenken, wenn man ermessen will, welchen kolossalen Bruch mit einer langen Tradition das als positiv und fortschrittlich propagierte Ideal der »offenen Beziehung« und der Beziehungsvielfalt in den 1960er- und 1970er-Jahren bedeutete. Die seit Menschengedenken geltenden Anschauungen und Werte einfach auf den Kopf zu stellen und die lebenslange Zweierbeziehung als spießiges Zwangsverhältnis und als »besitzgierige Beeinträchtigung« der Entwicklung der Persönlichkeit zu kritisieren – das hatte in Jahrhunderten zuvor noch keiner gewagt. Auch wenn das Dilemma mit der Treue, die der Menschennatur nur mit Mühen auferlegt werden kann, um den Preis der Freiheit und der Wahrhaftigkeit, sicherlich schon immer mit dabei war, seit es die Idee der Treue gab.

Das war wohl ein bemerkenswerter geschichtlicher Augenblick, in dem eine nennenswerte gesellschaftliche Gruppe – die »Fortschrittlichen« und »Kritischen« der Zeit um und nach 1968 – das herkömmliche Paarbeziehungsmodell in Frage stellten und die Beziehungsvielfalt als die bessere, ehrlichere und reifere Form des Zusammenlebens proklamierten.

Das klang mitunter provozierend selbstgewiss. Aber mit wissenschaftlicher Aufklärung abgewirtschaftete Lebensformen und verlogene Traditionen aus dem Weg zu räumen hatte Konjunktur. Und die Wortführer der Befreiung der Sexualität, der polygamen Lebensformen oder der offenen Paarbeziehung waren meist ausgewiesene Fachleute. In der Nachfolge von Alfred Kinsey (Biologe, Sexualforscher) waren die Gewährsleute, auf die sich die ganze Epoche berief, die angesehensten und angesagtesten Psychologen, Anthropologen und Psychotherapeuten der Zeit, beispielsweise Eric Berne (Psychologe), Abraham H. Maslow (Psychologe), Margaret Mead (Anthropologin), Nena und George O'Neill (Anthropologen).

In Deutschland kam noch ein weiterer Aspekt hinzu, der die sexuelle Revolution bei der Jugend beflügelte: Die traditionelle Sexualmoral und das konservative »gesunde Volksempfinden« waren auch noch durch die Gewaltherrschaft der Nationalsozialisten diskreditiert. Das Streben, das Erbe der faschistischen Repression loszuwerden, trieb die junge Generation schwungvoll in das Milieu freier Lebensformen und freier Sexualität.

Die jungen Menschen wandten sich ab von der auf Lebensdauer angelegten Institution der Ehe, ja sogar von der Paarbeziehung. Dabei bedienten sich die Theoretiker der ehekritischen Freiheit durchaus auch psychologischer Erkenntnisse – und die soziologischen Befunde sprachen ohnehin für sich. Also versuchte sich die kritische Jugend mit Realismus neu zu bestimmen. Eine gehörige Portion Mut kann man diesen Menschen auch nicht absprechen, wenn sie die traditionellen Erwartungen an das Eheleben als nicht einlösbar brandmarkten. Viele bekannten sich dazu, dass sie nicht sagen könnten, wie sie in einigen Jahren zum Projekt der Partnerschaft stehen würden, und das war wenigstens ehrlich. Aber es machte die Ausgangslage für wie immer geartete Beziehungen natürlich erst mal komplizierter.

Vergiss dein romantisches Wunschbild!

Bob Dylan hat 1964 sein Publikum auf diese neue, desillusionierte Ehrlichkeit mit einem elegischen Lied eingestimmt: »It Ain't Me, Baby«. Er referiert darin die Erwartungen seiner Partnerin – sämtliche Klischees der traditionellen, einengenden und überfordernden Ausschließlichkeitsbeziehung:

You say, you are looking for someone
who's never weak, but always strong
to protect you and defend you
whether you're right or wrong
...
You say, you are looking for someone
who promises never to part,
someone to close his eyes for you
someone to close his heart
someone who'll die for you and more
...
a love for your life and nothing more,

und im Refrain weist er alles, was da an romantischen Vorstellungen aufgetischt wird, mit einer eindringlichen, kindlichnaiven und geradlinigen Verweigerungsformel zurück:

But it ain't me, babe,
no, no, no, it ain't me, babe,
it ain't me you are looking for, babe

Wie bitte?! Fehlanzeige bei männlicher Stärke, kein bedingungsloses Zueinander-Stehen, kein Überschwang der Liebe, nicht einmal ein Treueversprechen...

Ist das nun ein Anti-Liebeslied, ein Text, der kaltschnäuzig all die romantischen Gefühle des Verbunden- und Miteinanderseins zurückweist?

Das Lied haben sich die jungen Leute meiner Generation oft genug auf Partys angehört, mitgesungen … die Jungs haben ihren Mädchen dabei in die Augen geschaut … und die haben das Ganze in der Regel lächelnd zur Kenntnis genommen (oder ignoriert). Nein, ein Anti-Liebeslied ist es in meiner Wahrnehmung sicher nicht. Die Musik ist ein melancholischer Folksong, der Sänger inszeniert sich sanft und nachdenklich, er scheint eher selbst damit zu kämpfen, dass er die Gefühle seiner Freundin nicht verletzen will, aber seine Verantwortung als erdrückende Last empfindet.

Manche Biographen vermuten, dieses Lied habe Bob Dylan an seine Freundin Suze Rotolo adressiert, mit der er sich damals in der Trennungsphase befand. Die wehmütige Stimmung des Liedes mag zu diesen biographischen Umständen passen. Aber seine Beziehung mit Suze Rotolo währte zur Zeit der Aufnahme des Liedes schon 3 Jahre – und die Erwartungen an eine Liebesbeziehung klärt man in der Regel doch eher am Anfang. Und er hat diesen Song in seinem dritten Album, »Another Side of Bob Dylan« einer Weltöffentlichkeit vorgetragen. »It Ain't Me, Baby« wurde der bekannteste Titel darauf. Die Forderungen von Bob Dylans fiktiver oder realer Freundin, denen er sich hier entgegenstellt, sind schließlich mehr als die Wunschphantasien eines einzelnen Mädchens. Sie sind der Kanon der Versatzstücke, mit denen traditionell über Partnerschaft und Liebe gesprochen wird. In den Produkten der Unterhaltungsindustrie begegnen sie uns auf Schritt und Tritt. Die viel zu großen Töne, die zu dick aufgetragenen Gefühle und Versprechungen, waren in der populären Musik der Normalfall. Denken Sie an bekannte deutsche Schlager, ebenfalls aus den 1960-er Jahren, wie

Marmor, Stein und Eisen bricht,
aber unsere Liebe nicht.

Alles, alles geht vorbei,
doch wir sind uns treu. [3]

oder

Hundert Jahre und noch mehr
bleib ich dir treu, o my darling!
Denn ich liebe dich so sehr
hundert Jahre und noch mehr! [4]

Hier geistert – und wahrscheinlich noch bis heute – immer noch die Operettenseligkeit herum, mit der die Liebenden einander immer allzu leichthin ihre »ganze Liebe« aufdrängen. Ja, über Gefühle und insbesondere über Liebe können wir kaum kommunizieren, ohne dass unsere Sprache von dem pseudoromantischen Kitsch überlagert wird, den die Kultur in diesem Sujet mit sich herumschleppt.

Immerhin, bei »Hundert Jahre und noch mehr...« zeigt der Text schon, dass das nicht so ganz ernst zu nehmen ist: Eine erwachsene Frau wird es bei einer realistischen Lebenserwartung in aller Regel nicht schaffen, ihrem Partner noch einmal hundert Jahre (und noch mehr) treu zu sein. Mithin kann vielleicht auch diese deutliche Übertreibung als eine Form der Ehrlichkeit durchgehen.

Bob Dylans *It Ain't Me, Babe* verweigert sich den Versatzstücken, die seine Angesungene – und wir alle – mit Liebe und Beziehung assoziieren. Wenn das alles aus dem Weg geräumt ist – was bleibt dann noch? Wo ist dann noch eine Verbindung zum Du? Sie ist in der Tat nicht mehr sichtbar, muss erst noch gefunden werden. Und genau das ist die epochale Wirkung und Bedeutung von Bob Dylans *It Ain't Me, Babe*. Es ist doch ein Liebeslied, ein Anti-Kitsch-Liebeslied, das nicht nur dem angesprochenen »Babe« eine vielleicht desillusionierende, aber radikal redliche Wahrheit auftischt, sondern der ganzen Generation vorgeführt hat, wie nüchterne, authentische, ehrliche Ich-Botschaften klingen. *It Ain't Me, Babe* war ein Weckruf, die illusionären Erwartungen an Beziehungen, Liebe und Treue über Bord zu werfen. Für das junge Publikum der Zeit schwang darin die Hoffnung mit, dass sich mit der Emanzipation aus den herkömmlichen Lebensmodellen natürliche und realistischere Beziehungsformen entwickeln könnten, mit denen die Menschen künftig glücklicher und harmonischer leben könnten – ohne die Verlogenheit, den Zwang und die Drohkulisse der alten bürgerlichen Ehe. Hat sich diese Hoffnung erfüllt? Erwuchs aus der emanzipativen Bewegung in der zweiten Hälfte des 20. Jahrhunderts eine tauglichere Balance zwischen Freiheit und Verbindlichkeit in unseren Beziehungen?

Die »Pille« fördert die sexuelle Freizügigkeit

Sexuelle Handlungen zwischen zwei Menschen sind in aller Regel ein recht intimes Geschehen. Außer den Beteiligten braucht das niemand mitzubekommen. Der Mantel der Verschwiegenheit ist daher seit jeher die Chance für jede Untreue, für alles, was durch Moral, religiöse Gebote oder staatliche Gesetze sanktioniert oder verboten ist: Solange niemand, der Einwände erheben könnte, etwas davon weiß, kann alles ungehemmt geschehen – diese »Freiheit« hatten die Menschen immer, und sie haben sie immer genutzt. Doch immer war auch das Risiko dabei, dass doch etwas ans Licht kommt.

Sexuelle Betätigung vor der Ehe sollte durch den Nachweis der »Unberührtheit« verhindert werden – daher der Aufwand um die Jungfräulichkeit der nicht verheirateten Frauen. Mit einer unehelichen Schwangerschaft dagegen wurde der Tabubruch vor aller Augen offensichtlich. Und er galt uneingeschränkt als Offenbarung der Schande. Die Literatur berichtet von der Bibel an über Tragödien von Ehebrecherinnen, gefallenen Mädchen und verzweifelten Selbst- und Kindsmörderinnen. Das kirchliche Gebot zur ehelichen Treue sollte Nachwuchs außerhalb der Familie verhindern. Aber wo es ihn trotzdem gab, hat sich die kirchliche Moral rachsüchtig gegen die Schwächsten gewendet. Bis in die 1960er-Jahre wurden uneheliche Kinder als eine existenzielle Katastrophe empfunden – und in vielen traditionelleren Gesellschaften ist das bis heute so. Und naturgemäß manifestiert sich diese Katastrophe vor allem an den Frauen, außer in materiellen Nachteilen auch noch in einer massiven sozialen Ächtung.

Methoden der Empfängnisverhütung gibt es zwar schon seit vielen Jahrhunderten. Aber die hohe Zahl ungewollter Schwangerschaften und unehelicher Kinder weist schon darauf hin: die Verhütung beim Geschlechtsverkehr war nicht einfach genug und vor allem unsicher. Die Angst vor ungewollten Schwangerschaften hat außereheliche sexuelle Begegnungen sicherlich in keiner Epoche verhindert, aber doch gehemmt.

Die traditionelle kirchliche Sexualethik verlangte Triebverzicht: Enthaltsamkeit und Zurückhaltung bei jeder sexuellen Bestrebung außer dem ehelichen Zeugen von Kindern. Aber sobald das Damoklesschwert des ungewollten Nachwuchses nicht mehr über den sexuellen Begegnungen hing, war eine wesentliche Bremse der promisken heterosexuellen Betätigung weggefallen. So war denn auch die Einführung der Anti-Baby-Pille (in den USA 1960, in Deutschland 1961) mehr als ein medizinisches Ereignis. Sie war eine wesentliche Voraussetzung für die sexuelle Revolution der späteren 60er-Jahre und hat den Wandel im Umgang mit Sexualität entscheidend beeinflusst.

Bei homosexuellem Sex ist die Zeugung von Nachwuchs bekanntermaßen ausgeschlossen. Insoweit handelt es sich hier nicht um »procreational sex«, also der Fortpflanzung dienenden Geschlechtsverkehr, den die Sexualethik des Thomas von Aquin als den einzig legitimen ansah, sondern um »recreational sex«, der keinen anderen Zweck verfolgt als Lust und Wohlgefühl. Obwohl Homosexualität bis in die 1970er-Jahre in Deutschland bestraft werden konnte, stand sie seit jeher im Ruf, ausschweifender, vielfältiger und wahlloser praktiziert zu werden als sexuelle Beziehungen zwischen Mann und Frau. Das mag bei Sex unter Männern auch an der spezifisch männlichen Libido liegen. Aber – wie man am heterosexuellen Sexualleben seit Aufkommen der Anti-Baby-Pille ersehen kann – wohl auch daran, dass Homosexuelle nie wegen ungewollten Schwangerschaften »aufpassen« mussten.

In der Zeit der Nach-Achtundsechziger wurden auch die Selbsthilfegruppen, Selbsterfahrungs- und Therapieworkshops zum Erfahrungsfeld einer großen Zahl von Menschen. Anfangs war sowohl bei den Teilnehmenden als auch bei Therapeuten das Interesse am neuen, libertären Partnerschaftsmodell groß. Sexualität sollte befreit werden von den Schuldgefühlen und den Verklemmungen der vorherigen Generationen.

»Weg mit den zwanghaften und verlogenen Besitzverhältnissen der bürgerlichen Ehe!« war in den späten 60er- und 70er-Jahren eine Losung nicht nur der fortschrittlichen Jugend, sondern auch der progressiven Psychotherapie-Szene. Sexuelle Treue war ideologisch suspekt, und die Paarbezogenheit stand unter Verdacht, aus einem einschränkenden Besitzdenken hervorzugehen.

»Make Love, Not War« – diesen Spruch konnte man auf Demo-Plakaten, an Hauswänden und auf den beliebten Ansteck-Buttons lesen – eine prägnante Verbindung von politischer Stellungnahme gegen den Vietnamkrieg und für eine freie Sexualität. Und die psychologisch-soziologische Argumentation, die darin anklang, lautete: Militärische Aggression und die Inszenierung soldatischer Männlichkeit nähren sich aus unterdrückter Sexualität. Menschen, die ihre Sexualität leben und entfalten können, brauchen keine Triebentladung in militärischer Aggression.

»Wer zweimal mit derselben pennt, gehört schon zum Establishment!«

Dieser Slogan der 68er-Libertinage war ja wohl der Gipfel der Beziehungsvielfalt – um nicht zu sagen: des sexuellen Auslebens in der totalen Bindungslosigkeit. Das »Establishment«, die moralisch verkommene herrschende Klasse, war schließlich das Feindbild Nummer eins. Natürlich war das eine Provokation für das bürgerlich-konservative Lager und dessen Vorstellungen von Sitte und Moral. Allerdings war auch den Bürgerlichen klar, dass sie moralische Normen zu verteidigen vorgaben, an die sie sich selbst kaum noch hielten. Sie verfolgten mit aufgeregtem Voyeurismus, was da ein paar junge Leute in Kommunen trieben, und verurteilten die im

Grunde durchaus begründete Suche nach neuen Lebensformen als Egoismus, Disziplin- und Verantwortungslosigkeit. Bürger und Bürgerschreck feuerten sich gegenseitig an in ihrer Gegnerschaft und Verachtung und merkten kaum, dass sie vor einem gemeinsamen Problem standen, für das keine der beiden Seiten eine wirkliche Lösung hatte. Das bürgerliche Eheglück mit treu liebenden Partnern und klarer Rollenverteilung war als ein eher illusionäres Wunschbild entlarvt. Aber die sexuelle Ungebundenheit mit der Aufforderung zu notorischem Partner*innenwechsel war vielleicht eine Zeit lang faszinierend, auf die Dauer war sie aber für die meisten jungen Leute doch nicht das Ziel ihrer Wünsche.

Als ich in den Siebzigerjahren so weit war, mir eine Freundin zu suchen und mitzumischen auf dem Beziehungsmarkt, sah ich mich, wie die meisten jungen Menschen in meinem Umfeld, zwar als Träger der neuen Freiheit und Emanzipation ... doch so richtig gerüstet fühlte ich mich dafür nicht. Wie machten das die anderen Jungs, dass sie – angeblich oder tatsächlich – irgendwo die heißesten Frauen aufgabelten und mit ihnen wie selbstverständlich im Bett landeten? Hier die Sache mit der einen, dort eine Geschichte mit der anderen, und mit einer dritten wäre vielleicht auch noch was möglich... War die sexuelle Revolution nur für die Selbstsicheren? (»Cool« sagten wir damals noch nicht; aber ich war das sicherlich nicht). Was die Boulevardpresse Skandalöses über die Berliner Kommune K1 und ihr begehrenswertes Mitglied Uschi Obermaier berichtete, waren vor allem Projektionen und Wunschphantasien – für mich wie für alle anderen, die – spießig genug! – ihre Nasen mit Genuss in diese Geschichten steckten! Nur gehörte ich doch zu der fortschrittlichen Jugend! Und als sich die Medienwelt darüber ereiferte, wie bunt es die westliche Jugend im Ashram des »Sex-Gurus« im indischen Poona trieb, musste ich mir eingestehen, dass ich Herzklopfen bekam bei der Vorstellung, da mit dabei zu sein. Aber Poona war weit weg. Und ich war offensichtlich »noch nicht so weit«. Als ich von Freunden gefragt wurde, ob ich bei ihrem

Wohngemeinschaftsprojekt mitmachen wollte – mit einem gemeinsamen Schlafraum für acht bis zehn Leute, in dem es hoch hergehen sollte, da war ich erst mal Feuer und Flamme, und dann – ich gestehe es – bekam ich Schiss... Ich wollte plötzlich eine potenzielle Freundin doch nicht mit anderen teilen und hatte Sorge, dass sich das Paradies an Zuwendung, Gemeinschaft und Sex als Hölle der Konkurrenz entpuppen würde. War meine »spießige« Kleinfamilien-Herkunft schuld, dass ich mich dem neuen Lebensmodell nicht öffnen konnte? Dass ich kleinkarierte Verlustängste entwickelte, wo es doch darum ging, ein Leben des Überflusses ohne Besitzdenken zu schaffen?

Kurz danach umwarb ich ein Mädchen und gewann es tatsächlich als Freundin. Daraus wurde dann wirklich so etwas wie eine »Zweierkiste«, spießig hin oder her, es war das, was ich ganz klar wollte. Ein gutes halbes Jahr währte das als perfektes Glück, mit all den romantischen Hochgefühlen von Auserwählt- und Verstandensein – bis das wunderbare Mädchen auf einer Party bemerkte, dass sie Chancen hatte bei einem anderen Jungen, den sie noch toller fand als mich. Das vormalige Hochgefühl schlug nun schlagartig um in ein (in mindestens gleicher Intensität) quälendes Gefühl von Niederlage und Verlust. Was regte ich mich auf ... mit meinem Besitzdenken, mit meinen unrealistischen Ansprüchen an Treue und Ausschließlichkeit? Das wusste ich schon selbst, dass ich da nichts zu beanspruchen hatte. Aber es locker zu akzeptieren und mich anderweitig schadlos zu halten – dafür schien ich doch nicht gebaut zu sein. »Erstmal jedenfalls«, konnte ich mich damals noch beruhigen, denn ich war ja noch ziemlich jung und hielt mich für entwicklungsfähig.

Solange sich das moralische Gebot der Treue mit meinen Zielen und Wünschen deckte, erinnerte ich gern an diese bewährten Werte. Aber manchmal fand ich mich auch auf der entgegengesetzten Seite. Und dann hielt ich es doch für einen Segen, in einer so freien und aufgeklärten Zeit jung zu sein.

Und – ich muss gestehen – ich habe mich über die Gefühle anderer genauso kaltschnäuzig und unachtsam hinweggesetzt, wie dies im Namen der Freiheit und Selbstbestimmung in dieser Zeit als legitim und richtig angesehen wurde.

Mit einer Freundin war ich an die drei Jahre zusammen gewesen, als ich mich Hals über Kopf so sehr neu verliebte, dass mir diese Freundin nur noch im Weg schien. Bis heute schäme ich mich dafür, dass ich mich damals unter einem ziemlich unplausiblen Vorwand aus dem Staub gemacht habe, anstatt ehrlich zu sein und offen auszusprechen, wie es um mich stand. Seinerzeit hielt ich das für ein besonders emanzipiertes und schonendes Verhalten. Heute sehe ich meine Feigheit und sage mir, dass ich mich respektlos verhalten habe – der Freundin gegenüber, aber auch gegenüber unserer Beziehung, die auch ihre guten und lebendigen Zeiten hatte, und nicht zuletzt mir gegenüber. Gefühle zu übergehen, wenn sie unbequem sind, war eine Haltung, zu der mich der Kopf-gesteuerte Zeitgeist ermutigt hat. Da galt es als emanzipatorische Tugend, die eigenen Bedürfnisse entschlossen durchzusetzen, und sich nicht zu binden hatte den Nimbus von mutigem, progressivem Lebensstil. Mir fehlte damals schlicht die Wahrnehmung dafür, welchen unnötigen Schaden ich damit angerichtet habe.

Wenig später schloss sich in der Reihe meiner jugendlichen Beziehungserfahrungen die umwerfende Geschichte mit Anna an, von der ich eingangs berichtet habe. Da habe ich mir die Beendigung einer Beziehung von der Seite des schmerzlich Verlassenen ansehen können. Natürlich hatte Anna das Recht, mich sitzen zu lassen, als ich ihr zur Last geworden war. Und die Enttäuschung und Kränkung, die mir das verursachte, rührte ja wohl – so dachte man damals – nur von meiner Unreife und spießigen Kleinfamilienprägung her. Somit geschah mir ganz recht, wenn ich darunter zu leiden hatte.

Wenn man mit revolutionärem Schwung Altes über den Haufen rennt, ist es anscheinend nahezu unausweichlich, dass man erst einmal neues Unrecht schafft, das auch nicht besser ist als das alte, das man überwinden wollte. Auch das Neue bedarf wieder einer Korrektur, bis sich – wenn es gut geht – allmählich ein wirklicher und humaner Fortschritt einstellt.

Im Hinblick auf Partnerschaft und Sexualität haben die Jugendlichen und jungen Erwachsenen zwischen 1965 und 1985 so eine revolutionäre Phase erlebt. Die neue Freiheit war verführerisch. Aber sich verführen zu lassen bedeutet oft, dass man Dinge tut oder zulässt, die man später bedauert oder bereut. Im Kopf herrschte das fortschrittliche Bewusstsein – aber das Herz ließ sich nicht so einfach gleichschalten. Die psychischen Bedürfnisse passten durchaus nicht zu den gesellschaftlichen Entwürfen. Darauf achtete im revolutionären Überschwang kaum jemand. Es gab explosionsartig Gelegenheiten zu sexuellen Begegnungen und hedonistischem Ausleben. Sobald aber Bindung und Liebe eine Tendenz zur verpönten »Zweierkiste« einleiteten, war die Verwirrung groß. »Besitzansprüche« durften nicht sein und verursachten oft gerade dadurch großes Leiden.

Uschi Obermaier, die Ikone der 68er-Bewegung

Uschi Obermaier, »das schöne Gesicht der 68-er-Revolution« war in den 1970-er Jahren wirklich allgemein bekannt. Für die Boulevardpresse und ihre Leser war sie ein bewährter Standard-Aufreger. Es war ja auch die Zeit, in der die Bundesrepublik die ersten Versuche erlebte, das öffentliche Tabu der Sexualität anzugehen, mit Sexualaufklärung in der Teenie-Zeitschrift *Bravo,* den Aufklärungsfilmen von Oswalt Kolle und den unsäglichen *Schulmädchen-Report*s.

Das alles war für das verklemmte Publikum neu, verstörend und uneingestanden natürlich erregend und faszinierend. Die

Geschichten von Uschi Obermaiers sexueller Omnipräsenz sogen die Leser mit großem Interesse auf. Über ihr angeblich wildes Leben in der Kommune K1, über ihren hochmütigen Spott auf die bürgerliche (spießige) Sexualmoral, über ihre Beziehung zu Rainer Langhans und zu allen möglichen Rockstars, und dazu über ihre überirdische (oder teuflische) Schönheit, der mehr als eine Generation von Männern in Deutschland insgeheim erlegen war.

Es war zweifellos ihre faszinierende körperliche Erscheinung, die ihr die Aufmerksamkeit der Medien von der Boulevardpresse bis zum *Playboy* verschaffte. Aber es war auch das Milieu der 68er-Zeit, in dem ihr der provokante Verstoß gegen die bürgerliche Moral zu solcher Prominenz verhalf. Jedenfalls fügte sich alles so, dass bei ihren Auftritten in den Medien immer auch eine politische, revolutionäre Aussage mitschwang. Was aber durchaus nicht verhinderte, dass sie als Top-Model eine materiell prächtige Existenz daraus gewann. Eine ihrer Plattformen war der *Twen*, eine deutsche Illustrierte, die von 1959 bis 1971 erschien. Er verband fortschrittliche politische und gesellschaftliche Ideen und insbesondere die Themen Partnerschaft und Sexualität mit einer viel bewunderten Ästhetik und zelebrierte schöne Frauen in aufsehenerregenden Bildern. Uschi Obermaier, die Wilde, Raubtierhafte, für jedes Abenteuer Bereite, wurde speziell durch den *Twen* zur Ikone der neuen, paradiesischen sexuellen Freiheit.

Es war das, woran ich und so viele Jugendliche dieser Zeit auch allzu gerne glaubten: dass wir mit unserem Freiheitswillen und auch mit unseren befreiten jungen Körpern die Zwänge der dunklen Vergangenheit überwinden würden und glücklicher, befriedigter und zufriedener werden würden, als es uns unsere Eltern vorlebten. Auf jeden Fall auch lustbetonter, hedonistischer! Das war vielleicht der schlimmste Skandal für die bürgerliche Welt, deren Wertordnung der Selbstdisziplin, der Entsagung und Sex-Tabuisierung damit herausgefordert und verspottet wurde. Und was für ein Triumph, wenn die Spießer doch bei ihrem heimlichen

Interesse an der nun öffentlich gemachten Sexualität erwischt wurden – als verklemmt-lüsterne Voyeure!

Für mich war mit dieser Bewegung der sexuellen Befreiung allen Ernstes eine riesige Hoffnung verbunden ... die in den schönen Bildern des *Twen* oder in den Berichten über Kommunen, den Ashram des Bhagwan in Poona und allerlei therapeutische Projekte schon nahezu den Status von Heilsgewissheit erreichte.

Aus heutiger Sicht erscheint das illusionär und naiv. Ja, die Hoffnungen waren überzogen; der Weg ins Paradies erwies sich als viel schwieriger als zunächst absehbar; wir hatten riesige Erwartungen, was unsere Generation alles besser machen würde als die unserer Eltern, die Nazizeit und Krieg erlebt hatten. Ja, diese Erwartungen waren unrealistisch. Wir haben auch uns überschätzt. Die spießige Kleinfamilienwelt, die wir längst überwunden haben wollten, hat uns, einen nach dem anderen, wieder eingeholt. Und den Weg zum Paradies, den die sexuelle Revolution aufgezeigt hatte, haben wir, einer nach dem anderen, wieder verlassen. Aber diese Hoffnung einmal gehabt zu haben, ist ein Geschenk. Vielleicht können darauf später noch einmal Leute zurückkommen – wenn der Kampf ums Rechthaben zwischen den damals Jungen und den Älteren keine Rolle mehr spielt. Wir haben Hoffnungen und Ideale gehabt, unsere Enttäuschungen damit erlitten und Erfahrungen damit gesammelt.

Das gilt für mich. Das gilt auch für Uschi Obermaier. Obwohl sie doch dem Paradies am nächsten war; obwohl sie mit ihrer Schönheit und Anziehungskraft das »wilde Leben« (so stellten wir uns das Paradies doch vor) am ehesten jeden Tag neu herbeiholen konnte.

Sie war das Idol der sexuellen Befreiung schlechthin. Über ihr wildes, hedonistisches Leben gab es in der Folgezeit auch eine Reihe von Büchern und Filmen, die den Zeitgenossen die Botschaft von der Beziehungsvielfalt ohne spießige Besitzansprüche gebracht haben. Das Image der genussfreudigen Tabubrecherin, das die

Medien so gern propagierten, hat sie selbst Jahrzehnte lang mitgepflegt. Und in der Tat ging es bunt und abwechslungsreich zu in diesem Leben. An ihren Liebschaften in der Kommune K1 mit Rainer Langhans, später mit Rock-Idolen wie Mick Jagger, Jimi Hendrix und Keith Richards hat sie die Medien und das Publikum willig Anteil nehmen lassen. Ihre sechsjährige Weltenbummelei im Wohnbus mit ihrem Lebensgefährten Dieter Bockhorn ging ebenfalls durch die Medien. Sich den herkömmlichen Produktions- und Erwerbsverhältnissen zu verweigern und ungebunden fremde und exotische Kulturen zu assimilieren – auch das war ein zeittypischer Traum vom besseren Leben. Die »Aussteiger« haben ihn, mit mehr oder weniger komfortabler finanzieller Ausstattung, verwirklicht und dabei meist auch die Schattenseiten des Lebens in der Fremde erfahren.

Ich habe Uschi Obermaier persönlich kennen gelernt, als sie 67 Jahre alt war und ein Buch für den Verlag schrieb, in dem ich der zuständige Lektor war.

Früher war ihr völlig egal, was die Presse über sie zusammenphantasierte. Als Top-Model war es ihr Job, Projektionsfläche für ihr Publikum zu sein. Aber im Nachhinein, sagte sie, ärgere sie doch, wie die Medien viele Stories mutwillig zusammengelogen haben. Als 67-Jährige fühlte sie sich frei, in ihrem Buch einiges zurechtzurücken. Sie schaut da auf ein Leben zurück, das keineswegs immer lustvoll, leicht und souverän verlief. Das Hippie-Vagabundenleben wurde mit dem Unfalltod Bockhorns am Silvestertag 1983 jäh beendet. Und wenn vorher immer noch eine Ablenkung die dunklen und schmerzhaften Momente überbrücken konnte, so wird spätestens da deutlich, dass es im Leben des Idols Uschi Obermaier auch jede Menge Abschied, Verzicht, Trauer und mühseliges Sich-Durchbeißen gab.

Ihr Buch, *Expect Nothing*[5], hebt den Vorhang ein wenig, der davor die Schattenseite von Uschi Obermaiers »wildem Leben« verhüllt hatte. Und es zeigt sich, dass sie in Wahrheit ein gar nicht so souveränes, oft ein ziemlich verletztes Wesen ist, das durch so ein wildes Leben getrieben wird. Schon der gar so selbstgewisse Anfang in der K1-Zeit mit der Befreiungsbotschaft von der Beziehungsvielfalt und Unabhängigkeit hat einen Schatten, der aber erst in der Langzeitperspektive sichtbar wird. Die Freiheit hatte nämlich einen hohen Preis, den Verzicht auf verlässliche Partnerschaft. Fordere nichts und erwarte nichts – »Expect Nothing« – andernfalls kann dir das Leben jederzeit das Herz brechen. Uschi Obermaier steht zu dieser Lebensweisheit des psychischen Existenzminimums. Nicht mehr enttäuscht werden wollen – wie es dazu kommt, dass ausgerechnet dieser leidgeprägte Vorsatz für Uschi Obermaier so einen herausragenden Stellenwert hat, darüber berichtet sie in *Expect Nothing*: Ihr Vater hat die Familie verlassen, als sie noch ein Kind war. Für ihre Mutter war das ein großer Kummer, sie selbst trug eine Wunde davon, die sie fortan durch das Leben begleitete. Ihr ziemlich verzweifeltes Werben um die Liebe des sich entziehenden Vaters hat ihre Beziehungen tragisch mitgestaltet. Die proklamierte Freiheit in den Beziehungen, das Auskosten der Fülle und der immer neuen Begegnungen hat in ihrem Fall den Nebengeschmack einer psychischen Notsituation: Dahinter steht die Angst, dass Vertrauen immer irgendwann enttäuscht wird, dass Liebe im Kummer endet – Bindungsangst.

Uschi Obermaier zeigt sich hier als ein Mensch, der sich mit seinen Widersprüchen, Enttäuschungen und unerfüllten Sehnsüchten durch ein schwieriges und oft leidvolles Leben kämpft. Das Idol, auf das wir jahrzehntelang unsere Vorstellungen von einem freieren, intensiveren und glücklicheren Leben projizieren konnten, ist in Wahrheit genauso gebeutelt von traurigen Erlebnissen, ramponiert von Enttäuschungen wie wir alle, sie ist eine von uns. Nach allen vorherigen Zeugnissen über ihr Leben ist das ein überraschendes und irritierendes Bekenntnis. Und desillusionierend allemal. Das Image vom Partygirl, das alles haben konnte und sich auch alles genommen hat, hat sie abgestreift; was sie in *Expect*

Nothing über sich erzählt, ist sicherlich ehrlicher und authentischer als alles, was die Welt bisher von ihr erfahren hat. Auch wenn die Welt von ihr, der neben der schier überirdischen Schönheit auch noch schier überirdisches Wohlleben zugeschrieben wurde, sicher eine andere Rückschau erwartet hätte.

Das Konzept der offenen Paarbeziehung

Mit großem Ernst und dem Bewusstsein, eine reife und freie, bessere Form der Paarbeziehung in die Welt zu bringen, propagierten 1972 die Anthropologen Nena und George O'Neill »die offene Ehe«[6].
Ihr Ideal beschrieben sie so:

»Eine offene Partnerschaft bedeutet, daß man das gemeinsame Leben zwar als ein gemeinschaftliches Unternehmen ansieht, in dem aber die Bedürfnisse eines jeden Partners erfüllt werden können, ohne daß der andere in eine Abhängigkeit gedrängt wird, die seine Persönlichkeit unterdrückt. Dann kann man die Liebe als Anteilnahme am unabhängigen Wachstum des Partners verstehen und nicht als eine besitzgierige Beeinträchtigung seiner Entwicklung.«[7]

Die Polarität ist deutlich genug: Dort die traditionelle, »besitzgierige«, einengende und die persönliche Entwicklung hemmende Ausschließlichkeitsbeziehung – hier die auf Respekt und Vertrauen gegründete »offene« Paarbeziehung, die Außenkontakte beider Partner ausdrücklich gutheißt und eventuell auch sexuelle Begegnungen außerhalb der Zweierbeziehung akzeptiert.

Was in den frühen 1970er-Jahren noch bei den meisten als verantwortungslos und skandalös empfunden wurde, ist heute die

Beschreibung einer weithin hingenommenen Lebensform. Im Grunde war es schon seit Langem eine Tatsache, über die nur nicht gesprochen werden durfte. Insofern war die damalige Diskussion um die »offene Paarbeziehung« eine enorm wichtige und heilsame gesellschaftliche Entwicklung.

Der Dichter Jörn Pfennig traf 1979 mit seinem Gedichtband *Grundlos zärtlich* offenkundig einen Nerv der Epoche, denn das Buch hat sich in der damaligen Bundesrepublik viele hunderttausend Mal verkauft. Das zeitlose Thema der Partnerschaft und Liebe, behandelt mit der Perspektive eines fortschrittlichen jungen Mannes, der sich auseinandersetzt mit den (Macht-)Kämpfen der Partner, mit Eifersucht, unerwiderter Liebe, Zweisamkeit und Beziehungsvielfalt – das ging in der Tat viele junge Menschen an, die es besser machen wollten als die Generationen vor ihnen: Sie wollten die alten Zwänge und Verlogenheiten in den Paarbeziehungen hinter sich lassen und ihre Liebe neu gestalten auf der Grundlage von Ehrlichkeit, Selbstbestimmung und Freiheit.

In diesem Gedichtband findet sich unter dem Titel »Mengenlehre« ein prägnanter Vierzeiler, der außerordentlich populär war. Ganz im Sinne des »Konzepts für einen neuen Typus der Monogamie« weist der Dichter darin auf die Defizite der traditionellen, besitzergreifenden Ausschließlichkeitsbeziehung hin:

Was du an Liebe brauchst
kann ich allein nicht geben.
Was ich an Liebe geben kann
ist für dich allein zuviel.[8]

Der aufklärerische Ton war in den 1970er-Jahren das Neue, Interessante und das, was auf dem Felde der Lyrik im stärksten Kontrast zu den Stereotypen einer spätbürgerlichen Pseudo-Innerlichkeit stand. Zwei Weltkriege und die Nazizeit, in der mit allen

Traditionen Missbrauch getrieben wurde, ließen es in der Tat grotesk erscheinen, wenn sich das Liebeswerben der konservativen Gesellschaft immer noch an dem in Operetten geübten Pathos orientierte. Diesen falschen Tönen und verlogenen Inszenierungen musste in der Tat die Maske heruntergerissen werden.

Aber klingt in dem Satz: »Was ich an Liebe geben kann, ist für dich allein zuviel« nicht auch eine ziemliche Anmaßung mit? Ich vermute, wer sich damit identifiziert, sieht sich eher in der Rolle des überlegenen Analytikers als in der Rolle des Liebenden. Das entsprach sicherlich dem Zeitgeschmack. Die aufklärerische Bewegung brachte ein ziemliches Übergewicht an Verstandesargumenten und Analysen mit sich, und das lässt sich auch an den knappen Signalen des »Mengenlehre«-Vierzeilers erkennen. Der war zweifelsohne für Menschen plausibel, die ihrem Kopf mehr zuhörten als ihrem Herzen. Er vertritt sehr klar die Überzeugung, dass der Weg zu einem besseren Leben (und besseren Beziehungen) über Theorie und Verstandeseinsicht führt.

Wie mir der Dichter Jörn Pfennig mitteilte, stammt der Titel »Mengenlehre« nicht von ihm, sondern vom Verlag seines Gedichtbands. Da hat das Verlagslektorat also die Ideen des Dichters weitergedacht und ganz im Milieu der Zeit noch überspitzt.

Die aufklärerische Begeisterung der kritischen Jugend der Zeit nach 1968 lässt hier schon ihre spezifischen Defizite und Irrtümer erahnen. Im Hinblick auf die Liebe war dies sicherlich die ziemlich materialistische Anschauung, es handle sich um etwas, das man in den Kategorien von Waren oder Dienstleistungen beschreiben könnte. Weshalb man sich die Liebe als Austausch von quantifizierbaren Mengen vorstellen sollte – und die Paarbeziehung schnell unter den Verdacht von Besitzverhältnissen geriet. In der Lebenspraxis hat das aber kaum zu besonders zufriedenen, glücklichen und liebenden Menschen geführt – eher zu enttäuschten, verwirrten und besonders bedürftigen. Nicht zufällig ist in den folgenden 80er-Jahren viel vom Zeitphänomen des Narzissmus die Rede, von den

Menschen, die sich nicht einlassen können und ziel- und resonanzlos durch ein selbstbezogenes, einsames, verlorenes Leben gehen.

Mit den Erfahrungen von ein paar weiteren Jahrzehnten würde eine selbstbewusste Freundin dem Sprecher dieses Vierzeilers wohl entgegnen:»Mein Lieber, spekuliere nicht so viel über mich. Ich sehe das nämlich anders. Nach meiner Überzeugung ist ein ganzer Partner etwas grundsätzlich anderes ist als zwei halbe oder drei Drittel. Deine simple Mengenlehre scheint mir am Kern der Sache vorbeizugehen. Ich meine dich als ganze Person, nicht als Zulieferer für meine Bedürfnisse:

Was ich an Liebe brauche,
ist schon in mir.
Was du mir an Liebe geben kannst,
ist für mich ein wunderbares Geschenk.«

Qualität oder Quantität?

Schon mit dem bekannten Satz aus der Metaphysik des Aristoteles wäre der Liebes-Mengenlehre zu widersprechen gewesen: Das Ganze ist mehr als die Summe seiner Teile! Wenn ich einen Menschen »ganz« lieben kann, hat das eine andere Qualität, als wenn ich die »gleiche Menge« Liebe in mehreren Portionen abgebe. Oder, ganz praktisch: Wer zwei Geliebte hat, hat keine richtig.

Die Frage ist natürlich: Will ich mit meinen Gefühlen lieber in die Tiefe gehen – oder lieber in die Menge?

Erlebnisse zu sammeln kann schließlich auch ein Ziel für sich sein und auch wichtige Entwicklungsschritte bringen. Das ohne Wertung und ohne moralische Entrüstung anzuerkennen, hat auch erst die revolutionäre Zeit nach 1968 geschafft. Heute ist eine akzeptierende Haltung gegenüber unterschiedlichen Lebens- und Beziehungsmodellen viel eher selbstverständlich und vor allem für die Psychologie und Beratungspraxis eine Grundvoraussetzung.

Eine »fortschrittliche« Ehe

Ingrid und Ulrich studierten im Frühjahr 1969 an der gleichen Hochschule und kannten sich eher flüchtig aus einem gemeinsam besuchten Seminar. Dass daraus einmal mehr werden würde, damit hatte Ingrid zu dieser Zeit noch nicht gerechnet. Sie fand Ulrich sympathisch und vertrauenerweckend, nicht unansehnlich, aber offensichtlich war er alles andere als ein Frauenheld. Genau das war wahrscheinlich der Grund, weshalb sie ausgerechnet ihn bat, ihr in einer »Notlage« zu Hilfe zu kommen. Der Dozent eines Seminars, »Dieter«, war nämlich hinter Ingrid her. Nicht nur hinter ihr. Es galt unter den Studentinnen der Hochschule teilweise als Privileg, sich einen der – meist verheirateten – Dozenten zu angeln und neben ein bisschen Sex womöglich auch noch Vorteile im Studienfortgang zu genießen. Und Dieter galt nicht nur als einflussreich, sondern auch noch als attraktiv. Dem Gemunkel nach standen die Mädels Schlange bei ihm. Natürlich waren Sexualkontakte mit Abhängigen an sich strafbar und tabu – aber in dem Milieu, in dem Sex so positiv und allgemein erwünscht schien und sich scheinbar so mühelos ergab, waren solche Bedenken sehr weit weg. Ingrid hatte deutliche Anzeichen dafür, dass es der Dozent Dieter auf sie abgesehen hatte, ausgerechnet kurz vor einer mehrtägigen Exkursion mit Übernachtung in Florenz. Nun war Ingrid aus einem konservativen Elternhaus, stand dem revolutionären Geist der Zeit noch eher skeptisch gegenüber und hatte, obwohl schon über zwanzig, noch keine ernsthaften Sexualkontakte gehabt. Sie hatte einfach Angst davor, mit Dieter auf eine Sexnacht zuzusteuern und sich dabei womöglich noch fürchterlich zu blamieren.

Auf die Exkursion verzichten wollte sie andererseits nicht. Deshalb fragte sie Ulrich, der gleichfalls an der Florenzreise teilnehmen sollte, ob er nicht für die Dauer der Exkursion mit ihr den Anschein erwecken könne, als wären sie ein Paar, um so Dieters Avancen einen Riegel vorzuschieben. Ulrich fühlte sich geschmeichelt, nahm das Problem sehr ernst, willigte ein und gab sich als verlässlicher Mitverschworener für diese Aufgabe. So bezogen Ingrid und Ulrich ohne sexuelle Absichten ein Doppelzimmer in Florenz. Die Bedrohung durch Dieter war abgewehrt. Allerdings erwies sich die Gelegenheit für die beiden als günstig, und aus der vorgetäuschten wurde tatsächlich eine Beziehung, die die Exkursion überdauerte. Sie fassten Vertrauen zueinander, und mit dem schüchternen, behutsam und zärtlich begehrenden Ulrich verwandelte sich der Sex von einer Bedrohung, die bei Ingrid Panik auslöste, in ein verlockendes, spannendes Neuland, in dem jeder mutige Schritt mit seligen Überraschungen belohnt wurde.

Wenn Ingrid später über den pragmatischen Beginn ihrer Partnerschaft mit Ulrich nachdachte, hielt sie es für wahrscheinlich, dass ihr Unbewusstes sich Ulrich schon ganz am Anfang, als sie ihn in aller Unschuld nur als Scheinpartner engagiert hatte, als Mann ihres Lebens ausgesucht hatte. Er war ihr erster und sollte lange der einzige bleiben. – Die sexuelle Libertinage, wie sie an ihrer Hochschule zu herrschen und wie sie die Öffentlichkeit zu bewegen schien, war in ihrem praktischen Leben noch nicht angekommen. Trotzdem diskutierten sie über die zeittypischen Themen: Ist die Zweierbeziehung per se besitzergreifend, hemmt sie unsere Entfaltung, wie viel Spielraum, welche weiteren Beziehungen beleben die Partnerschaft, welche zerstören sie? Welche Bedeutung hat Sex in der Paarbeziehung, wie steht es mit Sex außerhalb? Darf ich nur noch dich lieben, oder ist es ganz natürlich und legitim, wenn die Liebe auch anderswohin strebt?

Ingrid und Ulrich lasen viel und sogen alles auf, was es an neuen Erkenntnissen und Theorien über Partnerschaft gab – und das war eine Menge in diesen Zeiten, in denen das Traditionelle als abgewirtschaftet und verlogen, das Neue aber als Schlüssel zu einem besseren Leben galt. Die Partnerschaft, wie sie sie praktizierten, hatte einiges aus dem modernen Zeitgeist übernommen: Die aufgeblasene Selbstherrlichkeit des Mannes, wie sie sie noch bei ihren Vätern beobachteten, fanden sie lächerlich, die demutsvolle Unterordnung der Frauen empörend und beschämend. Gleichberechtigte Rollen ergaben sich schon aus ihrem gleichen Studentenstatus. Und als sie zusammen in eine Wohnung zogen, waren sie auch auf gleiche und gerechte Aufgabenverteilung im Haushalt bedacht. Auch beim Sex schien ihnen Gleichberechtigung wichtig für Harmonie und Glück zu sein. Alte Tabus und Verklemmungen hinter sich zu lassen und Sexualität selbstbewusst und lustvoll zu genießen hielten sie für eine triumphale Errungenschaft ihrer Generation.

In einem Gesprächskreis bei der Evangelischen Studentengemeinde diskutierten sie einmal über das Spannungsfeld zwischen Freiheit und Geborgenheit in einer Paarbeziehung. Auf die Frage, wie es für ihn wäre, wenn sich seine Freundin in einen anderen Mann verlieben würde, da schaute Ulrich seine Ingrid an und antwortete mit bebender Stimme, das würde er nicht aushalten ... er wüsste nicht, was er dann tun würde, das wäre eine katastrophale Schmach für ihn, vermutlich würde er sofort das Weite suchen, ganz weit weg ... Die Peinlichkeit dieser wahrscheinlich ehrlichen Aussage stand groß im Raum, einige Teilnehmer gaben dem erbärmlichen Ulrich zu verstehen, dass das ja wohl eine ziemlich infantile Reaktionsweise sei, und dass er sich doch mal mit der Tatsache auseinandersetzen müsse, dass er nicht der einzige Mann auf der Welt sei, der für ein attraktives Mädchen in Frage komme. Da schaltete sich der Gesprächsleiter ein. Er hatte zwei längliche Bauklötzchen mitgebracht, die er nun vor den Augen der Teilnehmer aneinander gelehnt aufzustellen versuchte. Als sie wie ein spitzes Dreieck dastanden, zog er das eine Klötzchen weg – das andere fiel natürlich um. »Das ist das Risiko, wenn man sich so an den anderen lehnt«, erklärte er. »Wenn der andere weg ist, fällt man!« Dann stellte er die Klötzchen wieder senkrecht auf, so, dass sie parallel nebeneinander standen. »Schaut euch mal dieses Modell an: Seite an Seite beieinander stehen, aber allein stehen können: Das ist auf die Dauer wahrscheinlich die entspanntere und entlastendere Lösung!«

Bei den weiteren Wortmeldungen zu dieser Frage gab sich denn auch keiner mehr eine solche Blöße. Da wusste man schon, dass man in dieser Runde besser nicht in den Verdacht einer »Abhängigkeitsbeziehung« geraten sollte. Ingrid immerhin, als sie schließlich an der Reihe war, gestand noch, dass das für sie wahrscheinlich eine schwierige Situation sei. »Aber wenn ich meinen Freund liebe, dann liebe ich auch seine Gefühle, die er für andere hat. Ich vertraue darauf, dass wir da eine Lösung finden, die für alle Beteiligten die beste ist.« Damit erntete Ingrid teilnahmsvolle und auch bewundernde Blicke.

Aber so richtig überzeugen, dass das möglich wäre – eine Paarbeziehung ohne Abhängigkeit – ließen sich weder Ulrich noch Ingrid. »Ich glaube, die haben das, worüber sie so gut reden können, alle noch nie wirklich erlebt«, kommentierte Ulrich den Gesprächskreis, als er mit Ingrid wieder allein war. Und Ingrid nahm ihn in den Arm und pflichtete bei.

Eine bei Freunden arrangierte »Woodstock-Party«, auf der die Musik von Jimi Hendrix, The Who und Santana und der eine oder andere Joint eine besondere Erlaubnisatmosphäre geschaffen hatten, endete mit Dutzenden weitgehend nackten Partygästen, die an sich herumstreichelten und vereinzelt auch zu handfestem Sex übergingen. Ingrid genoss das eine Zeit lang im undurchsichtigen Gewühle, »Gruppensex« war die modische Bezeichnung für dieses Erlebnis. Doch als ihr ein anderer Mann mit seinem herausfordernden Penis zu nahe kam, zog sie sich doch ihren Ulrich heran: der war es, für den sie die richtige Intimität reservierte. Beide waren einverstanden mit dieser Szene und mit der unausgesprochenen Grenzziehung, die damit ausgedrückt war. »Gruppensex« probierten sie wenige Male gemeinsam aus und kamen einigermaßen zurecht mit diesen Erlebnissen, da sie nicht viel bedeuteten und keine anderen Beziehungen stifteten. Denn konkurrierende Nebenbeziehungen zu bejahen und zu integrieren, wie es die fortschrittlichen Experten empfahlen, mochte ein interessantes Gedankenexperiment sein, in der Praxis hätten es aber sowohl Ingrid als auch Ulrich als inakzeptable Zumutung empfunden. Zu den Pionieren der sexuellen Revolution gehörten sie damit sicherlich nicht … Dafür mussten sie sich im Kreise ihrer Freunde und Bekannten manchmal rechtfertigen … und wie ein Schuldeingeständnis auf ihre verklemmt-bourgeoise Herkunft verweisen.

So waren sie manchmal hin- und hergerissen zwischen der herkömmlichen bürgerlichen Norm und dem fortschrittlichen oder revolutionären Lebensstil ihrer Generation. Ganz die Bürgerkinder: Sie schlossen ihr Studium ab und stiegen ins Berufsleben ein, Ingrid wurde schwanger, sie heirateten im Frühjahr 1972 und glitten mehr als ihnen recht war in die traditionellen Verhältnisse hinein: Der Mann ging jeden Tag ins Büro, die Frau versorgte den Haushalt und erst eins und schließlich, 1974, ein zweites Kind, eine Tochter und einen Sohn.

Bei ihren Freunden, selbst bei denen, die sich besonders links und revolutionär gebärdet hatten, verlief es meist nicht anders. Einige zogen aufs Land, lebten »alternativ« in Kommunen und Gemeinschaftsprojekten. Aber die gesellschaftspolitischen Erörterungen und Theorien verloren an Strahlkraft, die Sorge um den Lebensunterhalt und die praktischen Fragen des Alltags schoben sich in den Vordergrund; und für die, die Eltern geworden waren, auch die Erziehung der Kinder.

In diesem Punkt war sich die Generation der Nachkriegsgeborenen weitgehend einig: So autoritär, gewalttätig, verklemmt, demütigend und lieblos, wie sie ihr Elternhaus erlebt hatten, wollten sie ihren Kindern gegenüber nicht sein. Wohin der Gehorsamkeitsdrill, die verächtliche Härte und das Erziehen mit Druck und Angst führten, war an den vorangegangenen Generationen allzu deutlich zu beobachten. Für Ingrid und Ulrich war klar, dass ihre Kinder antiautoritär, nach einer modernen, humanen Pädagogik erzogen werden mussten. Und da sie den herkömmlichen städtischen oder kirchlichen Kindergärten in dieser Hinsicht misstrauten, engagierten sie sich in einem Kinderladen-Projekt.

Dort lernte Ingrid die flotte, temperamentvolle Cordula kennen, die ihre Kinder, zwei Jungen, ebenfalls in diesen Kinderladen schickte. Bald darauf spielten auch die vier Kinder oft miteinander, und schließlich stiegen auch die Ehemänner in diesen Kontakt ein. Man traf sich häufig und arrangierte sogar einen Italien-Urlaub für beide Familien gemeinsam, der von allen als so harmonisch und gelungen empfunden wurde, dass die Paare bald darauf auch einen nächsten gemeinsamen Urlaub planten und dann noch eine Reihe weiterer gemeinsamer Unternehmungen.

Dann allerdings ging Cordulas Ehe in die Brüche. Ihr Mann schied aus den gemeinsamen Reisen aus – Cordula und ihre beiden Jungen aber hielten desto intensiver den Kontakt zu Ingrid und Ulrich. Bis in einem gemeinsamen Urlaub in Dänemark das eintrat, worüber Ingrid vor vielen Jahren in dem Gesprächskreis über Freiheit und Geborgenheit in der Paarbeziehung so generös räsoniert hatte: Ulrich und Cordula hatten sich ineinander verliebt. Ulrich hätte es in diesem Urlaub gar nicht verheimlichen können ...also sprach er mit Ingrid darüber und schenkte ihr reinen Wein ein: Die Magie dieser Liebe schien so heftig und so unbedingt, dass er bereit war, alle Loyalität zu Ingrid und zu seiner Familie dafür zu opfern.

Ingrid erinnerte sich sehr wohl, was ihr damals in der Evangelischen Studentengemeinde als das reife und empfehlenswerte Verhalten in diesem hypothetischen Fall vorschwebte. Und ja, Cordula war eine faszinierende Frau, da konnte sie Ulrich verstehen ... aber deswegen zurücktreten und verzichten, die gemeinsame

Geschichte mit zwei fröhlichen Kindern annullieren – wegen dieses Abenteuers, wegen Ulrichs aus dem Nichts aufgetauchter Illusion, sein Leben könne nur an Cordulas Seite weitergehen? Ingrid war, als würde sich der Boden unter ihren Füßen auflösen, als würde sie in eine unendliche Tiefe stürzen. Gleichzeitig kämpfte sie um ihre Fassung, versuchte, verständnisvoll zu sein und auf die Gerechtigkeit des Himmels zu hoffen, der ihr gerade diese Katastrophe geschickt hatte.

Ulrich war nicht der kaltschnäuzige Betrüger oder der rücksichtslose Egoist, über den man in dieser Lage leicht den Stab hätte brechen können. Er war verzweifelt und verwirrt und erdrückt von Schuldgefühlen und hatte doch das Gefühl, nicht anders zu können. Er hatte Kinder, die er liebte und eine Frau, mit der er seit über zehn Jahren eine gute Ehe führte. Aber das alles fühlte sich jetzt matt an, nach grauer Pflicht und trostlosem Funktionieren … und der Weg hinaus war so klar zu sehen, und er zog ihn so despotisch an. Cordula: da war seine Lebendigkeit, die Erfüllung, um die es in seinem Leben ging, der musste er folgen. Er wollte doch ehrlich sein, zu seinen Gefühlen stehen … nicht in obsolet gewordenen Verhältnissen verharren und damit genauso schuldig werden, an seinem eigenen Unglück wie am Unglück seiner Umwelt.

Bisher, so schien es ihm, hatte er seine Sehnsüchte und Faszinationen immer einigermaßen mit einem vernünftigen, anständigen Lebensplan vereinbaren können. Jetzt verlangte das Schicksal von ihm, den Widerspruch auszuhalten. Das musste er sich zumuten … und Ingrid. Ihr nicht wehzutun hätte bedeutet, die Wahrheit zu verleugnen.

Die Kinder, damals acht und zehn Jahre alt, sollten von alldem nichts erfahren, sie sollten einen unbeschwerten Dänemark-Urlaub genießen. Doch für die Erwachsenen war's eine Marter, für alle drei, aber zu allermeist für Ingrid, die sich als kleines, in der Wüste ausgesetztes Mädchen fühlte, von dem man noch verlangt, den eigenen Untergang ohne einen Mucks auszuhalten.

Diese qualvolle, bizarre Situation haben die drei durchgestanden, bis der Urlaub planmäßig beendet war. Ingrid musste sich überzeugen, dass der Schnitt ernsthaft und dauerhaft werden würde, und dass ein Zurück zur gewohnten Familie, auf das sie immer noch hoffte, unwahrscheinlich war. So empört und verzweifelt sie im Inneren war, sagte sie vor Cordula und Ulrich doch die demütigen Sätze:»Also, wenn es für euch wirklich die Liebe eures Lebens ist, dann müsst ihr der folgen, das sehe ich ein. Das ist ein furchtbarer Schock für mich. Aber wenn Ulrich nicht aus freien Stücken mit mir zusammenbleiben will, dann werde ich ihn auch nicht halten.« Und sie schlug sich wacker herum mit all den Gefühlen von Enttäuschung, Wut, Niederlage, aber auch Trotz, Selbstbehauptung und Hoffnung, und mit all den Ratschlägen und Verstandesargumenten, die sie in ihrem Leben über Partnerschaft eingesammelt hatte. Natürlich war sie das Bauklötzchen, das umfällt, wenn das andere weggezogen wird. Aber wie sollte das auch anders gehen? Ja, sie hat sich von Ulrich abhängig gemacht, weil sie ihn geliebt hat und weil sie darauf vertraut hat, dass sie zusammenstehen würden. Das Risiko umzufallen, wenn das andere Bauklötzchen sich entfernt, hatte sie vielleicht nicht so ernst genommen, aber sie war es eingegangen. Ja, sie hatte sich angelehnt. Aber das war wenigstens eine richtige Beziehung, mit Nähe, ein Miteinander-Sein. Bei den Bauklötzchen-Ideologen ist das verpönt – aber was predigen die denn als ihre Lösung? Zwei Klötzchen, die für sich irgendwo in der Landschaft stehen, ohne Risiko, aber berührungslos. Da ist es egal, ob das Klötzchen allein steht oder mit Partner oder auch zu dritt.

Zu dritt – als verletzte, gebrochene Verlassene im Bunde mit dem immer noch geliebten Mann und der siegreichen, strahlenden, überlegenen Rivalin? Das kam für sie nicht in Frage. Das hätte vielleicht eher dem modischen Klötzchen-Beziehungsmodell entsprochen. Aber dafür war sie nicht gebaut, das können hölzerne Klötzchen und vielleicht Menschen, die von klein auf an viele und wechselnde Bezugspersonen gewöhnt sind. Angeblich sollen Kinder, die in israelischen Kibbuzim aufwachsen, zu solch reifen und unabhängigen, nicht-anhaftenden Persönlichkeiten werden … Aber nicht Ingrid, die es sich seit Jahren in ihrer Kleinfamilien-Idylle bequem gemacht hatte. Für sie bedeutete das Scheitern ihrer Ehe, ihrer Besitzansprüche, endlosen Schmerz …

Nein, endloser Schmerz stimmt nicht ganz. Die Katastrophe zog zwar deutliche Spuren durch die folgenden Jahrzehnte, und alle, Ingrid, Ulrich und Cordula und natürlich auch die Kinder, trugen Wunden aus den schwierigen Ereignissen davon. Ingrid und Ulrich ließen ihre Ehe scheiden, aber sie schafften es, ihre gemeinsamen Angelegenheiten friedlich und vernünftig zu regeln. Die Kinder blieben bei Ingrid. Aus Schuld- oder auch Verantwortungsgefühl willigte Ulrich in eine faire und gute Unterhaltsregelung für seine frühere Familie ein, und wenn ihn auch alle Verwandten als Ehebrecher und Charakterschwein verurteilten und beschimpften, so versuchte er doch erhobenen Hauptes Kontakt zu seinen Kindern zu halten und ihnen ein zugewandter Teilzeitvater zu bleiben. Er bezog eine neue Wohnung mit Cordula und ihren Söhnen, aber an Vaters Stelle trat er dort nicht mehr; das entsprach seinem und Cordulas Vorsatz, ehrlich mit den Verhältnissen umzugehen. Und die Söhne waren schon alt genug, sich da hineinzufügen. So war er manchmal freundlicher Kumpel, manchmal energischer Erzieher, aber im Wesentlichen der neue Partner ihrer Mutter, der in das Leben ihrer Kinder nicht allzu tief eingriff.

Die Stelle von Ingrids Partner blieb jahrelang unbesetzt. Sie hatte sich vor allem um ihre heranwachsenden Kinder zu kümmern. Da waren die Möglichkeiten Kontakte zu knüpfen eingeschränkt. Wahrscheinlich hielten sie auch der Groll über Ulrichs Untreue und der Gedanke, das alles hätte so nicht geschehen dürfen, in der Rolle der Sitzengelassenen fest. Sie fand es maßlos ungerecht, dass Ulrich, der sich einfach aus dem Staub gemacht hatte, gleich im nächsten sicheren Hafen untergekommen war, während sie, die schuldlos alleingelassen wurde, so lange Zeit nicht aus dem Leid herauskam und nicht wusste, wo neue Ziele und Freundschaften für sie sein sollten. Was sich unter diesen Umständen ergab, verdiente kaum die Bezeichnung Freundschaft, geschweige denn Beziehung, obwohl sie sich so sehr wieder einen Mann an ihrer Seite gewünscht hätte.

Erst als die Kinder erwachsen waren und ihre eigenen Wege gingen, wandelte sich für Ingrid noch einmal alles zu einem freundlichen Ausgang: Sie fand wieder einen Partner, mit dem sie sich lebendig und am richtigen Platze fühlte. Obwohl sie sich immer noch ein warmes, liebevolles Gefühl für Ulrich bewahrt hatte, konnte sie jetzt sagen: »Es ist gut so, wie es geworden ist. Und zurück zu Ulrich würde ich auch nicht mehr wollen.«

Die gescheiterte Ehe – von der Tragödie zum Verwaltungsakt

In der katholischen Kirche ist bis heute eine Ehescheidung nicht möglich. Nur der Tod eines der Partner kann eine Ehe wieder auflösen. Und solange kirchliches Recht in dieser Frage uneingeschränkt bestimmen konnte, waren alle Menschen daran gebunden. So war das im deutschen Raum bis ins frühe 19. Jahrhundert. Bis dahin war allein die Kirche für die Eheschließung zuständig. Der liberal eingestellte Kaiser Joseph II. wandte sich mit seinem Ehepatent im Jahr 1783 als erster gegen das Monopol der Kirche. Die Idee einer nicht mehr durch die Kirche, sondern durch den Staat bestätigten Ehe fand 1804 im Code civil unter Napoleon I. ihren Niederschlag und wurde sodann mit der Besetzung Deutschlands durch Frankreich auch in den deutschen Ländern verbreitet. Bis ins späte 19. Jahrhundert dauerte die Auseinandersetzung zwischen Kirche und Staat um die Eheschließung an. Erst im Kulturkampf zwischen dem preußischen Staat und dem Papst und schließlich nach der deutschen Reichsgründung 1870/71 musste die Kirche ihren Anspruch auf das Vorrecht Ehen zu schließen aufgeben. 1875 wurde die Zivilehe im Deutschen Reich gesetzlich vorgeschrieben.

Diese zivile Ehe folgte dem Muster eines Vertrages nach bürgerlichem Recht – und dies bedeutete, dass, wie bei allen anderen Verträgen, auch die Möglichkeit der Auflösung vorgesehen war. Dies war wahrscheinlich die weitreichendste Neuerung. Auch die durch staatliche Instanzen geschlossene Ehe ist im Prinzip ein Vertrag auf Lebenszeit. Dem Willen der Ehepartner zum Zeitpunkt der

Eheschließung nach ist sie das in der Regel bis heute. Wenn man sich für diesen »Bund fürs Leben in guten wie in schlechten Tagen« entscheidet, hat man natürlich vor allem die guten Tage im Sinn. Diejenigen, die eine unglückliche Ehe führten und ihr Jawort bereuten, konnten sich bei der Eheschließung wohl nicht ausmalen, wie schlecht die schlechten Tage werden könnten. Dass sich Ehen zu einem unmenschlichen Martyrium entwickeln können, war allerdings in allen Zeitaltern zu beobachten. Deshalb war das Abrücken von der Unauflöslichkeit der Ehe, eine juristisch regelbare Möglichkeit der Ehescheidung, sicherlich ein wichtiger humaner Fortschritt, von dem bisher auch zig-millionenfach Gebrauch gemacht wurde.

Bis 1976 galt in einem Scheidungsprozess das Schuldprinzip: Es musste also einem der Ehepartner die Schuld für das Scheitern der Ehe nachgewiesen werden. Die gute Absicht dabei war sicherlich, den Wert der Ehe noch ein bisschen höher zu halten mit der Vorstellung, nur durch schlimmes Verschulden könnte sie zerstört werden. Der Realität und zumal dem psychologischen Verständnis der Vorgänge entsprach das aber schon lange nicht mehr. Und welche Schlammschlachten, unauflösbare Rosenkriege und psychische Verheerungen diese Schuldzuweisungen in den Gerichtssälen zuweilen befeuerten, davon zeugen Prozessakten und vor allem die Horrorgeschichten von Menschen, die bis in die Siebzigerjahre eine Scheidung erlebten.

Das in der Reform des Ehe- und Familienrechts von 1976 eingeführte »Zerrüttungsprinzip«, das hinnimmt, dass eine Ehe auch ohne schuldhaftes Verhalten eines Partners scheitern kann, war da der Realität der Menschen doch wesentlich näher. Es verminderte die giftige Destruktivität der endlosen Schuldzuweisungen in den Auseinandersetzungen um die Trennung. Und zweifellos führte es auch dazu, dass Paare in der Ehekrise den Entschluss zur Ehescheidung leichter fassten. Das herkömmliche christliche Eheversprechen mit seiner Unauflöslichkeit »bis dass der Tod euch scheidet« hatte den Eheleuten zugemutet, auch dann zusammenzubleiben, wenn die Ehe ausweglos zur Hölle geworden war. Das zivile Ehescheidungsrecht sieht zwar immer noch Hürden vor, die die Trennung aus einer kurzfristigen Laune heraus ausschließen sollen – doch der Aufwand ist überschaubar geworden – und die Schuldgefühle halten sich in Grenzen.

Geschieden zu sein ist heute – anders als vor 60 Jahren – überhaupt keine Schande mehr. Ja, die Regenbogenpresse ergeht sich geradezu in Anteilnahme für die Bäumchen-wechsel-dich-Partnerschaften europäischer Adelshäuser, Medienstars und sonstiger Prominenz. In einem Artikel über die Sexualmoral deutscher Polit-Prominenz diagnostizert im Februar 2020 auch die Wochenzeitung *Die Zeit:* »Eine Scheidung ist kein Skandal mehr, die serielle Monogamie, die unter Gerhard Schröder und seinem Vize Joschka Fischer Einzug in höchste Staatsämter hielt, ist weithin akzeptiert.«[9]

Keine Frage: Für Heinrich und Eleonore in unserer Fallgeschichte (S. 53 ff) schien die Schwelle für ein Auseinandergehen noch unerreichbar hoch. Sie erlebten eine kurze glückliche Phase ab 1912, bis 1914 der Erste Weltkrieg ausbrach und die beiden entfremdete, und danach lebten sie trostlos bis zum Tod Heinrichs, 1965, nur frustriert nebeneinanderher und fühlten sich dazu verdammt, die hohle Fassade ihrer Ehe aufrechtzuerhalten.

Das hatte sich im Laufe des 20. Jahrhunderts doch radikal verändert: Auch bei Ingrids Trennung von Ulrich gab es enorme psychische Kosten – aber wenigstens hatten sie die Möglichkeit auseinanderzugehen. Und die gerichtliche Ehescheidung war 1983 nur noch ein formaler Akt.

Wenn man verlassen wird –
Katastrophe oder Chance?

In der »offenen Beziehung« ist der Fall, dass sich ein Partner aus der Beziehung zurückzieht, von vornherein einkalkuliert. Die Menschen, die nach dem Ideal der offenen Beziehung und Beziehungsvielfalt leben, brauchen daher ein »Nervenkostüm«, das ihnen erlaubt, mit Trennung und Verlust einigermaßen gelassen umzugehen. Ingrid in der Geschichte mit ihrem untreuen Ulrich war auf die Möglichkeit einer offenen Beziehung offenkundig nicht eingestellt und wurde durch die Trennung nachhaltig aus der Bahn geworfen. Sie schämte sich wegen ihrer Abhängigkeitsgefühle und Verlustängste, und es war ihr klar, dass eine Beziehung nur auf freier Entscheidung bestehen konnte – insofern war ihr Denken ganz und gar auf der Höhe ihrer Zeit. Aber das linderte ihr Leiden, zunächst jedenfalls, durchaus nicht. Im Gegenteil schien es ihr manchmal besonders quälend, wie ihr Kopf und ihr Herz auseinanderstrebten. Trotzdem gehört aber auch zu Ingrids phasenweise tragischer Geschichte, dass sie ihr Leiden schließlich überwinden und zu einer neuen Partnerschaft und zu neuem Glück finden konnte.

Auch wenn Trennungsschmerz und Enttäuschung zu unseren Beziehungserfahrungen natürlich immer noch dazugehören, hat sich der Umgang mit Trennungen in den letzten Jahrzehnten deutlich verändert: Im Angesicht der vielfältigen möglichen Lebens- und Partnerschaftsformen gehen die Menschen heute meist selbstverständlicher, selbstbewusster und gelassener mit Trennungen um, als das in früheren Epochen der Fall war. Zwar werden Ehen nach wie vor üblicherweise mit der Erwartung geschlossen, dass sie ein Leben lang halten. Aber wie viele davon scheitern, können wir nahezu täglich erfahren. Häufig erscheint die Auflösung der nicht mehr funktionierenden Zweisamkeit nicht mehr als zerstörerische Katastrophe, sondern eher als gute Lösung und Chance für beide Partner. Und eigentlich haben auch von den Menschen, die eine stabile Paarbeziehung anstreben, die allermeisten schon Trennungen durchgemacht, bevor sie sich dauerhaft binden. Denn in den seltensten Fällen laufen junge Menschen gleich bei der ersten Beziehung in endgültige Partnerschaften ein, sondern erlauben sich Phasen des Ausprobierens. Polyamouröse Verhältnisse hätten vor allem für die Frauen in früheren Zeiten das Aus auf dem Beziehungsmarkt bedeutet. Heute ist es normal, dass nicht der erste Beste gleich der Partner fürs Leben ist und dass man eine mehr oder weniger lange Zeit erst mal suchen und Erfahrungen sammeln muss – Verlieben, Scheitern und Loslassen inklusive. Auch das will alles geübt sein, und dass das auch Leiden bedeuten kann, gehört irgendwie auch zur Reise des Lebens.

Einander loslassen ... und trotzdem noch zusammenstehen?

Nach den Vorstellungen von Nena und George O'Neill (in dem schon erwähnten Buch *Die offene Ehe*) gibt es durchaus auch die Möglichkeit, einem Partner die Freiheit zu weiteren Beziehungen zu gewähren und darüber die Beziehung nicht zu verlieren, sondern im Gegenteil davon zu profitieren und daran zu wachsen. Sie beschreiben solche glücklichen Umstände für eine Partnerschaft als »Synergie«: »Was gut ist für dich, ist nicht nur gut für mich, sondern *besser für uns beide*.«[10] Das zeugt von großer Reife und Unabhängigkeit – oder Selbstdisziplin –, wenn der Partner sich je-

106

mand anderem zuwendet und man ihm sagen kann: »Offene Liebe und offenes Vertrauen befähigen mich, deine Freude zu teilen, auch wenn diese Freude durch jemand anders oder durch etwas anderes hervorgerufen wurde.«[11] »Wenn Ehepartner sich von Eifersuchts- und Rivalitätsgefühlen befreit haben, wenn sie Identität und Gleichberechtigung errungen haben und zwischen ihnen offene Liebe und offenes Vertrauen herrschen, werden all ihre Handlungen – sowohl die individuellen als auch die gemeinsamen synergetisch.«

Dieses Konzept einer »offenen«, die Bedürfnisse des Partners bejahenden Beziehung würde heute wohl mit etwas weniger Überschwang, etwas bescheidener und nachdenklicher präsentiert werden. Denn, so viel Leiden dieses Konzept auch zu ersparen und so viel Lebendigkeit und Freude es zu schenken verspricht, schon bald fünfzig Jahre nach dieser Veröffentlichung kann man immer noch nicht behaupten, ein bedeutender Teil unserer Gesellschaft hätte das besitzergreifende Kleinfamilienmilieu hinter sich lassen und sich von Eifersuchts- und Rivalitätsgefühlen befreien können. Der Weg dorthin ist wohl schwieriger als gedacht. Den Wunsch, so frei und unabhängig leben und lieben zu können, haben sicherlich viele Menschen. Ebenso die Einsicht, dass dies ein gutes Leben und das Ziel einer reifen Persönlichkeit wäre. Doch mit Wunsch und Einsicht ist noch nicht viel erreicht – wahrscheinlich sind sie noch nicht einmal die halbe Miete. Nicht umsonst bedarf etwa in den östlichen Weisheitslehren das Konzept der Nicht-Anhaftung der lebenslangen Übung.

In den 1970er Jahren hat man sich das gern alles sehr einfach vorgestellt: Da wurde über Bedürfnisse diskutiert, wurde der Intellekt eingesetzt und ein Entschluss gefasst… Aber dort, wo sich das Leben mit allen emotionalen und unbewussten Kräften Bahn bricht, waren die Fortschritte dürftig.

Allerdings, dass es Einzelne gibt, die auf diesem Weg vorangekommen sind, steht außer Frage. Es gibt viele Geschichten von

Menschen, die die Wankelmütigkeit der Partnerschaft ohne großes Leid, ja womöglich mit spielerischer Neugier erleben.

Eine, auf die das wohl zutrifft und die, geprägt durch das linke politische Milieu in Berlin in den 1960er Jahren, ihre Ehe als offene Beziehung lebte, ist die prominente Erziehungswissenschaftlerin und Politikerin Hilde Schramm. Auf ihre interessante Geschichte wurde ich aufmerksam durch ein Interview, das im *Süddeutsche Magazin* im Oktober 2016 veröffentlicht wurde.

Für Hilde Schramm scheint der »neue Typus der Monogamie«, die »offene Partnerschaft« eine natürliche Selbstverständlichkeit zu sein, und sie scheint damit auch dann gut zurechtgekommen zu sein, als ihr Partner sich einer anderen Frau zuwandte.

Sie heiratete 1961 den Literaturwissenschaftler Ulf Schramm, mit dem sie 1968 in ein »Gemeinschaftshaus« in Berlin-Lichterfelde zog. 15 Personen lebten dort zusammen mit dem Willen, eine Großfamilie zu bilden. 1968 wurde auch die erste Tochter des Paares geboren, und etwa um diese Zeit verliebte sich Ulf in eine andere Frau. Aus dem Umfeld der beiden wurde Empörung laut über den ungetreuen Mann, der seine Frau allein sitzen ließ, – ausgerechnet jetzt, wo sie sich um den Säugling zu kümmern hatte. Doch Hilde Schramm waren die Verlustängste der Kleinfamilienwelt offensichtlich fremd: Wir »lachten, weil wir uns frei fühlten von einer bürgerlichen Norm, die wir hinter uns gelassen hatten«, berichtet sie über ihren Umgang mit der Situation und ihrem fremdverliebten Ehemann.[12]

Die Ehe und Partnerschaft erwies sich im Übrigen als stabil und dauerte noch über dreißig weitere Jahre, bis zum Tod von Ulf Schramm 1999. Und Hilde Schramm wohnt bis heute in dem Gemeinschaftshaus.[12]

Ich war beeindruckt, wie gelassen und vertrauend sie die »Nebenfrau« ihres Partners hingenommen hat. Im gewohnten Milieu der Kleinfamilien und der exklusiven Beziehungen liegt es bekanntermaßen nahe, mit Verlustängsten, Eifersucht und Vorwürfen zu reagieren, wenn sich der geliebte Partner anderweitig verliebt. Und bekanntermaßen ist es gerade diese Reaktionsweise, die die Paare erst recht auseinandertreibt. Einer solchen destruktiven Dynamik nicht zu folgen, ist in der Tat ein großer Segen. Doch wie schafft man das?

Das hätte ich gern von Hilde Schramm noch genauer erfahren. Ich bat sie deshalb darum, einmal mit ihr sprechen und ihr ein paar Fragen zu ihrer Partnerschaft stellen zu dürfen. Leider wollte sie sich darauf aber, wohl auch wegen ihres vorgerückten Alters, nicht mehr einlassen.

Überhaupt ist es mir öfter so ergangen, dass ich auf interessante Partnerschaftsgeschichten stieß, aber die Quellen bei näherem Nachfragen dann versiegten.

Das kann ich verstehen: Zum einen war für meine Gesprächspartner nicht ganz sicher abzusehen, ob sich hinter meinem angegebenen anthropologischen und kulturgeschichtlichen Interesse nicht doch eine Gier nach Skandalgeschichten für die Boulevardpresse verschanzte. Und sich davor zu schützen, dass das eigene intime Gefühlsleben voyeurhaft in der Öffentlichkeit breitgetreten und aufgebauscht wird, das ist nur vernünftig. Zum anderen sind mit den eigenen Geschichten oft schmerzhafte Erinnerungen verbunden, an die man – wenn überhaupt – gegenüber vertrauten Personen rührt, aber nicht gegenüber Unbekannten.

Und dann war es vielleicht bei einigen auch so, dass sie erst einmal stolz erklärt hatten, wie glänzend sie schwierige Krisen bewältigt hätten, und sich dann zurückgezogen haben, als sie merkten, dass sie nicht um das Eingeständnis herumkamen, dass da doch Tage, Wochen, Monate oder Jahre des Schmerzes, der Trauer und der Orientierungslosigkeit zu überstehen waren. Im Nachhinein, in der Rückschau, weiß man, dass die schwierige Phase zu einem friedlichen, vielleicht sogar guten Ende kam; dann wiegen die überstandenen Schmerzen nicht mehr so schwer, und man kann sogar stolz darauf sein, einer großen Herausforderung standgehalten zu haben und an ihr gereift und gewachsen zu sein. So vermute ich, dass bei den vielen positiven Zeugnissen, die Menschen öffentlich über ihre Erfahrungen mit offenen Beziehungen und Polyamourie abgeben, mitgedacht werden muss, dass es Ängste, Enttäuschungen, schmerzliche Erfahrungen und Kämpfe überall gibt, wo Menschen sich begegnen, auch in offenen Beziehungen. Nur erfährt die Mitwelt über die noch nicht bewältigten Krisen und quälendes Leiden meist nur wenig. Denn über diese spricht man kaum im öffentlichen Raum, eher nur mit den engsten Vertrauen oder in den therapeutischen Praxen.

Immerhin habe ich auch erlebt, dass mir Menschen bereitwillig und ehrlich Auskunft gegeben haben. Für dieses Vertrauen bin ich sehr dankbar und hoffe, dass ich respektvoll damit umgehe, anderen damit nützen kann und keinen Schaden damit verursache.

In der folgenden Fallgeschichte spielt wieder das studentische Milieu im Berlin der 1960/70er Jahre eine wichtige Rolle – die Abkehr von der Ausschließlichkeitsbeziehung hat das Leben auch dieser Menschen gebahnt.

Die WG fürs Leben

Ewald wuchs in einer Familie auf, in der es ziemlich diszipliniert und gut organisiert zuging. – Typisch deutscher Haushalt der 1950er Jahre, könnte man sagen. Nach den Entbehrungen der Kriegs- und ersten Nachkriegsjahre waren die Menschen vor allem damit beschäftigt, ihre materiellen Lebensbedingungen zu verbessern. Die Kinder wurden da von elterlicher Zuwendung nicht gerade verwöhnt. Ewalds Vater hatte einen künstlerischen Beruf, der ihn stark ausfüllte. Den Nachwuchs großzuziehen war dagegen weniger seine Sache – das überließ er weitgehend seiner Gattin. Ewalds Mutter war Lehrerin. Die war es gewohnt, mit sanftem Druck ihren Haufen anzuführen und Disziplin und Ordnung durchzusetzen. Darin war sie nicht nur in der Schule erfolgreich, sondern auch zu Hause. Ihre drei Kinder sollten »etwas Ordentliches werden« – und wurden es auch. Allerdings nicht ganz so, wie es den Eltern vorschwebte. Ewald, geboren 1953, war der Jüngste der Familie, ein Nachzügler, ein nicht geplanter »Ausrutscher«. Das Gefühl, allein durch sein Dasein erwünscht und liebenswert zu sein, ging ihm ziemlich ab.

Aber desto energischer bemühte er sich um die Liebe seiner Mutter. Wärme und Aufmerksamkeit, das lernte Ewald in seiner Familie, musste man sich durch Selbstbeherrschung und Leistung erwerben. Darin entwickelte er Ehrgeiz und Geschick. In seiner Schulzeit zeigte er starke künstlerische und musikalische Neigungen, war sprachbegabt und spielte viel Theater. Trotzdem wandte er sich nach dem Abitur, Anfang der 1970er-Jahre, erst einmal einem handfesten Beruf zu und machte eine kaufmännische

Ausbildung. Und er hatte eine feste Freundin. Was hätte daraus für eine bürgerlich-konventionelle Geschichte werden können! Doch sein Ausbildungsbetrieb meinte es gut mit dem begabten und engagierten jungen Mann. Man schickte ihn quer durch Deutschland in verschiedene Niederlassungen und betraute ihn mit anspruchsvollen Aufgaben. Er war ein selbstbewusster, charmanter und einfühlsamer Kerl, für den sich die Mädchen interessierten. Wenn er dann Wochen oder Monate von zu Hause weg war, dann fühlte er sich frei für Abenteuer und genoss die schnelle Vertrautheit mit manchen anderen Frauen, den sexuellen Taumel, und gerade in den flüchtigen Begegnungen erlebte er etwas, das bisher in seinem Leben ein knappes Gut gewesen war: Nähe, Wärme... das Gefühl von innigem Verbundensein. Diese rauschhaften Augenblicke, die Selbstbestätigung begehrt zu sein, waren eine neue Erfahrung für ihn, und er genoss das ausgiebig, abseits seines offiziellen Lebens. Zu Hause war er ruhig, angepasst, »anständig«. Seine Freundin wäre nie auf die Idee gekommen, dass er es anderswo ziemlich bunt trieb.

Nach dem Abschluss der Ausbildung entschloss er sich noch zu einem Studium in Berlin: Literatur, Theater, Freiheit! Seine Eltern sahen das mit Sorge: Berlin, Anfang der 1970er-Jahre, wo die Studentenunruhen tobten, der sozialistische ADS die Hochschulen im Griff hatte und die Jugend mit gefährlichen politischen Ideen, mit dem Protest gegen die gesellschaftliche Ordnung und mit Drogen ihre Zukunft aufs Spiel setzte. Wie sollte ein Junge aus der Provinz im Berliner Moloch seinen Weg in ein anständiges Leben finden...

Doch Ewald war durchaus nicht mehr der unbedarfte Junge aus der Provinz, und er wusste, was er wollte. Er hatte Geschick im Umgang mit anderen Menschen, gewann leicht ihr Vertrauen, konnte überzeugen und sich durchsetzen. Bald hatte er auch in Berlin einen Freundeskreis. Er war politisch aktiv für die unabhängigen Linken, wurde in den Institutsrat seines Universitätsinstituts gewählt und tat sich mit Gleichgesinnten zusammen, um eine Wohngemeinschaft zu gründen. Fünf Frauen und drei Männer lebten da eng zusammen, aßen gemeinsam, diskutierten, teilten den Alltag, fühlten sich als Freunde und Mitstreiter in politischen Auseinandersetzungen. Aber es bildeten sich keine Paare, und Sex fand in dieser Gruppe nicht statt. »Zweierkisten« waren politisch suspekt, und für die linken Frauen, die sich in ihrer Frauengruppe über die traditionellen Geschlechtsrollen empörten, war Sexualität ein eher unerwünschtes Mittel der Durchsetzung männlicher Herrschaft. Auch die Männer setzten sich in Männergruppen mit den herkömmlichen sexuellen Zwangsverhältnissen auseinander. Die politische Agenda erforderte, auch die Sexualität als die Keimzelle der sozialen Verhältnisse in Frage zu stellen. Und wenn die Gesellschaft aufgrund rationaler Organisation neu gestaltet werden sollte, dann waren die Libido – und erst recht die Liebe – eher lästig; die entzogen sich dem Zugriff der Kontrolle der Vernunft und spiegelten am Ende doch nur bourgeoise Machtstrukturen wider... Was blieb den männergruppenbewegten Jungen anderes übrig, als ihre Sexualität als Erbstück patriarchaler Gewalt zu verachten und sich deretwegen zerknirscht schuldig zu fühlen. Früher war es die Religion, die Schuld und Scham über die körperlichen Lüste verhängt hatte; die hatte nicht mehr viel zu melden. Aber die Schuldgefühle bestanden ungebrochen fort, als gesellschaftliches Problem der Übergriffigkeit der männlichen Sexualität und der machtgeilen Männerphantasien.

Kein Sex also in der fortschrittlichen WG. Füreinander-da-Sein, Einander-Zuhören, Einander-Respektieren, das waren die Werte, die hier zählten; und die ihren Mitgliedern ein starkes Zusammengehörigkeitsgefühl gaben. Sie empfanden sich als Familie, und dazu passte die selbstverständliche Übereinkunft, dass es geschwisterliche Solidarität und Zuneigung, aber keine sexuellen Beziehungen geben sollte. Der freundschaftliche Zusammenhalt, der spannende geistige Austausch, gesellschaftliches Engagement und gemeinsame politische Aktionen bescherten der Gruppe intensive und recht glückliche Jahre.

Doch auch wenn die Sexualität nicht zu den intellektuellen Zielen und zum Gruppenethos passte, sie war eben doch da und bahnte sich ihren Weg. Seinerzeit in der Ausbildung hatte Ewald außerhalb der Heimatstadt seine diskreten Nebenfrauen gefunden; nun zog er sich mit Nicole, einer der WG-Frauen, in eine fremde Wohnung zurück und landete mit ihr dort im Bett. Drei Tage erlebten sie beide einen tantrischen Rausch. »Es war wunderschön«, fasste Ewald dieses Ereignis zusammen; aber natürlich ahnten sie, was das für ihre WG bedeutete. Und da die anderen sechs WG-Mitglieder nach ihnen zu suchen begannen, ließ sich ihr Treuebruch gegen die WG-Familie auch nicht mehr verheimlichen. Es erwartete sie ein Tribunal mit verzweifelten Vorwürfen: Ewald, der intellektuelle Vorreiter der Gruppe, verliert die Kontrolle über seine animalischen Triebe, fällt in die herrschaftsbesessene Männerrolle zurück, untergräbt Nicoles feministische Emanzipation … und die beiden jubeln auch noch über dieses umwerfende Erlebnis. Das war Verrat! Aber ein Damm war gebrochen, Ewald und Nicole wurden ein Paar, und es kam noch ärger: Die Frau, die zuvor am entschiedensten das »No-Sex-Gebot« verteidigt hatte, liierte sich mit einem anderen WG-Mann, wurde schwanger, und schließlich hatte die Polit-WG auch noch ein Kind großzuziehen.

Die WG passte sich an die neue Situation an. Ewald war indessen seiner Nicole nicht allzu lange treu; sehr zu ihrem Kummer lernte er eine andere Frau außerhalb der WG kennen, mit der er in die Welt hinausstrebte, eine heftige Affäre, wenn auch wieder nur von kurzer Dauer.

Die WG blieb Ewalds Lebensmittelpunkt, bis er seinen Uni-Abschluss hatte, und eigentlich noch darüber hinaus. Denn auch wenn die WG-Mitglieder mit dem Eintritt ins Berufsleben auseinandergingen, haben die meisten bis heute Kontakt zueinander. Ewald empfindet sie als seine zweite Familie.

114

Ins Berufsleben stieg Ewald ein als Dramaturg am städtischen Theater einer norddeutschen Großstadt. Dort lernte er eine neue Frau kennen, Marianne. Ihre Ausstrahlung, ihr Intellekt und ihre Selbständigkeit faszinierten ihn. Sie hatte ein Kind aus ihrer geschiedenen Ehe, und da sie weit entfernt lebte und arbeitete, betrachteten sowohl sie als auch Ewald ihre Beziehung als eine eher lockere Verbindung – bis Marianne völlig ungeplant wieder schwanger wurde. Ewald wurde Vater, und es war klar für ihn, dass er die Vaterrolle auch übernehmen wollte – jedenfalls aus der Distanz. Seine berufliche Karriere ging zügig bergauf – er bekam Regie-Engagements an wichtigen Theatern; aber dazu passte Marianne mit ihrer Selbständigkeit. Sie hatten eine starke geistige und emotionale Verbindung. Doch allzuviel körperliche Nähe ertrug Marianne schlecht. Sie brauchte ihren eigenen Raum. Damit kam Ewald gut zurecht. Das kam seiner gewohnten Aufteilung sogar entgegen: Hier die offizielle, vernünftige Beziehung, in der er ver-antwortungsbewusst und verlässlich war, und daneben noch eine diskrete andere Sphäre, in der er sein Bedürfnis nach körperlicher Nähe ausleben konnte. So haben die beiden ihre Partnerschaft ent-worfen. Im Jahr 1984 haben sie schließlich geheiratet. Ewald ist weitgehend Wochenend-Partner geblieben, hat Mariannes Distanz-bedürfnis respektiert und seine anderen Amouren offen gelebt, aber sie nicht zur Bedrohung seiner Beziehung werden lassen.

So einfach und selbstverständlich war das über die Jahrzehnte allerdings nicht. Da ging zum Beispiel, neben den vielen unver-bindlich gebliebenen Affären, auch die Geschichte mit Nicole, seiner Berliner WG-Geliebten noch weiter. Die traf Ewald 2002 bei einem Treffen der ehemaligen WG in Berlin wieder; die sexuelle Anziehung und Vertrautheit von einst stellte sich sofort wieder ein. Mit Nicole erlebte Ewald wieder seine rauschhafte körperliche Hin-gabe, das Gefühl des Einswerdens, reine Sinnlichkeit, romantische Entrückung … ein Gegenpol zu seiner kopfgesteuerten Rolle … das war es, wonach er sich sehnte. In seinen zahllosen Liebschaften leuchtete es auch manchmal flüchtig auf; mit Nicole aber hatte es eine andere Tiefe und Bedeutung. Das zog ihn mit Macht zu Nicole hin. Sie erlebten eine magische Harmonie bei ihrem Zusammensein, und es wurde wieder etwas Festeres daraus – ein »Verhältnis« neben Ewalds Ehe, das seine Beziehung mit Marianne nicht ablösen, sondern nur ergänzen sollte.

Marianne nahm Ewalds »Verhältnis« hin. Er hatte schließlich schon immer Freundinnen neben ihr gehabt. Die brauchte er für sein Ego und seine Sexualität – diese Frauen nahmen ihr solche Aufgaben ab, die sie ohnehin nicht so gern übernommen hätte. Sie war sicher, dass Ewald sie nicht verlassen würde. Sie sah wohl auch den Widerspruch, an dem sich Ewald und Nicole aufrieben: Denn wenn romantische Hingabe mehr sein soll als ein kurzer schwärmerischer Augenblick, dann verlangt sie nach dem ganzen Menschen mit Haut und Haar, ohne Vorbehalte und Fluchtweg. Das war aber nicht wirklich Ewalds Naturell. Er fühlte sich doch eher als ein unabhängiges, autonomes Individuum. Immer umgeben von Menschen und dem Wohl seiner Umgebung verpflichtet; aber im Grunde seiner Seele immer auf Distanz, abgeschottet, ein Einzelwesen. Schon in der Kindheit war er daran gewöhnt, auf sich gestellt zu sein. So funktionierte sein Leben, das nährte seinen Intellekt, verschaffte ihm Einfluss und Erfolg.

Immerhin, ein Jahr hielt diese Nebenbeziehung an, bis Nicole unzufrieden wurde mit ihrer Rolle. Ihr war klar, dass mehr Verbindlichkeit von Ewald nicht zu bekommen war; das aber begann sie zu ärgern. So kam es häufiger zu Streit und schließlich zum Bruch. Sie beendeten ihr »Verhältnis«, begegneten sich nicht mehr und erfuhren höchstens über die Verbindung mit den anderen WG-Mitgliedern noch voneinander.

Beruflich war Ewald in dieser Zeit sehr erfolgreich. Er wurde ein bekannter und begehrter Regisseur, war natürlich auch extrem engagiert, viel unterwegs und hatte kaum Zeit für andere Dinge neben seinem Job. Marianne hielt fest zu ihm. Dieser Anker in seinem Leben hatte schon manche Belastungsprobe bestanden, und eine weitere, sehr heftige, stand noch bevor.

Ewald musste erst ein reifer Mann werden und schon auf die Sechzig zugehen, ehe er sich in einen Sturm der Gefühle wagte, dem sein bewährter Verstand kaum noch gewachsen war. Er hatte in Barcelona zu tun, als Simone in sein Leben trat und es vollends umkrempelte. Sie, eine erfolgreiche Unternehmerin um die fünfzig, wollte ihn. Das verlieh Ewald ein unbeschreibliches Hochgefühl. Aber sie wollte ihn so, wie sie sich das vorstellte. Und er war so fasziniert von ihrem Selbstbewusstsein und so gebannt von seinem Verliebtsein, dass er dazu bereit war. Erst hatte sie ihn überredet, dass er sich fest in Barcelona niederließ. Also bewohnten sie zusammen eine elegante Villa, und Ewald blieb dort, auch als seine Theaterverpflichtung beendet war.

Marianne, Ewalds Familie mit den inzwischen erwachsenen Kindern und sein ganzer bisheriger Lebensstil hatten in diesem neuen Abenteuer nichts mehr zu suchen, das war klar. Diesmal war Marianne alarmiert: Ewald stieg aus seinem bisherigen Leben gänzlich aus und verließ alle …

Er wollte wirklich in Barcelona bleiben und nahm keine weiteren Bühnenprojekte an. Aber während er das Leben und den Müßiggang in der quirligen Metropole genoss, war Simone viel beschäftigt, und dieses Ungleichgewicht belastete die Beziehung. Simone wurde unzufrieden, übellaunig, unter ihrer Liebe gärte zunehmend eine unterdrückte Wut. Sie war schon seit Jahren in einer Psychotherapie. Und als ihre Therapeutin vorschlug, dass sie ihre Beziehungsprobleme gemeinsam mit dem Partner in der Therapie bearbeiten sollten, kam auch Ewald mit. Das allerdings hat die Beziehung nicht gerettet – im Gegenteil: Simone und ihre Therapeutin redeten gemeinsam auf Ewald ein, dass er sich von Marianne scheiden lassen und Simone heiraten solle… Im Honeymoon ihrer Beziehung wäre dieser Lösungsansatz vielleicht eine Option gewesen, als Freiheit und Leichtigkeit herrschten. Aber der moralische Zwang einer beleidigten, vorwurfsvollen Simone – das konnte definitiv nicht zu einem freudigen, selbstbestimmten Ja zur Ehe führen. So mühten sich Simone und Ewald noch eine Zeit lang ab, das frühere spontane Vertrauen wiederzufinden. Das aber entglitt immer weiter, Simone wurde immer ungeduldiger und gereizter, und Ewald zog sich desto mehr zurück.

Insgesamt eineinhalb Jahre dauerte das Zusammenleben der beiden, die emotional wohl forderndste Phase in Ewalds bisherigem Leben. Da die Gefühle so intensiv waren, waren es auch die Kämpfe, die unversehens destruktiver und verletzender wurden. In einem heftigen Streit warf Simone Ewald schließlich aus dem Haus. Er ging, und die Wut und gegenseitigen Anklagen sorgten dafür, dass nach diesem Ende jeglicher Kontakt abbrach.

Ewald kehrte nach Deutschland zurück. Die Enttäuschung begleitete ihn noch lange. Er, der Überflieger, der Drübersteher, hatte sich auf das Risiko der Liebe eingelassen wie noch nie zuvor, und nun war er gescheitert. Er hatte Narben abbekommen, war nachdenklich geworden und ein bisschen demütig. Immer hatte er sich bewundern und lieben lassen, weil er der beste und tollste Typ war. Lange hatte das irgendwie funktioniert. Aber meist war diese Art der Bewunderung an der Oberfläche stehengeblieben und begann ihn bald zu langweilen. Seine beachtlichen Erfolge als Frauenheld und Eroberer kamen ihm gar nicht mehr wie ein besonders glückliches Schicksal vor, eher wie ein mühseliges, rastloses Spiel. Und auch, was er beruflich in den namhaften Theaterhäusern erreicht hatte, baute ihn jetzt nicht mehr auf. Er war unleugbar angesehen, erfolgsverwöhnt, eine wichtige Figur. Aber immer auf Achse, immer mit bedeutenden Projekten beschäftigt, nie bei sich selbst. All das wollte er ändern. Aber was sollte dafür kommen?

Er war jetzt Single; noch verheiratet mit Marianne; aber nach dem, was er ihr zugemutet hatte, rechnete er nicht damit, dass diese Beziehung noch einmal gedeihen könnte. Sie nahmen zwar wieder

Kontakt zueinander auf, doch mit einer gehörigen Portion Misstrauen und deutlich auf Distanz bedacht. Sie betrachteten sich nicht mehr als Paar. Ohne Erwartungen verstanden sie sich immer noch gut. Dann aber wurde Marianne krank, und Ewald war zur Stelle. Sich um Marianne zu kümmern und sie zu pflegen, das war seine Chance den Riss zu kitten, den er mit Simone verursacht hatte. Und helfen, Rat geben, beistehen – dafür war er der Richtige. Da fühlte er sich sicher und konnte Nähe herstellen. Ewald hatte sich mittlerweile weitgehend vom Theater zurückgezogen und nahm sich die Zeit. Marianne wurde wieder gesund, und ihre Beziehung gewann neues Vertrauen und eine neue Tiefe.

Zu seiner Berliner WG-Familie hielt Ewald weiter Verbindung. Und als sich der WG-Gründungstag zum vierzigsten Mal jährte, feierte er mit allen Ehemaligen ein Fest in Berlin. Auch Nicole erschien. Und wiederum wirkte die Anziehung zwischen den beiden, die ihnen nun bald vierzig Jahre Wärme, Lust, ein ganz und gar sinnliches Gefühl von Harmonie beschert hatte – aber auch Enttäuschung, Verletzung und Wut. Sie konnten über all das sprechen mit der Gelassenheit, die man gegenüber weit zurückliegender Aufregung empfindet, sie redeten lange und ungestört miteinander, gestanden sich beide ihr Bedauern für die Verletzungen, die sie einander zugefügt hatten, und erlebten beide ein Gefühl von Freude und Dankbarkeit dabei.

Einige Wochen später trafen sich Ewald und Nicole noch einmal. Da wurden die Gefühle noch deutlicher: »Wir sind füreinander da.« Klar, Ewald ist mit Marianne verheiratet, und das bedeutet ihm immer noch viel. Aber warum sollte da nicht noch Platz für Nicole sein? Eine sexuelle Beziehung hatten Ewald und Marianne schon lange nicht mehr, und dagegen, dass sich Ewald diese mit anderen Frauen verschaffte, hatte Marianne ja nichts einzuwenden. Wenn sie sich offen und mit Wohlwollen begegnen – könnte eine Dreierbeziehung nicht eine Bereicherung und Entlastung für alle sein? Ewald hatte sich verändert. War er seinerzeit der Macher gewesen, der seinen Plan durchsetzte und bei dem alle Fäden zusammen-liefen, so wirkte er jetzt viel behutsamer, geduldiger; nahm die anderen – und sich selbst – besser wahr.

Muss man erst alle möglichen Fehler gemacht haben und das Scheitern durchlitten haben, ehe man versteht, wie es gehen kann? Manchmal scheint das notwendig zu sein auf dem Weg zu Harmonie und Glück; wenigstens dann verhilft die Altersweisheit zu dem Verstehen, das man schon das ganze Leben gebraucht hätte.

Marianne, Nicole und Ewald haben offen und fair über ihre Bedürfnisse gesprochen und ihre Rollen in der Dreierbeziehung miteinander ausgehandelt. Sie schaffen es nun schon seit einigen Jahren, zu dritt gut auszukommen. Marianne ist Ewalds Ehefrau, Zentrum der Familie und psychischer Halt. Nicole ist seine Partnerin, mit der er das Bett teilt und auf Reisen geht – Freuden, auf die Marianne lieber verzichtet. Marianne und Nicole sehen sich oft, mögen sich und sind froh und dankbar über die Dreiecksbeziehung.

Ewald hatte früh damit angefangen sein Leben aufzuteilen in eine offizielle, seriöse und in eine diskrete, abenteuerlustige Rolle, die gegen die Norm verstößt. Er bemühte sich, diese beiden Sphären auseinanderzuhalten, um Konflikten, Rivalität und Eifersucht aus dem Weg zu gehen. Jetzt, im Seniorenalter, hat er die beiden Sphären zusammengebracht. Die Konflikte erweisen sich als lösbar, die Eifersucht bleibt aus. Er lebt ein einziges, ganzes Leben – mit den zwei Frauen, die ihm über die wilderen Jahre hinaus erhalten geblieben sind. Das verstößt gegen die Norm, was manche der Zeitgenossen irritiert. Aber für die drei, die es angeht, ist das Modell gut und stimmig.

Das Comeback der »Zweierkiste«

Viele von den jungen Leuten der 1970er-Jahre, die erst einmal das bürgerliche Kleinfamilienmilieu hinter sich lassen wollten und die exklusive Paarbeziehung verachtet hatten, sind im Laufe der Jahre und bei passender Gelegenheit dann doch wieder bei einer festen Partnerin oder einem festen Partner gelandet. Die Idee von der Beziehungsvielfalt hatte nicht mehr die Strahlkraft, mit der sie in den vorherigen revolutionären Zeiten leuchtete; das Konzept der sexuell offenen Beziehung hatte mehr Lebendigkeit und Genuss verheißen; doch das, worauf man sich damit in der Praxis einließ, hatte oft mit den erträumten paradiesischen Zuständen wenig gemein.

Die Emanzipation aus den alten Zwangsverhältnissen war gut vorangekommen. Und nun bemerkte man, was damit auch an erwünschten Werten zu entgleiten drohte: eine als positiv empfundene Übereinkunft zusammenzustehen, »in guten wie in schlechten Zeiten«; Verlässlichkeit für gemeinsame Lebens- und Familienplanung; die Bereitschaft, auch negative Erfahrungen miteinander durchzustehen und daran gemeinsam zu wachsen.

Im Laufe der 1980er-Jahre kam es so wieder zu einem deutlichen Umschwung. Es meldete sich psychologisch begründeter Widerspruch gegen die libertäre Bewegung. Im häufigen Partnerwechsel wurde nun oft auch eine Unfähigkeit zu stabilen und tiefen Beziehungen erkannt – aus dem neuen Zeitalter der unbegrenzten Liebe wurde so das hochproblematische »Zeitalter des Narzißmus« – so der Titel des viel diskutierten und weltweit erfolgreichen

Buches des amerikanischen Sozialwissenschaftlers Christopher Lasch[13].

Nun haben die soziologischen, kulturkritischen oder psychoanalytischen Autoren jeweils unterschiedliche Begründungen und Herleitungen, wenn sie sich auch in der Beurteilung der zeittypischen Psychopathologie einig sind: Extreme Ichbezogenheit und mangelnde Stabilität in herausfordernden Situationen wurden nun als alarmierende Defizite sichtbar. Wer seine Beziehungen schnell skeptisch sah und beendete, womöglich mit der Begründung, sie täten ihm (oder ihr) nicht (oder nicht mehr) gut, offenbarte damit oft genug seine Unfähigkeit zu vertrauensvollen Beziehungen überhaupt. Mit der Erwartung, dass es irgendwo den idealen Partner oder die ideale Partnerin gäbe und man nur eventuell etwas länger suchen muss, bis man ihn oder sie gefunden hat, haben manche Menschen Jahrzehnte zugebracht, haben viele Beziehungen verschlissen und enttäuscht beendet (»losgelassen« sagte man gern, das klang selbstbestimmter, schmerzloser und selbstverständlicher), ohne dass sich dieser eine ideale Partner oder die Seelengefährtin eingestellt hätte. Aber während die einen sich noch im Loslassen übten, heroisch die unbefriedigenden Beziehungen auflösten und auf diese Weise alles besonders gut und richtig machen wollten, wurden woanders Stimmen laut, die warnten, der Ideal-Partner sei immer nur eine Fiktion, eine narzisstische Phantasie; von reifer Liebe könne man gerade nicht sprechen, wenn der andere nur in seinem Potenzial zur Befriedigung der eigenen Bedürfnisse wahrgenommen werde. Wirkliche Beziehungen könnten dagegen nur wachsen, wenn man alle Menschen, und eben auch den Partner bzw. die Partnerin mit Licht- und Schattenseiten anerkennen könne. In der Liebe begegnen wir dem anderen gerade in seiner Andersartigkeit, Eigenständigkeit und Fremdheit.

Solche Gedanken hatte der Psychoanalytiker und Philosoph Erich Fromm bereits 1956 in seinem bekannten Werk *Die Kunst des Liebens*[14] dargelegt. Dass darin eine substanzielle Kritik gerade der

Anschauungen über Partnerschaft enthalten ist, die sich im Milieu der Beziehungsvielfalt entwickelt hatten, gelangte erst nach und nach, in den 1980er Jahren, ins allgemeine Bewusstsein. Erich Fromms Werk war immerhin ein Longseller, der in den 70er- und 80er-Jahren zur Standardlektüre der jungen Leute gehörte.

Auch ein neuer materieller Faktor trat auf. Durch die Verfügbarkeit der Anti-Baby-Pille seit 1961 war, wie ich bereits erzählt habe, das Risiko einer ungewollten Schwangerschaft leicht beherrschbar geworden. Damit fiel ein wesentliches Hemmnis für ein freies Ausleben der Sexualität weg, und es kam zu einem deutlichen Pendelausschlag in Richtung sexueller Freizügigkeit und Abwendung von den traditionellen Ausschließlichkeitsbeziehungen.

Der neue, wiederum bedeutende Einfluss Anfang der 1980er-Jahre legt nahe, wie stark das »Aufpassen-Müssen« sich auf den Umgang mit Sexualität auswirkt, diesmal allerdings in die entgegengesetzte Richtung: Das Auftreten des Aids-Virus betraf vor allem gerade diejenige Gruppe, der vordem die intensivste Promiskuität zugeschrieben wurde, die homosexuellen Männer. Das neue Damoklesschwert, dass Sexualkontakte zu einer tödlichen HIV-Infektion führen können, hat die sexuelle Praxis, zunächst der Homosexuellen, aber in der Folge auch vieler Bi- und Heterosexueller, wieder verändert. Es gab ein neues Argument gegen die ausschweifenden Partnerwechsel. Die Angst vor einer Aids-Infektion durch Sexualkontakte führte nicht nur die besonders betroffene Gruppe der homosexuellen Männer zur Zurückhaltung, sondern dämpfte auch die Erlaubnisatmosphäre der Heterosexuellen.

Dazu passte auch das zeitgleich zu beobachtende Umdenken in der Therapie- und Beratungsszene ab den 1980er-Jahren. Stand vorher das vernünftige, reife Loslassen und schonende Auseinandergehen im Vordergrund, so wurde nun der Respekt vor den einmal eingegangenen Bindungen wichtiger. Der ehemalige katholische

Priester Bert Hellinger (1925-2019) gewann mit seinem Familien-Stellen einen gewaltigen Einfluss auf die Therapieszene. Mit seinen »Ordnungen der Liebe« widersprach er der Vorstellung von der unbegrenzten Freiheit auf dem Beziehungsmarkt und zeigte den psychischen Preis der bedenkenlosen Beziehungsvielfalt auf. Verantwortung, Bindung (»Zugehörigkeit«) und Treue gewannen wieder an Bedeutung.

Im Zuge dieser Abkehr von dem revolutionären Aufbruch der 1960er- und 70er-Jahre ist nach der Jahrtausendwende vom Emanzipations- und Freiheitsstreben, jedenfalls bei den Vorstellungen von Beziehung und Partnerschaft, nicht mehr allzu viel übrig geblieben. Aus heutiger Sicht ist es eher so, dass wir damals Pendelausschläge von einer reichlich extremen, starren Beziehungssituation zur genauso extremen Libertinage der Protestgeneration beobachten konnten, und weiter, dass die eine wie die andere Lösung ziemlich häufig daneben ging, viel Enttäuschung und große Opfer gekostet hat.

Im neuen Jahrtausend ist die Zahl der Eheschließungen in der Bundesrepublik Deutschland wieder angestiegen. Vor der Jahrtausendwende waren es konstant weniger als 400 000, im Jahr 2022 wieder 449 000. Auch das traditionelle Ritual des Heiratens hat wieder Konjunktur bekommen. Es ist heute wieder akzeptabler, die Forderung nach Treue zu stellen. Der schnelle Wechsel von Partnerschaften, der seinerzeit durchaus als unabhängiger Lebensstil durchgehen konnte, wird heute eher wieder skeptisch gesehen – als Unfähigkeit, Krisen durchzustehen und verantwortungsvoll füreinander da zu sein. Die Sehnsucht nach unverbrüchlichen Beziehungen (dieses kindliche Urbedürfnis!) wird wieder lauter. Nur – zurück zu der alten starren Moral und Drohkulisse wollen wir doch nicht! Wie aber kann das gehen: Verlässlichkeit in Freiheit?

Liebe dich selbst, und es ist egal, wen du heiratest, ist der Titel eines ungeheuer erfolgreichen Paarbeziehungsbuches, 2004 erschienen, geschrieben von der Journalistin Eva Maria Zurhorst.[15] Was war es, das die Millionenauflage dieses Buches begründete? Der provokante Titel? Oder die nicht ganz so provokante und auch nicht wirklich neue Botschaft – wenn man die Reihe der Bücher ansieht, die schon zuvor diesen Trend eingeläutet hatten? Auf jeden Fall hatte Eva Maria Zurhorst etwas, das absolut zur Stimmung der Zeit passte, in eine hervorragend lesbare, breitentaugliche Form gebracht: Bleibe in der Partnerschaft, die du hast, auch und gerade, wenn es schwierig ist! Genau das ist die Chance, miteinander zu lernen und zu wachsen. Wenn du die Beziehung beendest, vertust du diese Chance und wirst in der nächsten Beziehung wieder an die gleichen Probleme kommen.

Ihre eigene Beziehungsgeschichte gab den authentischen Hintergrund in diesem Buch, und die war es auch, die sie in allen Vorträgen und Seminaren wieder vorbrachte. Ihre Leser und Zuhörer sogen diese Hoffnung auf: Das Leid, das uns unsere Beziehung beschert, hat einen Sinn und führt zu einem guten Ende. Wir stellen uns den Auseinandersetzungen und kämpfen um unsere Beziehungen. Wir stehen das durch und entwickeln uns weiter.

»Hinter den meisten Formen der offenen Beziehung steckt eine Bindungsangst. Menschen lassen sich nicht auf eine monogame Partnerschaft ein, weil die abhängiger macht«, kritisiert die Psychotherapeutin und erfolgreiche Buchautorin Stefanie Stahl in einem Magazinbeitrag 2021 noch einmal das Konzept der offenen Beziehung, benennt aber gleichwohl den Vorteil: »Ich stelle mich nicht der Angst, von nur einer Person verletzt zu werden, sondern umgehe die feste Bindung, durch die offene Beziehung. Wenn ich keine Treue erwarte, kann mich auch keiner betrügen«[16]

Im Prinzip muss heute jede und jeder selbst herausfinden – und mit seinen möglichen Partner*innen aushandeln, welche Übereinkünfte in der Beziehung gelten sollen. In einem Artikel der *Süddeutschen Zeitung* im August 2022 behauptet Lucia Bramert:

»Immer mehr junge Paare entscheiden sich gegen diese monogame Zweierbeziehung«.[18]

Diesen Eindruck, dass es 2022 »immer mehr junge Paare« sind, die sich gegen die monogame Zweierbeziehung entscheiden, kann ich nicht teilen, zumal, wenn ich daran denke, wie das in den 1970er- und 1980er-Jahren war. Aber dass es auch heute noch viele Paare gibt, die in einer offenen Beziehung leben, steht außer Frage. Lucia Bramert zitiert zum Beleg fünf junge Menschen zwischen 19 und 32 Jahren, die von den Vorteilen der Freiheit und Eifersuchtslosigkeit in eher polygamen Beziehungen berichten. Dass es *junge* Menschen sind, für die dieses Modell gut lebbar ist, erscheint mir bedeutsam. Eine bestimmte Lebensform muss ja nicht das ganze weitere Leben lang durchgehalten werden. Das deutet sich in einer der fünf Fallgeschichten auch schon an. Jakob, 25, wird so zitiert:

Als ich meine Freundin kennengelernt habe, hatte sie schon einen anderen Freund. Sie ist da von Anfang an sehr offen mit umgegangen, und für mich war es damals kein Problem. (...) Irgendwann hatte ich Schwierigkeiten zu verstehen, warum es ihr so wichtig ist, den Kontakt mit ihm aufrechtzuerhalten. Ich habe dann auch andere Frauen getroffen und versucht, Gefühle für eine zweite Frau zu entwickeln. Nicht, weil ich das Bedürfnis danach hatte, sondern um dieses Ungleichgewicht aufzuheben. Aber ich habe gemerkt: Das geht bei mir nicht. (...) In der Zeit, in der ich das dritte Date mit jemandem haben könnte, könnte ich ja stattdessen die Beziehung, die ich schon habe, vertiefen. Darauf hatte ich auch einfach viel mehr Lust. Das ist mir aber erst im Verlauf der Beziehung klar geworden.

Dieser junge Mann scheint auf der Schwelle zu stehen zwischen einer Experimentierphase mit der offenen Beziehung und dem Wunsch nach einer monogamen Zweisamkeit. Er hat erkannt, dass seine Freundin auf der Skala zwischen Quantität und Qualität und zwischen Freiheit und Bindung andere Schwerpunkte setzt als er; und dass sie beide zusammen das Dilemma als Paar nicht werden lösen können. Das ist jedenfalls die Grundlage einer reifen Entscheidung und Fürsorge für sich selbst.

Noch einmal Prinz und Prinzessin

Ein deutlicherer Trend als polyamouröse Beziehungen scheint mir in der Gegenwart jedenfalls die Sehnsucht vieler Menschen nach festen, verlässlichen Paarbeziehungen zu sein und das Bestreben, dies in einem aufwendigen Hochzeitsritual auszudrücken. Es wird wieder gern und groß geheiratet in Deutschland. Der »schönste Tag des Lebens« hat wieder Konjunktur, und für viele Paare ist es enorm wichtig, die Eheschließung mit beträchtlichem, manchmal mit überlebensgroßem Aufwand zu inszenieren. Ja, bei manchen Hochzeitsplanungen kommt es mehr oder weniger zu einem Wettstreit um den exklusivsten Hochzeits-Event und das pompöseste Fest, bei dem der Aufwand die logistischen und finanziellen Möglichkeiten der Familien aufs Äußerste herausfordert. Will man einer jungen Braut, die nach abgeschlossenem Studium einen Volontariatsjob ergattert hat, der gerade mal ihre Wohnungsmiete finanziert, verdenken, dass sie an diesem einzigen, herausgehobenen Tag, mal Sorglosigkeit, Überfluss und Verschwendung erleben möchte? Und einem Bräutigam, der im Konkurrenzkampf des Berufslebens gerade ganz unten einsteigt, dass er sich einmal in seiner Vorstellung schon als erfolgreich sehen kann und seiner Liebsten großspurig beteuert: »Auf die paar Tausend kommt es jetzt auch nicht mehr an! «

Ich bin aus diesem Alter raus und war einigermaßen überrascht, als ich hörte, dass ein junges, heiratswilliges Paar ohne besonderen finanziellen Background »locker 60.000 Euro« für die Ausrichtung seines Hochzeitsfestes budgetierte. Und ich hatte schließlich die Ehre, vor Kurzem an diesem Fest teilnehmen zu dürfen. Katharina, die Braut, und Bräutigam Jan lebten bereits über fünf Jahre zusammen. Sie hatten schon einige Krisen und einmal auch eine mehrmonatige Trennungsphase durchgestanden. Ihre Beziehung »funktionierte« nach ihrer beider Einschätzung gut, sie hatten ähnliche Lebensgewohnheiten und Interessen und waren der Überzeugung, gut zueinander zu passen. Als Jan während eines Spanienurlaubs vorschlug, man könnte sich ja allmählich mal verloben, fühlte sich das für ihn eher an wie das Ausprobieren einer Rolle. Doch Katharina nahm ihn beim Wort und reagierte außerordentlich erfreut über diesen Vorschlag. So bahnte sich das Projekt »Bund fürs Leben« bei Katharina und Jan einen vorgezeichneten Weg. In ihrem Freundeskreis gab es bereits verheiratete Paare, deren Rituale sie sich auf dem Weg in den Hafen der Ehe auch zum Vorbild nahmen: Verlobungsfeier mit Ringtausch, dann, ein paar Monate danach, ein förmlicher Heiratsantrag Jans, gefolgt von einer 14-monatigen Planungsphase für das große Hochzeitsfest.

Katharina war Mitglied der evangelischen Kirche, und so konnte ihr Traum von einer feierlichen kirchlichen Trauung in Erfüllung gehen. Jan war schon zu Studienzeiten aus der Kirche ausgetreten. Aber eine kirchliche Trauung als Vormittags-Highlight im großen Event-Programm war auch in seinem Sinne. Sie entschieden sich gegen die nahe gelegene Kirche ihrer Heimatgemeinde (da war selbst Katharina vorher noch nie gewesen) und auch gegen das idyllische Hochzeitskirchlein irgendwo auf dem Lande, das von vielen als die ideale Trauungs-Location gewählt wird. Für sie sollte es der ehrwürdige Dom der Stadt sein – es durfte auch mal geklotzt werden – ein repräsentativer Rahmen und auf jeden Fall ausreichend Platz für die weit mehr als hundert geladenen Gäste. Die standesamtliche Eheschließung war in kleinem Kreis ein paar Tage vorher erledigt worden. Dann kam der Tag, auf den sich seit vielen Monaten alle Aufmerksamkeit gerichtet hatte, der ultimative Event:

Katharina, besonders edel hergerichtet für dieses Ereignis mit einer tollen Frisur und einem weißen Prinzessinnen-Kleid mit viel Tüll und feiner Spitze, und ihr Bräutigam Jan, ebenfalls im feierlichen Gewand, entsteigen vor dem Dom einer weißen Pferdekutsche – die perfekte Märchen-Inszenierung! Dann ziehen sie, geleitet von dem Geistlichen, würdevoll in den Dom ein; die Gäste in den Kirchenbänken wenden sich ihnen ehrerbietig zu wie die Untertanen vor ihren Herrschern. Schließlich stehen sie vorn am Altar, beide ein bisschen beklommen wegen der Bedeutung des Augenblicks. Eigentlich wird sich durch die Hochzeit an ihren Lebensumständen nichts ändern, es läuft alles nach Plan, wie seit Langem durchgesprochen. Der ganze große Aufwand, der für diesen Tag erforderlich war, ist schon getrieben worden, es bleibt nur noch eine völlig simple und harmlose Aktion der beiden: Wenn der Pfarrer das Stichwort gibt:»...so sprich 'Ja, mit Gottes Hilfe'«, müssen sie nur diese vier Worte nachsagen – und doch ist genau das die Sekunde der höchsten Anspannung, der entscheidende Moment, von dem der Rest des Lebens abzuhängen scheint. Der Imperativ: »Ihr sollt euch achten und lieben in guten wie in schlechten Tagen« verlangt etwas, was wir auch mit redlichem Bemühen nicht garantieren können. Bekannt ist noch der Nachsatz»... bis dass der Tod euch scheidet«. Der wird heute häufig für zu beängstigend gehalten bei einem Event, an dem nur Schönes zugelassen ist. Daher bieten Pfarrer heute auch entschärfte Varianten an. Jan und Katharina wählten:»...bis an Euer Ende«. Ist das nicht ein ganzes Stück weniger bestimmt und belastend? Doch eine Last bleibt die End-Gültigkeit der Eheschließung allemal. Nach heutigem Verbrauchergeschmack setzt sich die Eheschließung ohne Rückgaberecht des Trauscheins schon ziemlich unzumutbar über die Bedürfnisse der Kunden hinweg. Wenigstens können sich die Heiratswilligen damit beruhigen, dass jede Ehe in der Praxis doch geschieden werden kann. So ganz ernst nimmt die Endgültigkeit heute wohl kaum noch jemand. Andernfalls hätte der vor dem Traualtar erhobene Anspruch lebenslanger Treue ein Gewicht, das von den Betroffenen kaum zu tragen wäre.

Vermutlich haben Jan und Katharina – wie die meisten Menschen vor dem Traualtar –»gemischte Gefühle«. Ein bisschen wird es sich wohl für beide in diesem beladenen Augenblick so anfühlen, als wäre die Entscheidung füreinander und für die Ehepartnerschaft unverrückbar und das Selbstverständlichste der Welt. Ihr entschlossenes, lautes »Ja« könnte ein Anzeichen für diese momentane Sichtweise sein – muss es aber nicht. Denn unschuldig-naiv sind sie ja beide nicht mehr, und das wissen sie auch voneinander. Sie könnten hinter einem besonders klaren »Ja« ebenso gut auch ihre insgeheimen Zweifel verbergen. Weiß die Braut vom Bräutigam in dieser Schlüsselszene, welche geheimen Gedanken ihm gerade durch den Kopf gehen? – Und weiß der Bräutigam, wie unbedingt seine Braut hinter all den auswendig gelernten Bekenntnissen stehen wird?

Ist nicht vielleicht bei beiden die Sorge mit dabei, dass man ja auch verlassen werden könnte, womöglich in einem Moment, in dem man gar nicht damit rechnet und in dem es tödlich weh tut? (Schließlich hatten sie sich ja schon einmal getrennt.) Von dieser Option wird heute nicht gesprochen. Sie huscht nur wie ein Schatten immer hinterher, wenn der Pfarrer darauf hinweist, dass es der Gnade Gottes bedarf, damit die soeben Vermählten die versprochene Treue auch erfüllen können.

Das »Ja« – noch dazu »vor Gott« – soll es richten. Es soll die bindenden Kräfte der Beziehung stärken und den Kräften, die die Partner auseinander treiben könnten, einen machtvollen Riegel vorschieben. Wird es das schaffen – durch einen Treuezauber, durch das gnädige Geschenk einer höheren Macht … oder, wenn solche Kräfte nicht im Spiel sind, vielleicht auch nur durch moralischen Druck oder die Androhung materieller Nachteile?

Solche Gedanken werden an diesem Tag natürlich nicht ausgesprochen; wenn sie Katharina oder Jan oder jemand von der Hochzeitsgesellschaft haben sollte, behält er sie schön für sich, und zum

Nachdenken ist während der Szene vor dem Traualtar ohnehin kaum Zeit.

Ebensowenig danach: Das vermählte Paar zieht durch das Hauptportal aus dem Dom aus und nimmt hundertfach die Glückwünsche der Gäste entgegen, die sich in einer langen Schlange zu diesem Gratulationsparcours aufgestellt haben. Werden diese konventionellen Beschwörungsformeln tatsächlich etwas bewirken? Dem Paar helfen, jenes gemeinsame Glück zu realisieren, von dem heute unaufhörlich die Rede ist? Bizarr genug: Unter den Gratulanten sind auch etliche getrennt Lebende und Geschiedene. Auch sie sagen artig nur die üblichen Freundlichkeiten auf, auch wenn sie die lebenden Beweise dafür sind, wie enttäuschend sich so eine Partnerschaft entwickeln kann und wie kalt, verächtlich und grausam Menschen zueinander sein können, die sich einmal den Bund fürs Leben versprochen haben.

Ein großes, rauschendes Fest zu feiern, mit allen Freunden und Verwandten Gemeinschaft zu genießen und es sich zusammen gut gehen zu lassen nach allen Regeln der Kunst (heutzutage womöglich der Kunst eines Event-Managers), das ist eine wunderbare Sache, und darüber will ich mich auch nicht mit Skepsis erheben. In diesem Sinne war das Fest von Katharina und Jan ein gelungenes, eindrucksvolles, ja, ein unvergessliches Erlebnis: Mittagslunch und Kaffee und Kuchen bei einer Spritztour auf einem gecharterten Schiff, am Abend dann das Diné auf einem Schloss – dort, wo Prinzen und Prinzessinnen hingehören – und alle Gäste spielten mit – einen fröhlichen Tag lang, wirklich wie aus dem Märchenbuch.

Nur etwas hat mich dabei – ich will nicht sagen: beunruhigt, aber doch wenigstens – beschäftigt: Wenn nun das Eheleben mit solch einem Großereignis initiiert wird und man sich die Eheschließung ein halbes gemeinsames Jahresgehalt kosten ließ – wie hoch sind dann die Erwartungen an das Glück, das damit anfangen soll? Baut das nicht einen Druck auf im Alltag der beiden auf Kosten der spontanen Freude? Werden Katharina und Jan danach wieder so sein dürfen, wie sie sind und wie sie sich auch seit vielen Jahren kennen: Liebenswert, aber auch mal zickig, launisch, egoistisch … Können sie sich das mit dem gleichen Humor und der gleichen Gelassenheit zugestehen, jetzt, wo sie so ein pompöses gegenseitiges Versprechen vor über hundert Zeugen verpflichtet…?

Das waren natürlich wahrscheinlich nur meine Gedanken. Katharina und Jan ist der selbstgeschaffene Druck nicht anzumerken, und ich vermute, mit ihrem Pragmatismus kriegen sie's hin. Vielleicht, weil sie mit dem Gefühl, verpflichtet zu sein, ziemlich locker und selbstverständlich umgehen. Die großen Gesten des Versprechens und Sich-Bekennens hatten ihre Zeit am Hochzeitstag, im täglichen Leben spielt das keine Rolle, und es würde keinem von beiden einfallen, bei irgendeinem Streit die vor dem Traualtar abgegebenen Liebesversprechen einzufordern.

Nur – warum inszenieren die heiratswilligen Paare so realitätsferne Hochzeits-Spektakel? Warum entwickeln moderne, emanzipierte Frauen so eine Begeisterung dafür, in einem Prinzessinnenkleid all die alten, überwundenen Verhältnisse noch einmal zu spielen: die schwache Frau, die von ihrem Mann und Gebieter versorgt, beschützt und bevormundet wird? Die Soziologin Eva Illouz zeigt in ihrem Buch *Der Konsum der Romantik*[19] einen interessanten Aspekt dazu auf: Liebesbeziehungen sollen heute natürlich Sicherheit bieten, sie dürfen aber nicht langweilig werden und müssen daher ständig mit Emotionen aufgeladen werden. Diesen Spagat soll – wenigstens für den Hochzeitstag – die bombastische Eventkultur schaffen: mit »unvergesslichen« Eindrücken für die Gefühlswelt; und für die Sicherheit mit dem Rückgriff auf die altbekannten Rollenbilder von Mann und Frau.

Gut, einen anstrengenden Tag lang werden alle Beteiligten dieses Spiel in aller Regel schon durchhalten. Doch sobald der Alltag einsetzt, ist es vorbei mit dem Prinzessinnen-Pomp, mit den überkommenen Rollenvorgaben … und mit der so ergatterten Sicherheit: Vielleicht war ja auch der Treueschwur nur Teil des Spiels.

Was Gott zusammengefügt hat…

Nach dem Verständnis der christlichen, katholischen wie der evangelischen, Kirchen ist die kirchliche Trauung ein Sakrament. Es ist Gott, der die Ehe stiftet. »Was denn Gott zusammengefügt hat, soll der Mensch nicht scheiden« – diese Worte Jesu[20] laden den Eheleuten eine besondere Verantwortung auf. Das kann eine Hilfe sein: Wenn Gott meine Ehe gestiftet hat, dann brauche ich nicht zu zweifeln, ob sie die richtige ist; dann bin ich hier am richtigen Platz – auch wenn es schwierig ist. Wenn die Ehe gelingt, wissen sich beide Partner im Einklang mit Gott und mit der Aufgabe, die er ihnen zugeteilt hat.

Was aber, wenn sich die Partner nicht mehr ertragen – wenn das Zusammenbleiben eine Aufgabe ist, die die beiden überfordert oder ihnen Qualen abverlangt, an denen sie zugrunde gehen? Kann Gott so eine Ehe gestiftet und gewollt haben? Schwer vorstellbar bei einem liebenden, gnädigen Gott. Dann wäre doch die Vorstellung humaner, dass es Menschen waren, die diese Ehe angestrebt haben und die sich auch irren können; denen Gott die Freiheit gegeben hat, sich Partner zu suchen, wobei Menschen manchmal eben auch eine unglückliche Wahl treffen. Das jedenfalls scheint die Realität zu sein. Unglückliche Beziehungen kommen nun ja auch bei den kirchlich getrauten Paaren vor. Und die sollen von Gott so gewollt sein? Und müssen deshalb lebenslänglich ertragen werden? Schieben wir da nicht Gott eine Verantwortung in die Schuhe, die eigentlich zu uns und zu unserer Freiheit gehört?

Ich meine, die Kirchen sollten sich möglichst zurückhalten mit dem Anspruch, genau zu wissen, was Gott will; vor allem sollten sie demütig und gnädig bleiben, wenn sie moralische Forderungen an ihre Gläubigen richten. Denn die Menschen, auch und gerade die Exegeten des göttlichen Willens, verstehen sich offensichtlich oft noch besser auf den kirchlichen Machtanspruch als auf die göttliche Liebe und Gnade.

Ganz bestimmt hat Gott – wenn es ihn gibt – für die Menschen Freiheit und Selbstbestimmung vorgesehen – auch die Freiheit, Beziehungen zu wählen, die scheitern. Dann sollten die Menschen aber mal die Kirche beim Dorf lassen: Nicht Gott hat alle Ehen zusammengefügt; das waren dann doch eher die Menschen; und bei denen sollte in dem Fall, dass sie sich geirrt haben, auch die Verantwortung bleiben – und die Freiheit, sich in Demut wieder zu trennen.

Wenn es darüber hinaus Ehen gibt, die tatsächlich Gott zusammengefügt hat, dann wird er auch dafür sorgen, dass sie gedeihen und fortbestehen. Das wünschen wir uns alle in dem Augenblick, in dem wir »Ja« sagen. Was wir dazu tun können, ist unser guter Wille und unsere Aufrichtigkeit. Aber es sind noch andere Mächte im Spiel, die jenseits unserer Willensentscheidungen walten.

Der Satz »Ich liebe dich, und ich will dir für den Rest des Lebens treu sein« kann stimmen in dem Augenblick, in dem er gesagt wird, und dann wird er Nähe und Vertrauen stiften. Aber wenn der Satz eine Nuance verändert wird in »Ich *werde* dich *immer* lieben, und ich *werde* dir für den Rest des Lebens treu sein«, dann lässt er das außer Acht, was wir nicht wissen und nicht vorherbestimmen können. Dann wird vor dem Standesbeamten ein Vertrag daraus oder vor dem Traualtar eine moralische Verpflichtung. Da wissen wir nur zu genau, dass wir uns auf dies beides nicht wirklich verlassen können.

Das führt nur das Dilemma zwischen dem göttlichen Gebot und der menschlichen Freiheit fort. Der Zustand vieler Ehen, die mit solchen Versprechen geschlossen worden waren, zeigt uns die Realität. Und da es heute einen gangbaren Weg gibt, eine geschlossene (Zivil-)Ehe wieder aufzulösen, wählen viele Paare auch irgendwann diese Lösung. Über ein Drittel aller Ehen in Deutschland wird wieder geschieden, in Großstädten ist es jede zweite.

Und die Option der Scheidung zu haben empfindet heute die Mehrheit der Menschen in der westlichen Welt als humaner als den Zwang unter allen Umständen zusammenzubleiben, womöglich auch in quälerischen, ausbeuterischen, feindseligen oder gewalttätigen Beziehungen.

Am Sex entscheidet es sich ...

Vor hundert Jahren hielten es viele Ehemänner für richtig und normal, ihren Frauen jeglichen Kontakt zu anderen Männern zu verbieten. In manchen Weltgegenden gibt es bis heute solche Vorschriften. Wenn es kein Zusammentreffen mit anderen Männern mehr gibt, ist der potenziellen Untreue der Ehefrau ein Riegel vorgeschoben – beruhigend für die männlichen Konkurrenzängste, aber nur mit einem Verfügungsrecht des Ehemannes über die Frau durchzusetzen. Bei uns würden derartige Verhältnisse das Grundrecht der Frauen auf Gleichberechtigung verletzen und als zwanghaft empfunden werden – abgesehen davon, dass sie kaum praktikabel wären. In der Ausbildung, im Beruf, im Geschäftsleben – überall treffen Frauen und Männer zusammen. Für einen Ehepartner, der zu Eifersucht neigt und annimmt, dass die Partnerin insgeheim nach etwas Besserem Ausschau hält, muss es die Hölle sein, zu wissen, dass sie permanent dem Kontakt mit anderen möglichen Sexpartnern ausgesetzt ist.

So klar und wasserdicht ist die Treue in der Paarbeziehung unter den Bedingungen von Freiheit und Gleichberechtigung nicht mehr zu haben. Damit mussten die Frauen schon seit jeher leben, denn die Männer hatten sich ja immer schon etwas mehr Freiheiten herausgenommen. Jetzt müssen die Männer immer öfter hinnehmen, dass die Frauen sich das Gleiche herausnehmen. Denn, sofern die Berichte vieler Paarberater repräsentativ sind, stehen die Frauen in puncto Fremdgehen den Männern inzwischen kaum noch nach!

Im Allgemeinen haben wir aber doch wohl gelernt, mit der überall lauernden Konkurrenz gelassen umzugehen. Wir sehen unsere Bedürfnisse noch nicht bedroht, wenn die Partnerin oder der Partner Zeit mit anderen verbringt, die potenziell unsere Rivalen sein könnten. Wir wollen uns vertrauen und uns darauf verlassen, dass die Freiheit des Umgangs mit anderen unsere Beziehung nicht beeinträchtigt. Aber wie weit kann diese Freiheit gehen? Was ist im Rahmen der Treueforderung erlaubt, was verursacht Irritation, was empfinden wir als Treuebruch? Was ist, wenn sich die Ehefrau mit ihrem Chef zum Mittagessen verabredet? Und was, wenn sich der Ehemann von einer Kollegin, die ihn anhimmelt, zum Abendessen einladen lässt? Oder wenn der Ehemann mit seinem gemischten Chor auf Tournee geht? Oder die Freundin mit einem anderen Bekannten in Urlaub fährt? Oder wenn der Freund noch einmal mit seiner Vorherigen ins Bett geht? Und überhaupt: wenn »Affären« neben der Beziehung vorkommen?

Auf welche Regeln sich ein Paar einigen kann, das müssen die beiden miteinander aushandeln oder ausprobieren.

Freundschaftliche Kontakte werden heute in aller Regel als unproblematisch empfunden. Sie einander nicht zu gönnen hieße den Partner empfindlich einzuschränken – und das würde eine Beziehung eher belasten als sie fördern. Wenn es außerhalb der Partnerschaft erotisch zu knistern anfängt, ist es aber bei vielen mit der Gelassenheit vorbei.

Und wenn ein Partner außerhalb der Paarbeziehung sexuell aktiv wird, löst das häufig Enttäuschung, Verletzung und eine Beziehungskrise aus. Das hat einen plausiblen Grund. Denn in der Sexualität erleben wir meist die größte Nähe und Intimität mit unserer Partnerin oder unserem Partner. Sie ist das, was wir am meisten als Ausdruck der Bindung empfinden. Körperliche Nähe und Hingabe wird in den meisten Beziehungen als ein Privileg verstanden, das sich die beiden Partner vorbehalten wollen. Andere sehen wir da meist als Störung oder Bedrohung; wenn unser Partner oder unsere Partnerin sich auf Sex mit jemand anderem einlässt, empfinden wir das womöglich als schwerwiegenden Verrat.

Das ist natürlich eine Sache der Übereinkunft.

Bei einvernehmlich gestalteten »offenen Beziehungen« akzeptieren beide Partner unverbindliche sexuelle Begegnungen mit anderen, ohne dass die Nähe und das Vertrauen der beiden in Frage gestellt wird. Bekannt geworden ist der Satz: »Seelisch, Spatzl, bleib ich dir treu«, mit dem der »Monaco Franze« aus der gleichnamigen Fernsehserie[21] nach seinen Affären immer wieder zu seiner Gattin zurückkehrt. Und diese erträgt seine meist auch nicht sehr geschickten, unfreiwillig komischen Eskapaden mit Fassung. Welche Übereinkunft die beiden getroffen haben, macht die Serie nicht weiter deutlich, ebensowenig, welches Bedürfnis hinter dem Drang nach den Affären des »ewigen Stenz« Monaco Franze wohl angenommen werden soll. Dabei wäre eine Überlegung wert, ob es vielleicht noch einen besseren Umgang mit diesem Bedürfnis geben könnte. Dieser Monaco Franze ist ein manipulierender Don Juan und Blender; er ist auch durchaus kein leuchtendes Beispiel dafür, dass es in einer »offenen Beziehung« reif und fair zugehen kann. Trotzdem nimmt man ihm ab, dass sein treuer Hundeblick bei aller Ambivalenz auch einen Kern von wirklicher Treue offenbart, auch wenn diese sich nicht auf sein sexuelles Leben erstreckt. Und er hat aus seinen chaotischen Abenteuern nie einen Hehl gemacht; er war eben so von seinem Sexualtrieb gesteuert und stand auch dazu. Mit einem Augenzwinkern verkörpert er das herkömmliche Geschlechtsrollenbild als scheiternder, selbstherrlicher, lächerlicher Anti-Held. Deswegen war diese Figur so außerordentlich beliebt.

Vielleicht rührte die große Anteilnahme des deutschen Fernsehpublikums auch daher, dass hier ein zu seiner Zeit viel diskutiertes Partnerschaftsmodell vorgeführt wurde, von dem viele träumten, das sie sich aber in ihren realen Beziehungen nicht – oder wenn, dann nur heimlich – erlaubten.

Denn der Normalfall in den Paarbeziehungen ist bis heute, dass unausgesprochen davon ausgegangen wird, dass Fremdgehen für beide tabu ist. Nur lockt die Vorstellung von sexuellen Erfahrungen außerhalb dieser Beziehung trotzdem gelegentlich. Treue als offizieller Status und Untreue als Phantasie im Kopf ... oder als Betriebsunfall. Da hatte es der Monaco Franze gut; er konnte sich seine Abenteuer erlauben und davon ausgehen, dass seine großzügige, reife Gattin weiter zu ihm hält und die Beziehung nicht aufkündigt. Der Normalfall in den Beziehungen ist eine solche Großzügigkeit allerdings nicht. Da wird Fremdgehen viel eher als eine solche Kränkung für den »betrogenen« Teil (für Männer ebenso wie für Frauen) empfunden, dass die Beziehung daran zu scheitern droht.

Das bestätigt der Psychoanalytiker und Paartherapeut Wolfgang Schmidbauer, wenn er warnt: Es »muss sich die fremdgehende Person immer bewusst sein: Untreue führt einen ganz nah heran an den Abgrund der Verlustangst. Und man kann sich nie sicher sein, ob die Beziehung abstürzt. Oder gerettet werden kann.«[22] Und der Paartherapeut Ulrich Clement geht sogar ganz strikt davon aus, dass eine Beziehung, die mit der Erwartung sexueller Treue geschlossen worden ist, durch den Untreue-Vorfall erst einmal beendet worden ist. Für seine Klienten geht es nun darum auszuloten, ob und unter welchen Bedingungen sie eine neue Beziehung mit dem selben Partner bzw. der selben Partnerin beginnen wollen – oder eben nicht.

Betrug wiegt am schwersten

Die folgende Geschichte von Karin und Björn hat mit einer verheimlichten Affäre, mit Betrug zu tun. Trotzdem hat sie ein Happy End, weil der Betrüger – gerade noch rechtzeitig – zur Ehrlichkeit zurückgefunden hat. Die Motive des Hochmuts – das Gesicht zu wahren, selbstbewusst zu erscheinen und im Machtkampf auf keinen Fall den Kürzeren zu ziehen – kippten um in Demut. Und noch entscheidender war wohl, dass die Betrogene die Situation mit Selbstbewusstsein und Gelassenheit durchgestanden hat – der Liebe sei's gedankt.

Björn K. hat einen Fehler gemacht. Er hat sein Handy im Auto liegen gelassen, mit dem jetzt seine langjährige Partnerin Karin unterwegs ist. Das ist an sich kein Problem, denn die beiden vertrauen sich, teilen sich Wohnung und Auto und gelegentlich auch die Handys. Das Handy klingelt, während Karin im Auto fährt. Sie schielt auf das Handy, unbekannte Festnetz-Nummer von irgendwo auswärts, und lässt es klingeln. Nach fünf Minuten klingelt die gleiche Nummer wieder. Karin hat das Auto gerade abgestellt. Jetzt geht sie dran. Eine Dame von einem Wellness-Resort im Allgäu meldet sich und will Herrn K. bitten, seine richtige Kreditkartennummer durchzugeben. Die in seiner E-Mail angegebene sei offensichtlich nicht richtig.»Sie haben seine E-Mail-Adresse?«, fragt Karin geschäftsmäßig.»Dann erreichen Sie ihn jetzt am besten per E-Mail, er ist sicher bald wieder online.« Die Dame bedankt sich, und der Fall ist erst mal erledigt. Nur Karin wundert sich: Wozu sollte Björn seine Kreditkartennummer einem Wellnesshotel im

Allgäu mitteilen? Er wollte am nächsten Wochenende zu einer Tagung nach Karlsruhe fahren, aber das ist dienstlich, und das Hotel dafür organisiert doch wohl die Firma? Mit dieser Frage im Kopf sieht sie sich das Handy genauer an und findet unter den gesendeten SMS eine vom Vortag an eine Julia:»Hi Julia, hab uns ein schönes Zimmer mit Bergblick gebucht. Freu mich aufs WoE! Björn.«

Karin wird ein bisschen schwindlig, sie bleibt noch im Auto sitzen und liest die SMS vier-fünfmal. Mit so etwas hat sie überhaupt nicht gerechnet. Sie hatte an Björns Verhalten nichts Ungewöhnliches bemerkt, sie hatten über die Tagung gesprochen; dass das gelogen und vorgetäuscht sein könnte, war ihr nicht im Entferntesten eingefallen. Sie kennt ihren Björn doch gut genug. Oder täuscht sie sich mit ihrem Verdacht, und es wird sich alles noch aufklären? Karin beschließt sich zusammenzunehmen und erst mal abzuwarten.

Von diesem Augenblick an fühlt sich aber alles mit Björn anders an für sie. Als er abends nach Hause kommt, findet sie seine Stimme ein bisschen gepresst und künstlich, seinen Blick irgendwie fahrig und seine Zärtlichkeiten verdächtig unmotiviert. Selbst als sie zusammen schlafen, ist sie nicht richtig dabei, und es laufen ihr Sätze durch den Kopf wie:»Machst du's mit der anderen auch so?«, »Ist sie in dich verliebt? « »Wie lange spielst du mir das schon vor?«

Bis zum Wochenende mühen sich beide, so zu tun, als wäre nichts. Björn fährt auf seine»Tagung«, und Julia bleibt zu Hause, gekränkt und eigentlich verzweifelt, aber es regen sich auch Wut und Rachegelüste in ihr. Was fällt dem ein, mich so zu belügen und unsere Beziehung aufs Spiel zu setzen? War nicht er es immer, der mich umwarb und für den es nichts anderes gab als mit mir zusammen zu sein? Einen Augenblick erwägt sie, in dieses Wellness-Resort nachzureisen und nach dem Rechten zu sehen, ihm einen handfesten Beweis vorzuhalten und ihm eine Szene im Hotel zu machen. Aber das scheint ihr doch zu entwürdigend, vor allem für sie selbst. Sie allein und er mit einer andern? Das geht nicht. Höchstens: Sie mit einem anderen! Mit gleicher Münze heimzahlen? Ja, vielleicht, das traut sie sich zu. Aber nicht im gleichen Hotel. Das wäre nur peinlich, und auf die Schnelle einen One-Night-Stand zu finden, der da mitspielt, ist auch illusorisch.

Nachdem sie sich die Tage zuvor nur kraftlos in ihrem Gram gefühlt hatte, kommt jetzt Aktivität in ihren Körper. »Na warte«, denkt sie, nur weiß sie noch nicht wie. Ihr ist nach Wegfahren, irgendwo anders hin, da könnte sie vielleicht ein bisschen anders auf die Sache schauen.

Da ruft am Freitagabend eine Kollegin an: »Hallo Karin, morgen Abend soll es schön und warm sein, da wollen wir bei uns im Garten grillen und würden euch gern einladen.«

»Björn ist übers Wochenende weg, ich bin allein. Wenn ihr mich allein auch nehmt, dann komme ich gern!«

»Jeh, du bist allein! Na, dann musst du ja zu uns kommen. Es wird bestimmt schön!«

Björn und Karin waren ein Paar seit ihrer Studentenzeit. Zunächst war es Karin gewesen, die ein Auge auf den athletischen Björn mit dem sanften Blick geworfen hatte. Björn war etwas schüchtern, und so brauchte es schon deutlichere Signale, bis er begriff, dass er bei der hübschen, selbstbewussten Karin Chancen hätte. Dann aber öffneten sich die Schleusen seines Verliebtseins, und mit einer Gefühlsmischung von staunender Dankbarkeit und euphorischer Entschlossenheit umwarb er Karin. Kein Zweifel, Björn gefiel ihr, aber Karin steckte noch in einer anderen Beziehung, und ihren Partner wegen Björn zu verlassen, kam ihr zunächst nicht in den Sinn. Nach einigen sehr schönen, zärtlichen sexuellen Begegnungen mit Karin erklärte ihr Björn, dass er sich nicht vorstellen könne, dass sie ein anderer Mann mit der gleichen Ernsthaftigkeit und Tiefe lieben würde wie er. Erst wollte Karin mit

einem koketten »Das hat der andere mir auch schon mal gesagt!«
Björns Vorstoß abfangen. Doch Björn setzte ganz ruhig nach:
»Aber bei mir weißt du, dass es stimmt.« Darauf Karin: »Ja, aber
was soll ich denn jetzt machen?«, und Björn, mit der gleichen arg-
losen Ruhe: »Schluss machen mit ihm. Ich möchte, dass wir jetzt
zusammen sind. Und zwar richtig.«

Karin war es gewöhnt, dass sie Männer hofierten. Zuweilen
inszenierten sie ihr Werben aufdringlich und pompös, was Karin
nervte. Aber bei Björn klang das anders – naiver, unumwunden,
geradeheraus. Das waren Sätze, die, so forsch sie vielleicht objektiv
waren, Karin das Zutrauen gaben, dass sie mit Björn auf dem richtigen Weg war. Als Björn ihre Entscheidung forderte, ließ sie sich
darauf ein. Ja, sie wollte den Björn haben. Dem vorherigen Freund
erklärte sie geradezu, dass es da jetzt den Björn gebe, in den sie
sich verliebt habe; und als dieser sich mit Vorwürfen und
Beschimpfungen zur Wehr setzte, trieb er Karin nur desto mehr in
Björns Arme.

Die Liebesgeschichte, die sich dann mit Björn und Karin weiter entfaltete, war für beide intensiv und irgendwie magisch. Dass
Björn viel weniger der strahlende Held war, als den Karin ihn anfangs gesehen hatte, minderte ihre Zuneigung nicht, und dass Björn
die Risse in Karins bewundertem Selbstbewusstsein wahrnahm,
verband ihn desto stärker mit ihr. Sie zogen in eine gemeinsame
Wohnung, verbrachten außerhalb ihrer Arbeit so viel Zeit miteinander, dass für eine Affäre kaum Gelegenheit gewesen wäre. Björn
fühlte sich auch nach Jahren seiner schönen und allseits begehrten
Karin insgeheim zwar immer noch ein bisschen unterlegen, aber
das spielte in ihrem Beziehungsalltag keine große Rolle.

Bis Björn bemerkt, dass eine Arbeitskollegin ihn anhimmelt.
Sich selbst begehrt zu fühlen tut seinem Ego ausgesprochen gut, er
genießt es, zunächst harmlos und kokett mit der Kollegin zu flirten,
sich mit ihr zum Mittagessen und im Café zu verabreden, ihre
Gefühlswelt und ihre Beziehungsnöte zu besprechen, und als sie

ihm eines Tages unumwunden erklärt:»Ich möchte mit dir zusammen mal eine Nacht verbringen«, wird er verlegen und rot und stottert:»Das geht aber nicht einfach so... «

»Ich weiß, bei dir ist es nicht so einfach«, steckt sie bescheiden zurück,»aber meinen Wunsch aussprechen darf ich doch mal, oder? Ich will dich damit ja nicht unter Druck setzen. Ich kenne dich jetzt schon so gut. Da bin ich halt neugierig, wie du dich anfühlst... Nur ein einziges Mal!«

Björn fühlt sich ein wenig bedrängt … aber irgendwie neugierig ist er halt auch, und so kommt es, dass er weitere Vorstöße nicht abwehrt, sondern eine Gelegenheit sucht, dass es dazu kommen kann.

Während Björn also, wie Karin richtig vermutet, im Wellness-Hotel mit dieser Julia zugange ist, hofft Karin auf die Gelegenheit zu einem ähnlichen Abenteuer. Zu der Grillparty am Samstagabend kommt sie mit öffentlichen Verkehrsmitteln, denn sie will nicht unbedingt nüchtern bleiben. Der Ausdruck von Zorn und Sarkasmus, den sie nicht ganz verbergen kann, scheint ihr gut zu stehen an diesem Abend. Sie zieht jedenfalls schnell Aufmerksamkeit auf sich und fühlt sich – ganz ungewohnt, als Single-Frau – ziemlich begehrt. Es ist auch ein Mann da, bei dem sie, schon als sich ihre Blicke das erste Mal treffen, weiß, dass der in Frage kommt.

Es dauert trotzdem lange, bis sie miteinander ins Gespräch kommen. Das ist dann umso intensiver, über den Beruf, über Männer und Frauen und schließlich über Partnerschaft und langjährige Beziehungen. Das wird Karin eigentlich zu eng, an schwierige Gefühle will sie jetzt doch lieber nicht erinnert werden. Der Gedanke steigt in ihr auf:»Ich will dich nur mal ausprobieren, einmal ein lockerer Sex mit dir, auf mehr kann ich mich nicht einlassen.« Der Mann scheint den Stimmungswechsel mitzubekommen, jedenfalls bezieht er andere Leute in das Gespräch mit ein, und Karin kann sich später leicht aus der Gruppe entfernen. Ihre Stimmung verdüstert sich, und ihren Plan, es Björn gleich zu tun und sich einen Mann für eine Nacht zu angeln, findet sie gar nicht mehr so spannend. Eine Weile noch lässt sie sich auf der Party treiben, dann bereitet sie ihren Aufbruch vor. Da schließlich ist der Mann wieder in ihrer Nähe und will auch gehen. Und als sie nach dem Abschied zusammen vor dem Haus stehen, sagt er höflich und korrekt:»Bist du nicht mit dem Auto da? Es ist doch zu spät, um noch mit dem Bus zu fahren. Komm, ich bringe dich nach Hause.«

Karin durchläuft ein Schauer: Nimmt jetzt doch das seinen Lauf, was sie sich vorgenommen hatte? Der Mann spielt auf eine sympathische Weise mit. Zielstrebig, aber ohne aufdringlich zu sein. Noch ist alles offen.»Du bist irgendwie traurig, das sehe ich«, spricht er sie an, als sie in seinem Auto sitzen. Und als sie nur geradeaus schaut und nicht antwortet, fährt er fort:»Ich weiß nicht, ob du das jetzt brauchen kannst. Aber wenn – ich würde gerne heute Nacht bei dir bleiben.«

Karin sagt noch immer nichts.

Da dreht er sich zu ihr:»Oder wollen wir zusammen zu mir fahren?«

»Nein, bleib bei mir, ich glaube, das ist jetzt genau das Richtige.« Karin lacht ihm dabei offen ins Gesicht, die Stimmung schlägt um in lockere Neugier. Die beiden werden zu Komplizen einer Verschwörung, und es ist ein leichtes Spiel, bis sie nach gemeinsamem Duschen im Doppelbett von Karin und Björn landen. Den Sex empfindet Karin als verwöhnender, sensibler als das, was sie sonst in diesem Bett erlebt hat. Trotzdem hat Karin am nächsten Morgen das Gefühl, dass das Erlebnis keine große Bedeutung für sie hat. Liebe ist nicht im Spiel. Es war Rache an Björn, dem miesen Schuft, mit dem sie eigentlich dennoch zusammenbleiben will. Aber wie das gehen soll, ist ihr in diesem chaotischen Augenblick völlig unklar.

Am Abend kommt Björn von seiner »Tagung« zurück. Offenkundig geht er davon aus, dass Karin nichts ahnt und dass er einfach so weitermachen kann wie bisher. Seine aufgesetzte Arglosigkeit bringt Karin innerlich in Rage, aber auch sie bemüht sich noch, sich nichts anmerken zu lassen.

Nach dem Begrüßungskuss fragt sie harmlos:»Wie war die Tagung?«

»Na ja, viel Gelaber, nur mäßig interessant.«

Sie weiter:»Ich bin erstaunt, dass du schon da bist. Auf der Autobahn war doch so ein Wahnsinnsstau!«

Jetzt ist er ein bisschen überrascht, aber er pariert:»Ja, das hatte ich gehört und bin rechtzeitig auf die Landstraße ausgewichen.«

Jetzt ist sich Karin ganz sicher, dass er sie anlügt. Das mit dem Wahnsinnsstau hat sie nur erfunden. Björn kam nicht aus Karlsruhe, sondern aus dem Allgäu und ist in die Falle gegangen.

Von diesem Augenblick an sucht Karin nach der passenden Gelegenheit, seine Lügerei aufzudecken. Und die ergibt sich später, als er schon ins Schlafzimmer strebt.

Karin hält ihn auf:»Warte, wir müssen das Bett noch neu beziehen. Ich hatte nämlich gestern Besuch!«

Es dauert eine Weile, bis Björn das verarbeitet hat. Dann fragt er, noch ruhig:»Wer war denn da?«

Ein entfernter Bekannter von mir, kennst du nicht.«

»Wie? In unserem Bett? Habt ihr etwa miteinander geschlafen?«

»Genau wie du! Wenn du schon ins Allgäu fährst, um mit dieser Julia rumzuvögeln, dann darf ich mir ja wohl auch so was gönnen.«

Björn erstarrt, wird knallrot, und mehr als ein»Ahhhr« bringt er nicht mehr raus.

Jetzt ist es raus, und man hört Sekunden nur tiefes Atmen.

Dann setzt Karin noch einmal nach – als wäre das eine Entlastung für sie:»Aber wir haben wenigstens Kondome benutzt!«

»Woher willst du denn das wissen?«

»Ich kenn dich doch!«

Damit hat Karin ihrem Björn offensichtlich noch ein weiteres begründetes Schuldgefühl aufgehängt. Jedenfalls stürmt er davon, grummelt so etwas wie »Das darf doch nicht wahr sein!«, der noch nicht ausgepackte Koffer rollt über den Dielenboden, die Wohnungstüre fällt unsanft zu, und Björn ist verschwunden.

Beziehungskrisen gehören für die meisten Menschen zu den heftigsten, quälendsten Stresserlebnissen, die sie erleben können. Das liegt zum einen natürlich daran, dass es dabei objektiv um Vorgänge geht, die einen entscheidenden Einfluss auf unseren Lebensweg ausüben; zum anderen aber daran, dass dabei Gefühle in uns angesprochen werden, die wir seit frühester Kindheit in uns gespeichert haben. Verlassen werden, ausgestoßen sein, niemanden haben, der für einen sorgt – das löst in der frühen Kindheit Ängste aus, bei denen es tatsächlich um Tod oder Leben geht. Panik und Alarm in jeder Faser unseres Nervenkostüms ist deshalb die einzig mögliche Reaktion. Und diese Reaktion meldet sich immer noch jedes Mal, wenn wir etwas erleben, das uns an die frühen Gefühle erinnert. Natürlich haben wir als Erwachsene auch unseren Verstand, der uns sagt, dass es so schlimm nicht kommen muss – dass die Veränderung in unserem Leben vielleicht sogar eine Chance ist, dass es uns bald viel besser gehen kann. Aber dass wir zunächst in ein tiefes Loch unserer kindlichen, panischen Gefühle fallen – das bleibt uns, allem Verstand und aller Erfahrung zum Trotz, oft nicht erspart.

Karin jedenfalls erlebte nach diesem Sonntagabend, nachdem ihr Björn feige die Wohnung wieder verlassen hatte, eine schreckliche Nacht. Sie taumelte zwischen Wut und Selbstmitleid hin und her, spielte in Gedanken dutzendmal Szenen durch, wie sie mit Björn über das Vorgefallene verhandeln könnte, wie sie ihm Vorwürfe entgegenschleudern könnte, die ihn zu demütiger Einsicht und Reue führen ... oder aber zu immer neuen Attacken und Demütigungen anstacheln könnten; wie sie ihn an seine Liebesbeweise und Treueversprechen erinnern und ihm sein Unrecht vor Augen führen könnte. Schließlich war sie von alldem so entkräftet, dass sie nur noch seufzend und leise weinend im Bett lag und in den frühen Morgenstunden wenigstens in einen ruhigen Halbschlaf fiel. Doch schon lange bevor der Wecker klingelte, erwachte sie wieder. Sie sah die leere Betthälfte neben sich, die Panik war wieder da, aber auch der Zwang, sich nichts anmerken zu lassen, in die Arbeit zu gehen und die gewohnte Rolle weiterzuspielen. Es war, seit sie sich erinnern konnte, das erste Mal, dass sich die selbstbewusste Karin so hilflos und verletzt fühlte. Sie brauchte Hilfe, das gestand sie sich unumwunden ein. Zunächst vertraute sie sich einer Freundin an, die sich all ihre verwirrenden Erlebnisse geduldig anhörte. Und da diese den Eindruck hatte, dass bei Karin wirklich Gefahr im Verzug war und außerdem einen Paartherapeuten kannte, schaffte sie es, für Karin schon nach zwei Tagen einen »Dringlichkeitstermin« zu vereinbaren..

»Hoffentlich meldet sich Björn nicht vor dem Termin«, ging es ihr überraschend durch den Kopf. Die Erwartung, einen Verbündeten zu bekommen, der ihr weiterhelfen kann, beruhigte sie ein bisschen. Und tatsächlich hielt die »Sendepause« an bis zu ihrem Termin am Mittwoch.

Der Therapeut hörte sich Karins Bericht an, nickte manchmal verständnisvoll, machte ein paar Notizen, und als Karin geendet hatte, entstand erst mal ein ratloses Schweigen.

Sie hatte sich die schrecklichen Erlebnisse von der Seele geredet – nun war nur Stille. Karin begann zu nerven, dass der Therapeut keine Anstalten zu irgendeinem nächsten Schritt machen wollte: »Sagen Sie doch mal was dazu«.

Doch der Therapeut sah sie nur prüfend an.

»Sie hören solche Geschichten wahrscheinlich jeden Tag...«, nahm Karin den Faden noch einmal auf.

»Aber für Sie ist diese Geschichte Ihre eigene. Und ein ganz entscheidendes Erlebnis«, gab der Therapeut zurück.

Karin nickte kurz. »Ich weiß noch gar nicht, was ich davon halten soll.«

»Deswegen sind Sie zu mir gekommen. Und in dieser Grundstruktur sind die Geschichten aller meiner Klienten ähnlich: Sie sind alle hin- und hergerissen zwischen Rache und Vergebenwollen, zwischen Empörung und Verständnis, zwischen Weg- und Dableibenwollen. Sie haben das Heft ja schon ganz schön in die Hand genommen, indem Sie sich auch einen Seitensprung gegönnt haben. Was glauben Sie: War das ein Schritt raus aus der Beziehung von Ihrer Seite?«

Karin blickte den Therapeuten unschlüssig an. Und da sie sich nicht schnell genug für eine Antwort entscheiden konnte, blieb die Frage offen, und die Sitzung war zu Ende.

»Was war das denn jetzt?« fragte sich Karin im Weggehen, leicht frustriert. Sie hatte noch nicht das Gefühl, dass die Beratung irgendwas gebracht hätte.

Am gleichen Abend meldete sich Björn am Telefon. »Wie geht es dir?«, fing er an, mit zerknirscht klingender Stimme.

»Wie soll's mir schon gehen, nach dem Mist, den ich hier durchmachen muss!«

»Karin, ich wollte das alles gar nicht. Ich war so blöd. Können wir bitte mal miteinander reden?«

Karin schwieg erst einmal und atmete in das Telefon. Der »Schritt raus aus der Beziehung« würde ihr ziemlich schwer fallen, das war ihr schon klar. Aber wie sollte das gehen, diese Beziehung weiter zu machen? Sie atmete noch ein paar Mal schwer, dann kam ihre Antwort: »Also gut. Reden wir. Aber wir brauchen einen neutralen Ort dafür, wo wir uns auch anschreien können.«

»Mir ist eher nach Heulen«, setzte Björn kleinlaut nach.

Dafür hätte ihn Karin fast schon wieder in den Arm nehmen wollen. Sie beobachtete, wie eine Mischung aus Rührung, Hoffnung und Nähe zu Björn, aber auch Wut und Rachegelüsten in ihr arbeitete. Aber die Kontrolle wollte sie jetzt schon behalten.

Schließlich war sie böse belogen und betrogen worden. Treffen im Park, wo es laut werden konnte. Aber wann? Gleich morgen …, meldete sich in ihr ein kindlicher Wunsch, den sie aber schnell beiseite schob.

Statt dessen machte sie einen Vorschlag, der sich sadistisch und masochistisch fern anhörte:»Am übernächsten Sonntag hätte ich Zeit. Sagen wir um 15 Uhr. Da können wir uns an der Tivolibrücke treffen.«

Klar, dass sich Björn einen näheren Termin gewünscht hätte. Er seufzte ein bisschen und hauchte dann:»Ja, o.k. Also, bis dann. Mach's gut.«

Karin fühlte sich keineswegs so stark, wie sie nach außen wohl wirkte. Aber sie fühlte sich im Recht, Björn war der Schuft, und wenn er das auch mal spürte, dann war das nur gerecht. Überhaupt, Gerechtigkeit: darüber dachte sie die nächsten Tage viel nach. Wie es sein kann, dass ihr so ein Unrecht widerfährt, noch dazu von einem Menschen, der sie doch angeblich liebt. Und wenn das Vertrauen so böse verletzt worden ist, wie soll man dann noch weitermachen können?

Karin hatte noch einen weiteren Termin bei ihrem Therapeuten. Sie erwartete diesmal nicht, dass sie dabei Erlösung, Erleuchtung oder wenigstens nennenswerte Einsichten bekommen würde, wie sie aus ihrer Katastrophe herauskommen könnte. Aber immerhin wollte sie all das aussprechen, was ihr in Bezug auf ihre Erlebnisse mit Björn durch den Kopf ging.

Wieder hörte der Therapeut weitgehend wortlos zu. Als sie geendet hatte und wieder dieses Schweigen eintrat, war es jedoch er, der das Wort ergriff:

»Ich erinnere mich noch an das letzte Mal, als Sie erzählten, dass Sie gleich an diesem Wochenende, an dem Ihr Partner fremdgegangen ist, für Ausgleich gesorgt haben. Was wünschen Sie sich? Wie kann es nach diesem Eins zu Eins im Fremdgehen jetzt weitergehen?«

Karin schossen Sätze im Kopf herum, die sie nicht wagte auszusprechen, so kindlich und naiv kamen ihr diese Wünsche vor, so unrealistisch. Vertrauen, Vergeben, Ehrlichkeit waren die Stichworte, die sie sich nicht zu nennen traute. Wieder trat so eine bedrückende Stille ein. Aber vielleicht hatte der Therapeut doch was drauf. Denn plötzlich kam er von selbst an mit der Ehrlichkeit: »Sie haben Ihren Björn mit seinem Betrug konfrontiert, und Sie waren ehrlich. Das war bestimmt nicht leicht für Sie. Aber das konnten Sie tun für die Beziehung. Was für eine Chance ist das für einen Partner, dem das noch schwerer fällt!«

Karin sah dem Therapeuten irritiert ins Gesicht. Meinte er das so? War das ein Lob?

»Aber bis jetzt habe ich noch nicht...« fing Karin skeptisch an.

»Sie haben Ihrem Björn das angeboten, was Sie sich in der Beziehung wünschen: Ebenbürtigkeit und Ehrlichkeit. Ob das für ihn gerade passt, weiß ich natürlich nicht. Sie ahnen es vielleicht schon ein bisschen eher. Ihre Klarheit schützt Sie vielleicht nicht vor Enttäuschungen. Aber sie erhöht die Wahrscheinlichkeit, dass das eintritt, was Sie sich wünschen.«

»Das war nun ein typischer Orakelspruch«, dachte sich Karin. »Klingt nicht falsch, ist aber nichts, worauf man sich irgendwie verlassen kann.«

Sie sah den Therapeuten ratlos an.

»Was wünschen Sie sich denn?«, fragte der Therapeut nach.

»Eine vertrauensvolle, liebevolle, nahe Beziehung, ... so wie ich dachte, dass ich sie vorher gehabt hätte!,« war Karins spontane Auskunft.

Darauf kam wieder ein längeres Schweigen, Karins Wunsch klang darin fast ein bisschen trotzig nach. Und dass Ehrlichkeit ziemlich weh tun kann, empfand Karin bei der Frage, die jetzt kommen musste und kam:

»Und gibt es jemanden, mit dem Sie sich, nach allem, was Sie jetzt erlebt haben, eine solche Beziehung wünschen?«

Es arbeitete in ihr sichtlich. Ihre Augen wurden feucht, und ihre Lippen drückten sich fest aufeinander. Wieder entstand dieses quälende, erwartungsvolle Schweigen, ziemlich lange. Nur weil sie fürchtete, dass diese Sitzung wieder mit einer unbeantworteten Frage enden könnte, gestand sie schließlich ein: »Ich liebe Björn. Ich will ihn nicht verlieren.«

Das Treffen an der Tivolibrücke begann mit einem rat- und wortlos Sich-einander-Gegenüberstehen. Dann breitete Björn seine Arme aus, umarmte Karin und begann zu schluchzen. Karins Widerstand gegen das Gefühl währte kurz, dann ließ sie es zu, mit Tränen in den Augen. Björn wusste, dass er zu reden beginnen musste, aber sie trotteten schon eine Weile nebeneinander her, bis er es tat. »Karin, ich wollte das alles gar nicht. Ich war so blöd.«

Diese Formel kannte Karin schon vom Telefon, und sie reagierte gereizt: »So blöd bist du doch gar nicht. Was war denn da los?«

Da erzählte Björn seine Geschichte mit Julia. Er bestätigte, was Karin sich schon zusammengereimt hatte, und er erzählte alles so, dass sich Karin seinen Konflikt und seine Verlockung wirklich vorstellen konnte. »Mir war schon klar, dass ich dich belüge und dass das überhaupt nicht geht. Aber dann war die Vorstellung, dass das nicht aufkommt und folgenlos bleibt und damit abgehakt ist, so naheliegend. Ich hätte wissen müssen, dass es auch dann nicht geht. Ich war so blöd.«

Zwanzig Schritte Schweigen, in denen Karin darüber nachdachte, wie es gewesen wäre, wenn Björn ihr schon vorher von Julia erzählt hätte. Er hätte sie dann nicht belogen, aber die Nacht mit Julia wäre da auch nicht drin gewesen. Einen Freund, der so etwas braucht, den könnte sie auch nicht ertragen. Wie sollte so etwas auch gehen? Sich sexuelle Abenteuer neben der Partnerschaft zuzugestehen hieß für sie in der ständigen Angst zu leben, es könnte Konkurrenz auftauchen, die die Beziehung in Frage stellt. So hatte sie es gerade erlebt. Aber mit Verboten und moralischem Druck kann man die Verlockungen nicht bannen, so viel war ihr schon klar.

Dann erzählte Karin, wie sie darauf gekommen war, dass die Tagung in Karlsruhe nur vorgetäuscht war, erzählte von ihrer Wut und Verzweiflung, ihrem One-Night-Stand aus Rache, und dass sie das alles an ihre Teenie-Zeit erinnern würde.

»Ich war in meiner Teenie-Zeit kein so heißer Ofen wie du. Aber damit will ich mich jetzt nicht rechtfertigen«, lenkte Björn demütig ein.

»Und für die Midlife-Crisis bist du doch noch ein bisschen zu jung«, spann Karin die möglichen Entschuldigungen fort.

»Aber es ist trotzdem passiert. Das Abenteuer hat mich so verlockt. Ich habe nicht nachgedacht, was ich damit anrichte. Ich will doch mit dir zusammenbleiben. Ich schäme mich für das alles.«

Für einen Sekundenbruchteil trafen sich ihre Blicke, Karin sah Björns Jammer und Verzweiflung. Ein Feigling und Lügner war er jedenfalls in diesem Moment nicht. Ohne schützende Lüge, ohne Arglist ... ungeschützt steht er jetzt vor mir, der sanfte, liebe Mensch. Karin konnte sich, bei aller Empörung, vorstellen, wie es ihm mit dieser Julia ergangen war. Mit einer flüchtigen Handbewegung strich sie über seine Schulter. Mehr als ein nachdenkliches »Mmh« brachte sie nicht mehr heraus. Aber wahrscheinlich war gerade das der Moment der entscheidenden Nähe.

Björn hatte noch etwas Entlastendes vorzubringen: Er habe Julia seit diesem Wochenende nur noch flüchtig gesehen und auch nicht vor, diese Beziehung weiterzuführen. Er habe Julia auch klar gemacht, dass er seine Beziehung zu Karin auf keinen Fall verlieren wolle. Er sei augenblicklich bei einem Kollegen untergekommen – dem Einzigen, dem er von all den Dingen etwas erzählt habe.

»Bei dem kann ich auch noch weiter wohnen. Ich versteh, wenn du mich nicht gleich wieder bei dir haben willst«, schloss Björn sein Plädoyer.

Darauf Karin:»Die Wohnung gehört uns beiden. Aber ich möchte wirklich erst mal noch eine Weile darüber nachdenken, wie es weitergehen kann.«

Der darauf folgende Abschied war wiederum eine verwirrende Mischung aus Skepsis und alter Vertrautheit. Björns Worte »Karin, ich lieb dich. Bitte bleib bei mir« ließ Karin einfach so stehen. »Ich dich doch auch, du Schuft!«, dachte sie sich nur und entfernte sich. Im Weggehen bemerkte sie, dass sie am ganzen Körper zitterte.

Karin und Björn blieben zusammen. Nach zwei weiteren Treffen war klar, dass sie das beide wollen. Das Vertrauen beider zueinander hat einen Kratzer abbekommen, beiden hat diese Erfahrung vor Augen geführt: Der geliebte Mensch ist mir nie sicher. Das war vielleicht eine unbequeme Wahrheit, aber es ist eben die Wahrheit. Und die hat Spuren hinterlassen, unangenehme wie Sicherheitsverlust, Wut, Schuldgefühle, aber auch positive wie mehr Ehrlichkeit, mehr Verständnis und mehr Nähe. Bei diesen hatte wohl auch der Therapeut mitgeholfen, zu dem Karin noch ein paar Mal gegangen ist. Der hatte Karin mit einer weiteren unbequemen Wahrheit konfrontiert:»Wenn Sie etwas für Ihre Beziehung tun wollen, verzichten Sie darauf, Ihrem Partner Schuldgefühle aufzudrücken und Vorwürfe zu machen. Sie nähren die Beziehung, wenn Sie sich beide anerkennen und ehren – so, wie Sie sind.«

Das war für Karin eine »harte Nuss« – schließlich war es ja Björn, der gelogen und betrogen hatte, das hatte er, nachdem Karin ihn damit konfrontiert hatte, selbst zugegeben. Oft spürte sie die Versuchung aufkommen, ihm das noch einmal hinzureiben und ihn und Julia zu verurteilen. Aber meistens gelang es ihr diesen Drang zu bremsen und sich daran zu erinnern, dass es ihre Entscheidung war, die Beziehung nicht zu beenden und Björn trotzdem behalten zu wollen.

Als Karin mir diese Geschichte erzählte, war die Affäre ungefähr eineinhalb Jahre her. Ich habe hier versucht, ihre Perspektive getreu wiederzugeben, so, wie sie ihre eigenen Gefühle, Bedürfnisse und Ansprüche beschrieb und auch, wie sie über Björns Lage nachdachte. Karin ließ keinen Zweifel daran, dass sie auf den Horror jener Tage immer noch gern verzichtet hätte. Trotzdem war nicht zu leugnen, dass die Auseinandersetzung mit der Affäre sie beide aus ihrer Alltagsroutine herausgerissen hatte. Sie konnten beide ihre Beziehung nicht mehr als so etwas Selbstverständliches ansehen, kümmerten sich häufiger darum, wie es dem oder der anderen ergeht, spürten die Notwendigkeit, mehr über sich zu sprechen und öfter über den eigenen Schatten zu springen. Insgesamt bewerteten das beide als einen positiven Effekt der schwierigen Erfahrung und gaben zu, dass sich ihre Beziehung vorher mehr nach stumpfer Alltagsroutine angefühlt hätte und nun frischer und lebendiger geworden sei.

Karin sagt es salopp und treffend: »Vorher habe ich mich allzu sehr in bequemer Sicherheit gewiegt. Jetzt habe ich erlebt, wie auch noch andere auf den Liebsten scharf sind und es aus heiterem Himmel alles anders werden kann. Jetzt merken wir beide, dass wir uns täglich umeinander bemühen müssen.«

Bequem ist das nicht, den Partner oder die Partnerin immer anzuerkennen und zu ehren und die Beziehung zu nähren. Es ist ein Ideal, dem wir wahrscheinlich oft nicht genügen, auch wenn wir wissen, wie gut es uns und der ganzen Welt tut. Aber wir haben eine Verantwortung, Fehler zu vermeiden und unnötigen Schaden von uns und unseren Mitmenschen abzuwenden, in unserer Zeit mehr denn je, denn wir haben ständig Zugriff auf Expertenrat, auf das Wissen von Paartherapeuten, Psychologen, Coaches… Die können, wie die Realität zeigt, schädliches Verhalten der Menschen nicht aus der Welt schaffen. Aber – so ist jedenfalls meine Hoffnung, die mich zu diesem Buch motivierte – uns häufiger daran erinnern, wie man in der Beziehung etwas richtig machen kann…

Glücklich zusammen alt werden

In der Medienwelt kursiert der zynische Spruch:»Nur eine schlechte Nachricht ist eine gute Nachricht.« Eine »gute Nachricht« ist eine, die sich gut verkaufen lässt, ein Aufreger und Hingucker, das, worauf die Menschen spontan stark reagieren. Und das sind nun mal die Skandale, die Katastrophen, das, was die Menschen empört und was ihnen Angst macht. Bildlich gesprochen: Der Paukenschlag lässt die Menschen aufhorchen, nicht die sanfte Entspannungsmusik. Auch in der »schönen Literatur« ist es so, dass Reibung und Konflikte einen interessanten Stoff hergeben, nur Schönes wird schnell langweilig. Das kennen wir auch aus den Märchen: Das Auftreten des Bösen und der Gefahr macht die Geschichte spannend. Den glücklichen Ausgang wollen wir natürlich auch noch erfahren, aber was dann kommt, ist schnell erzählt:»Und sie lebten glücklich bis ans Ende ihrer Tage… « Was gibt es da schon noch weiter zu erzählen?

Auch für mich ist das Interessante und Erzählenswerte an den menschlichen Beziehungen, dass es so oft knirscht… dass Liebe und Treue uns nicht unbedingt alle in einer natürlichen Bahn glücklich und zufrieden machen, dass es da so viel zu lernen und zu erfahren gibt und so viele Konflikte und Leiden, die uns antreiben und, wenn es gut geht, reifen und wachsen lassen.

So ist es nur folgerichtig, dass ich vor allem problematische, schwierige oder scheiternde Beziehungssituationen gesammelt habe. Und auch, dass ich sogar mit Menschen, die in Beziehungen glücklich sind und von sich sagen, dass sie gut zurechtkommen, meistens die gemeisterten oder auch die anstehenden Schwierigkeiten und Probleme besprochen habe. Das schiere Glück strahlt zwar und tut unendlich gut – aber es bedarf kaum der Sprache – es gibt darüber schlicht nicht so viel zu sagen.

Und doch wissen wir, wie wichtig auch wirklich gute Nachrichten für unsere Psyche sind, wie sehr wir von positiven Beispielen profitieren. Nicht umsonst sind in der Psychologie und Psychotherapie Techniken der Lösungsfokussierung so gefragt und so erfolgreich. Müsste daher nicht auch ein Buch, das uns in Beziehungen voranbringen will, vor allem »gute Nachrichten« kommunizieren, mehr »Entspannungsmusik« statt der »Paukenschläge«?

Ich denke, ein Buch, das mit Verstand gelesen werden will, braucht beides, die Auseinandersetzung mit unserer realen, konflikthaften Welt und auch realistische Lösungsperspektiven.

In meiner Umgebung kenne ich viele Menschen, die in guten Beziehungen leben – wenig solche, die schon ihr ganzes Erwachsenenleben monogam mit dem selben Partner bzw. der selben Partnerin zusammen sind, mehr solche, die im Laufe ihres Lebens schon mehrere Beziehungen hatten, aber jedenfalls leben sie in stabilen, freundlichen und respektvollen Partnerschaften, zum Teil schon seit vielen Jahrzehnten.

Mag es für Menschen, die zusammenleben, schon eine Herausforderung sein, sich immer zu verstehen, sich zu achten und auch mit den schwierigen Seiten der/des anderen tolerant umzugehen, so kommen zusätzlich noch von außen störende Einflüsse und schwierige Aufgaben auf die Partner*innen hinzu: Wie soll man noch zueinander stehen, wenn Beruf oder Ausbildung eine räumliche Trennung verlangen? Wie die Finanzen organisieren und Gleichberechtigung gestalten, wenn eine Person viel, die andere wenig hat? Wie teilt man gemeinsame Pflichten und Aufgaben so, dass sich alle gerecht behandelt fühlen? Wie stehen Partner und Partnerin zueinander, wenn Bindungen und Loyalitäten zu Verwandten, Freunden und Freundinnen eine wichtige Rolle spielen, wenn etwa die Fürsorge und Pflege von Angehörigen nötig wird? Leicht ist es nicht, in allen Herausforderungen des Lebens konstruktiv gemeinsam zu handeln.

Ich kenne ein Paar, das sich von Jugendzeiten an kennt und nach Studienzeiten und Ausbildung gemeinsam eine Firma aufgebaut hat. Lange haben die beiden prekär und bescheiden gelebt, und sie haben zusammengehalten, als alle – und sie vielleicht selbst auch – den wirtschaftlichen Erfolg bezweifelt haben. Inzwischen stehen sie finanziell ziemlich gut da, sie haben ein großes, sinnvolles gemeinsames Projekt, das sie mit Kreativität, Hingabe und Ausdauer voranbringen. – Bewundernswert, wie das ihre Beziehung gefestigt, ihre Zusammengehörigkeit und ihren Humor gestärkt hat – und ihre Überzeugung, gemeinsam am richtigen Platz zu sein.

Ein anderes Paar, beide Musiker, die sich gemeinsam freiberuflich durch das Leben schlagen. Einfach hatten sie es nie, materiell über die Runden zu kommen. Aber, vielleicht unterstützt durch ihre gemeinsame musikalische Arbeit, ist eine so große Wertschätzung und auch Toleranz füreinander entstanden, dass sie auch schwierige Situationen offensichtlich mit Vertrauen und Leichtigkeit bewältigen. Sie haben die Lebensform gefunden, die sie erfüllt und die sie gemeinsam pflegen wollen, und sie haben es schon seit Jahrzehnten gut miteinander.

Oder eine Familie auf einem landwirtschaftlichen Betrieb: Bauer hat Frau gesucht und eine gefunden, die gern dabei ist, inzwischen mit drei Kindern und eingebunden in eine Großfamilie. In diesem Traditionsbetrieb geht die Arbeit nie aus; aber es geht ziemlich gleichberechtigt und liebevoll zu, sodass ich mir denke, auch die haben es gut miteinander und werden ihr Zusammenleben gut gestalten.

Als ich schon meinte, dieses Buch komplett fertig geschrieben zu haben, erschien (am 23. Dezember 2022) im *Süddeutsche Zeitung Magazin* ein langes Interview mit einem Ehepaar, das seit fast 60 Jahren glücklich zusammen ist.[23] Die Journalistin Mareike Nieberding befragt da das Professorenpaar Aleida und Jan Assmann über ihr Kennenlernen, ihr gemeinsames Leben mit fünf Kindern, über ihre wissenschaftlichen Karrieren und die Liebe. Und die beiden, sie 74 Jahre alt, er 83, zeigen dort eine solche Achtung voreinander, ein solch harmonisches Einverständnis in ihrem Denken und wissenschaftlichen Forschen, eine solch liebevolle Aufmerksamkeit füreinander, dass ich sehr beeindruckt war: eine offensichtlich sehr gleichberechtigte Paarbeziehung, in der gegenseitige Bewunderung und Wertschätzung, Kooperation und Mitgefühl herrschen. Das ist mal eine wirklich gute Nachricht! Und wie wohltuend, dass sie diesem vielgelesenen Magazin einen großen Beitrag wert war.

Krisen und Konflikte tauchen in diesem Interview nur beiläufig auf – etwa die Schwierigkeit, einer guten Paarbeziehung, der Sorge für die fünf Kinder und den beruflichen Karrieren gleichzeitig gerecht zu werden. Solche Herausforderungen haben die beiden offenkundig gut gemeistert – und schauen nun aus der Lösungsperspektive auf die Probleme. Ganz sicher stärkt dies die Verbundenheit und nährt Zufriedenheit und Dankbarkeit.

Krisen und Konflikte gehören eben auch zum menschlichen Zusammenleben; nur Entspannungsmusik wäre ja auf die Dauer auch langweilig. Aber die Schwierigkeiten anzunehmen und auf eine gute, faire Weise zu lösen ist das Befriedigendste und Stärkendste, das wir in unserem Leben erfahren können.

Teil III

Den eigenen Weg suchen

Wozu…? Wer weiß das schon?

Wer kann schon mit Sicherheit sagen, wozu wir in dieser Welt leben. Für manche ist die Frage nach dem Wozu schon ein Irrtum. Für andere geht es darum, möglichst viel Glück einzusammeln – die Aufklärungs-Humanität, die in der Formel des »Pursuit of Happiness« in der amerikanischen Verfassung reklamiert wird. Für wieder andere steht der Dienst am Nächsten, die selbstlose Liebe oder überhaupt die Liebe im Vordergrund. Und für die Pessimisten, die es auch im Christentum, trotz der Erlösungsbotschaft der Evangelien, in vielen Jahrhunderten zahlreich gab, ist unserem Erdenleben auferlegt, Schuld zu sühnen, Leid zu ertragen und uns in schwierigen Prüfungen zu bewähren. Zu alledem passt unsere physische und psychische Disposition »auf der Kippe«, zwischen Versuchung und Pflicht, zwischen Abenteuer und Verzicht. So viele Wahlmöglichkeiten, wie uns das Leben täglich bietet, so viele Entscheidungen, wie es uns abverlangt, so groß ist die Gefahr, dass wir das, was wir tun sollten, nicht erfüllen...

Ich denke, was wir über die Aufgabe und den Sinn unseres Lebens wissen können, sind immer nur Dogmen. Letztlich müssen wir die Frage dahingestellt sein lassen und einem inneren Kompass jenseits des Wissens und der Dogmen vertrauen.

Wenn Sie diesem inneren Kompass nachspüren, werden Sie mit großer Wahrscheinlichkeit nicht auf eine schlüssig formulierte Erklärung über Ihre Mission in der Welt stoßen (andernfalls wäre dies womöglich doch wieder nur ein Dogma; und da wollen wir ja noch dahinter blicken). Vermutlich führen Sie eher Gefühlseindrücke auf die Spur zum inneren Kompass, die Sie vielleicht mit

»Dankbarkeit«, »Demut«, »Staunen« »Bewunderung« oder »Neugier« beschreiben können – oder mit ganz anderen Gefühlseindrücken, schließlich sind es Ihre ureigenen, die Sie in keinem Buch, sondern nur in sich selbst finden können. Aber es wird sicherlich nur eine »Spur« bleiben, eine Ahnung, worum es geht. Im religiösen Sinne ist dies vielleicht der »Glaube«, der eben wohl unterschieden ist vom »Wissen«, jedenfalls eine Haltung, die zugibt, dass es Zusammenhänge gibt, die wir nicht einsehen können. Wir können vordringen bis zu einer Ahnung und erleben gleichzeitig, dass wir nicht in der Lage sind, das Ganze zu erfassen. Wir erleben unsere Begrenztheit, unsere Unvollkommenheit; und in diesem Erdenleben wird es dabei auch bleiben.

Ob mit unserer Liebe in diesem Erdenleben eine Aufgabe verbunden ist, ein Ziel, das wir erreichen sollen und verfehlen können – wer kann das schon mit Sicherheit sagen. Auch hierzu gibt es mancherlei Lehren – den mittelalterlichen Kirchenlehrer Thomas von Aquin haben wir zu Wort kommen lassen mit seinen strengen Vorstellungen vom göttlichen Willen und den Pflichten der Menschen – und das Anthropologenpaar Neill mit der Forderung nach Selbstbestimmung und Selbstverwirklichung der Individuen; aber mir scheint, dass das Rätsel immer noch nicht abschließend gelöst ist. Machen es diejenigen richtig, die sich der Sexualität ganz enthalten und ihre Liebe auf unkörperliche Objekte richten? Oder die, die (wie Thomas von Aquin und die katholische Kirche fordern) einen gegengeschlechtlichen Partner/eine gegengeschlechtliche Partnerin heiraten, mit ihm/ihr Sexualität nur zum Zeugen von Kindern üben und bis zum Tod zusammenbleiben? Oder die, die ihren Gefühlen und Faszinationen folgen und um der Aufrichtigkeit willen Beziehungen eingehen und wieder verlassen? Oder die, die sich nicht binden, die offen sind für immer wieder neue Begegnungen?

Ich denke, wenn alle bekannten Dogmen keine universale Gültigkeit mehr beanspruchen können, müssen wir auch hier unserem inneren Kompass vertrauen. Und das heißt wieder: Wir sollten in uns hineinhorchen und der Ahnung nachgehen. Und zugeben, dass es da Zusammenhänge gibt, die wir nicht erfassen können. Wir haben den Willen, mit unserer Liebe etwas Rechtes, Gutes in die Welt zu bringen. Aber ob wir das erreichen werden – wir können es nicht wissen. Und in diesem Erdenleben wird es dabei auch bleiben.

Wir werden mit den grundlegenden existenziellen Ungewissheiten leben müssen. Und wir spüren diese Ungewissheiten besonders stark, weil wir das Privileg der Freiheit genießen. Leben wir heute im hochindustrialisierten, demokratischen Westen nicht unter den bestmöglichen gesellschaftlichen Verhältnissen, gerade, wenn wir diese mit den Zwängen und Unfreiheiten früherer Epochen oder anderer noch lebendiger Kulturen vergleichen? Unsere Gesellschaft ist bestrebt, den Menschen ein Höchstmaß an Entfaltungsmöglichkeiten zu eröffnen. Männer, Frauen, Non-Binäre, Transsexuelle, Arbeiterkinder und Unternehmerkinder, gläubige Christen, Muslime, Atheisten – alle sollen idealerweise gleiche Chancen haben, sich einen beliebigen Platz in der Gesellschaft zu suchen. Das war beispielsweise im Mittelalter ganz anders. Da griffen die universelle Kirche und die weltlichen Herrschaften viel rigoroser in das Leben des Volkes ein, das Geschlecht, der soziale Stand und viele weitere Zugehörigkeiten setzten den Menschen klare und unüberwindliche Grenzen. Söhne mussten häufig den gleichen Beruf wie ihre Väter ausüben; Frauen waren von Bildung und öffentlichem Leben weitgehend ausgeschlossen, über ihre Verheiratung bestimmten die Väter.

Wir verfügen über Wahlfreiheit wie keine Generation vor uns. Bei der Mobilität unserer Gesellschaft haben wir ideale Chancen, den richtigen Partner oder die richtige Partnerin zu finden – nicht zuletzt auch durch Partnerforen im Internet, die uns sogar schon bei der Vorauswahl helfen. Es ist ein Glück, dass es heute keine verbindlichen Vorschriften gibt, wie Menschen und Paare zu leben haben. Jedes Paar und jeder einzelne Mensch kann heute von den gesellschaftlichen Rahmenbedingungen her seine individuellen Beziehungs- und Lebensformen gestalten. Es gibt verschiedene Lehren und Wertsysteme als Vorschläge, nicht mehr als verbindliche Vorschriften. Das nahezu unauflösbare, traditionelle Paarbeziehungsmodell ist in unserer Gesellschaft genauso lebbar wie auch das libertäre Beziehungsvielfaltsmodell und alle möglichen Zwischenformen. Lebensgemeinschaften sind sowohl als Frau-Mann-Beziehung als auch mit homosexuellen Paaren staatlich anerkannt, Trennungen und Scheidungen sind hier jederzeit möglich und gesetzlich geregelt, aber auch ohne gesetzliche Regelung und Sanktionierung steht es jedem frei, Beziehungen einzugehen (und wieder zu beenden).

Unsere Freiheit und Wahlfreiheit ist ein hohes Gut – nur stellt sie auch hohe Anforderungen an die Menschen: Wer über sein Leben entscheiden darf, muss wissen, was er will und was ihm nützt und gut tut; andernfalls bringt ihm seine Freiheit leicht (selbstverschuldetes) Unglück.

Jeder könnte nach seiner Fasson glücklich werden – wenn sie oder er denn so genau bestimmen kann, welche die Fasson ist, die sie oder ihn wirklich glücklich macht. Das ist eher die neue Herausforderung in unserer Zeit: unsere Entscheidung für unser Lebensmodell in Selbstverantwortung und Verantwortung für unsere Mitmenschen und Umwelt richtig zu treffen.

Ein Plan für die bestmöglichen Entscheidungen im eigenen Leben wird den Menschen nicht in die Wiege gelegt – darin gerade besteht ihre Freiheit. Und so ist für viele die Orientierung in unserer Welt der vielen Möglichkeiten eines der schwierigsten Probleme. Kleidung, Frisur, Nahrung, Wohnung, Freizeitgestaltung, Berufsziel, Partnerschaft – wenn nichts vorgegeben ist, kann alles zum Problem werden. Nicht zuletzt deshalb haben Marketing und Werbung bei uns einen so hohen Stellenwert; und die Influencer*innen in den sozialen Medien übernehmen für ein bereitwilliges Millionenpublikum wieder diese Rolle: Sie sollen den Menschen bei ihren schwierigen Entscheidungen »helfen«. Aber bei jeder Hilfe von außen bleibt es uns nicht erspart abzuwägen, ob da nicht Interessen im Spiel sind, die unseren ureigenen Bedürfnissen und Wünschen gar nicht dienen. Zu unserer Freiheit gehört auch das Recht, Empfehlungen und Erwartungen anderer abzulehnen und »nein« zu sagen.

Wir sind freie Kapitäne unseres Lebensschiffes, wir können bestimmen, wohin die Reise gehen soll und wen wir dabei haben wollen. Was kann lohnender sein, als die Reiseberichte anderer anzuhören, aus dem Gelingen und auch aus dem Scheitern anderer unsere Schlüsse zu ziehen, bevor wir auf hohe See hinaus steuern – zu überlegen, an welchen Orten uns was erwarten wird und was wohl am besten für uns sein wird?

Dabei muss uns aber auch klar sein, dass wir es bei der Orientierung auf einer Seefahrt mit objektiv gegebenen Verhältnissen zu tun haben; mit den Beispielen der anderen, mit dem, was wir beobachten konnten, gehört, gelesen und gelernt haben, sind wir schon ganz gut beraten. Wenn es um unseren Lebensweg geht, ist das »objektive« Lernen am Beispiel der anderen gut für unsere Orientierung. Es ist die erste Quelle, aus der wir uns unser Wissen, unsere Klugheit und unser Können aneignen, die haben wir im ersten und zweiten Teil dieses Buches erkundet. Das war unsere Bestandsaufnahme, was Menschen im Spannungsfeld zwischen ausschließlicher und offener Paarbeziehung erleben.

Für eine solche Bestandsaufnahme ist der Zeitpunkt heute besonders günstig, denn wir verfügen über Erfahrungen wie keine Generation vor uns. Das vergangene Jahrhundert hat hinsichtlich des Zusammenlebens von Paaren die ganze Bandbreite von Möglichkeiten ausprobiert. Die Erfahrungen sowohl mit dem nahezu unauflösbaren, traditionellen Paarbeziehungsmodell wie auch mit dem libertären Beziehungsvielfaltsmodell und mit allen möglichen Zwischenformen sind uns heute nah und greifbar, und sie sind alle psychologisch und soziologisch begleitet und dokumentiert.

Das allgemein verfügbare Wissen mag uns in vielen Bereichen unseres Lebens die maßgebliche Orientierung und Hilfe bieten. Doch beim Beispiel der anderen sind *wir* – unsere Bedürfnisse, Sehnsüchte, ureigene Prägungen und Ängste – noch nicht ausreichend mitbedacht. Denn wenn es bei anderen so gewesen ist, muss bei uns noch lange nicht genauso sein.

Das gilt ganz besonders für den intimen Bereich der Partnersuche und der Liebe. Da nämlich verbitten wir uns äußere »Hilfe« bzw. Einflussnahme auf jeden Fall. Dort können Ratschläge von Menschen, die es gut mit uns meinen und selbst raffiniert gemachte Werbung und psychologisch kalkulierte Beeinflussung wenig ausrichten, weil hier Kräfte am Werk sind, die von außen kaum zu kontrollieren sind – nicht einmal wir selbst, geschweige denn unser Verstand kann sie steuern: Die Fähigkeit sich zu verlieben speist sich aus so tiefen Quellen unseres Selbst, dass sich bei den meisten Menschen »wie von selbst« Orientierung und eine klare Vorstellung von den eigenen Zielen und Wünschen einstellt. Es »funkt nicht« – dann entsteht auch keine nachhaltige Bindung zu einem anderen Menschen. Oder »es funkt«, und wir geben unsere ganze Energie hinein. Ob daraus eine glückliche Beziehung oder Chaos, Stress und Unglück wird, ist offen. Aber es ist unser Ding, unsere Faszination, die Beziehung, die wir wollen, in der wir uns lebendig und am richtigen Ort fühlen.

Deshalb müssen wir neben den objektiv gegebenen Verhältnissen auch noch die subjektive Komponente berücksichtigen, eine weitere Quelle unseres Wissens, unserer Klugheit und unseres Könnens: die ganz individuellen Bedürfnisse, das eigene Ausprobieren, die eigenen Erfahrungen, was für uns funktioniert hat und womit wir gescheitert sind, Versuch und Irrtum, Ermutigung und Frustration: Das ist unserer ureigener Erfahrungsschatz.

Darum soll es nun im dritten Teil des Buches gehen. Und es kommt eine besondere Herausforderung ins Spiel: Es geht hier um Dinge, die nicht einfach erzählt, berichtet oder dargestellt werden können und für die die Sprache nur ansatzweise zur Verfügung ist.

Ich lade Sie ein, sich jetzt besonders aktiv und kritisch zu beteiligen, in sich hineinzuhorchen, eigene Einstellungen zwischen den geschriebenen Zeilen wahrzunehmen, ab und zu beim Lesen innezuhalten und Ihre Zustimmung oder auch Ihre Ablehnung ganz bewusst zu äußern und z.B. am Rand der Buchseiten zu formulieren. Denn es soll jetzt nicht mehr nur um die Erfahrungen der anderen gehen, sondern um Sie! Und das ist zum einen Ihr Verstand, der »Kopf«, der zu kommunizieren gewohnt ist, aber zum anderen Ihre Gefühlswelt, das Unbewusste, die innere Stimme, Ihr »Herz«, das so leicht übergangen wird, das aber gerade in der Liebe und Partnerschaft die entscheidende Instanz ist.

Kopf und Herz

Die angemessene Rolle unseres Verstandes ist: Wahrnehmen, seine Erfahrungen und sein Wissen zur Verfügung stellen und achtsam an einer guten Lösung mitwirken. Seit Jahrhunderten hat der Verstand in unserer Kultur die beachtlichsten Veränderungen und Fortschritte gebracht. Wissenschaftliche Methodik und die Entwicklung der Technik sind Schöpfungen des menschlichen Verstandes in Reinkultur. Das sollte uns aber nicht zu der Einschätzung verleiten, wir könnten mit dem Verstand schon das ganze Leben – und womöglich auch uns selbst – erfassen.

Dass das eine Illusion ist, haben die Menschen eigentlich schon immer gewusst. Und spätestens mit den Arbeiten der Tiefenpsychologie seit dem Anfang des 20. Jahrhunderts wurde auch noch wissenschaftlich erforscht, wie viel mehr Kräfte in uns Menschen wirken als nur der Verstand.

Über die Dinge, die uns bewusst sind, können wir uns noch relativ leicht »verständigen«. Deshalb ist es aber umso wichtiger nicht zu übersehen, dass es da noch einen großen Bereich von Einflüssen in uns gibt, die der Kontrolle unseres Bewusstseins nicht ohne Weiteres zugänglich sind – und dass dieser Bereich des Unbewussten gleichwohl wirksam in uns ist und beachtet und geachtet werden muss.

Die Aufklärungsbegeisterung der 1968er-Zeit hat daran zu wenig gedacht. Sie hat ganz dem Verstand vertraut, der sollte alles regeln, durchdringen und sich durchsetzen. Was dem Verstand nicht greifbar war, wurde allzu leicht übergangen. Und das hat, wie wir am Beispiel der »verkopften« Beziehungskonzepte der 68er-Bewegung sehen konnten, unstimmige, unsichere und manchmal leidvolle Lösungen zur Folge.

Freilich, den Verstand, an seinem angemessenen Platze, braucht es eben auch – für die Individuen ebenso wie kollektiv für die demokratische Gesellschaft. Und in Fragen der Liebe, Partnerschaft und Treue ist im besonderen Maße auch Wissen und Erfahrung gefordert. Denn unzählige Geschichten über Liebe, Partnerschaft und Treue belegen: Ohne Nachdenken, Abwägen und Planen sind die Chancen sehr viel geringer, dass das Leben gelingt. Was andere Menschen erkundet und ausprobiert haben, kann uns sehr wohl Orientierung geben, kann uns vor Unglück bewahren und gute, gangbare Wege aufzeigen. Aber wir sollten vorsichtig sein und im Auge behalten, dass wir Individuen sind, mit einer einzigartigen Entwicklungsgeschichte und individuellen Bedürfnissen und Zielen. Unsere Gefühlswelt – unser Herz – ist an erster Stelle das, was uns einmalig und besonders macht. Und das gehört zu unserem Leben und zu unserer Lebendigkeit unbedingt dazu.

Die Balance zwischen Gefühl und Verstand

Bei Gefühlsentscheidungen, Faszination, Verliebtsein waltet eine tiefe Schicht unseres Selbst mit der ihr eigenen Lebendigkeit und Intensität. Wir können diese inneren Zustände und Vorgänge kaum erklären. Aber unser Verstand kann sie wahrnehmen und einfühlsam begleiten, wie Eltern ihre kleinen Kinder umsorgen. Wenn unser Gefühlsleben und Verstand in freundlicher Verbindung miteinander stehen, fühlen wir uns psychisch wohl. Wenn aber Gefühle und Verstand gegeneinander kämpfen, geht es uns schlecht. Dann sind wir hin- und hergerissen, ängstlich, antriebslos und unglücklich.

Die meisten Menschen erleben von Zeit zu Zeit solche Zustände und können auch ohne fremde Hilfe nach einer Phase der Auseinandersetzung ihre innere Harmonie wieder herstellen, indem sie, oft ganz unbewusst, die inneren Konflikte bearbeiten und achtsam lösen. Denn das vollbringt unsere innere Kommunikation, häufig auch in Träumen und Ritualen, in der gleichen Weise, wie wir im Außen, in der Kommunikation mit unseren Mitmenschen und Partnern, Konflikte austragen und, wenn es gut geht, faire Lösungen finden.

Der Psychotherapeut Gunther Schmidt hat das In-sich-Hineinhorchen einmal als »Konferenz mit der inneren Familie« beschrieben. Das ist eine wirklich hilfreiche Vorstellung, mit der sich oft herausstellt, wie viele inneren Stimmen in einer Person am Werke sein können und sich oft bekämpfen. Ein achtsamer »innerer Konferenzleiter« sollte erst einmal allen inneren Stimmen geduldig zuhören und versuchen, alle zur Mitwirkung zu gewinnen. Dann hat er die besten Chancen, eine gute Entscheidung herbeizuführen, die das ganze innere System mittragen kann.

Auch Verstand und Herz haben mitunter verschiedene Ziele, und das ist auch gut so. Die Bestrebungen des Herzens ohne

Kooperation mit dem Verstand gehen oft schief; die Bestrebungen des Verstandes ohne Herz ebenso. Die guten und nachhaltigen Lösungen sind die, bei denen alle inneren Instanzen gehört und geachtet wurden.

Die romantische Liebe

Unsere Gefühle führen ein Eigenleben. Solange wir ohne übermäßigen Leidensdruck damit zurechtkommen, ist dieses Eigenleben der Gefühle auch unser Lebenselixier – eine Quelle der Energie, Lebendigkeit und Lebensfreude, die wir nicht verstehen müssen, um sie zu genießen.

Überraschenderweise ist das Wunder der Liebe, das sich scheinbar ohne unser Zutun ereignet, gerade in den Zeiten der wissenschaftlichen Vernunft immer noch hoch im Kurs – als ein notwendiges Gegengewicht vielleicht, auf jeden Fall aber als etwas gänzlich anderes, bei dem man mit rationalen Erklärungen und Begründungen nicht weit kommt.

Zwangsläufig misstraut der analytische Verstand den Anwandlungen des Verliebtseins und der romantischen Liebe: Wir würden im Zustand des Verliebtseins das Objekt unserer Liebe idealisieren und wichtige Realitätsmomente einfach ignorieren. Die ganze Anziehungskraft und Magie der Liebe, die wir erleben, beruhe auf Projektionen, Illusionen, Fehleinschätzungen. Die Erwartung, dass der andere Mensch, in dem wir unsere ideale andere Hälfte erblicken, in allem zu unseren Bedürfnissen passe, werde zwangsläufig irgendwann enttäuscht.

Dem kann auf der Ebene des Verstandes sicher nicht widersprochen werden. Nur tut das der lebensbestimmenden Kraft der Gefühle, die mit dem Verlieben einhergeht, keinen Abbruch. Unser Verstand mag die Gefühle registrieren und mit seinen Kommentaren begleiten – er hat nicht die Macht, sie auszulöschen oder dauerhaft zu unterdrücken. Psychologen und Psychotherapeuten mögen sich, wenn uns unsere Gefühle in Konflikte führen, darum bemühen, dass wir lernen sie zu verstehen und zu steuern. Dies ist, wie die Humanität und die Freiheit des Individuums, eine Errungenschaft der Moderne, die das Leben der Menschen entscheidend verbessert hat. Aber die Autonomie des menschlichen Gefühlslebens wird durch alles Wissen und alle Wissenschaft nicht außer Kraft gesetzt. Gott sei Dank. Sie ist ein Geschenk, das wir respektieren und dankbar ehren sollten.

Wenn aber Gefühle in unserem Leben eine maßgebliche Rolle spielen und wir sie kaum steuern und unserer bewussten Planung unterwerfen können, müssen wir wohl oder übel auch akzeptieren, dass wir mit einem enormen Unsicherheitsfaktor leben. So, wie das Verliebtsein ohne unser bewusstes Zutun über uns hereinbricht, kann es auch wieder verschwinden. Es könnte uns von dem einen Partner weg und zu einem anderen hintreiben. Wir könnten das mit unserem Verstand missbilligen, unser Verantwortungsbewusstsein würde dagegen ankämpfen – aber das Diktat unserer Gefühle könnte uns wiederum keine Wahl lassen. Es würde auf Treue, Versprechen und eine bewährte Beziehung keine Rücksicht nehmen und uns eine neue Sehnsucht eingeben, die so stark ist, dass wir ihr um alles in der Welt folgen müssen.

So *könnte* es sein. Die Magie der romantischen Liebe, die so ein intensives Glückserlebnis schenkt, kann, in besonders glücklichen Einzelfällen, harmonische, dauerhafte, von beiden Partnern gleich bejahte Beziehungen stiften. Aber dafür gibt es keine Garantie. Die Magie der romantischen Liebe hat auch eine Schattenseite, auf der Schmerz und Enttäuschung walten.

Nach allem, was wir beobachten können, ist die Wandelbarkeit der Gefühle eine Grundkonstitution des Menschen. Die emotionalen Bindungskräfte, mit denen wir einmal eine Beziehung eingegangen sind, wandeln sich im Lauf der Zeit ebenso wie unser Körper und unser Geist. Somit steht dem Sich-Verlieben immer die

Gefahr des Sich-Verlierens gegenüber. So deplatziert das im Angesicht einer glücklichen Beziehung auch erscheint, ist es doch wohl vernünftig, dieser Tatsache ins Auge zu sehen und zu lernen, damit umzugehen.

Also doch der Treue durch Pflichtethos oder äußeren Druck oder Zwang nachhelfen? Oder die Hoffnung auf die lebenslange Zweisamkeit gar nicht aufkommen lassen?

Es gibt genügend Experten und Ratgeber, die davor warnen, eine Partnerschaft vertrauensselig bis ans Ende der Tage zu erwarten. Sich auf eine Partnerin oder einen Partner angewiesen zu fühlen und von ihr oder ihm abhängig zu sein ist allemal ein Kindheitsschema... Schnell ist deshalb der Vorwurf bei der Hand, dass das in einer reifen, erwachsenen Beziehung nicht vorkommen sollte und nur Probleme verursacht.

Realistischer ist es demnach, die Möglichkeit einer Trennung immer offen zu lassen. Konsequent werden so aus Lebenspartnern »Lebensabschnittspartner«. Oder es wird empfohlen, mehr auf ein Netz von Beziehungen zu setzen als auf die eine Paarbeziehung – und auch sexuelle Aktivitäten mit verschiedenen Partnern oder Partnerinnen zuzulassen.

Denn wenn es dann zu einer Trennung kommt, ist die Enttäuschung womöglich weniger katastrophal als bei der Trennung von dem einen Menschen, der das ganze bisherige Leben bedeutet hat – so ist jedenfalls ein gängiges Argument für die Beziehungsvielfalt. Und ein weiteres: Eine Trennung bietet immer auch die Chance zu neuen Begegnungen und neuen, bereichernden Erfahrungen.

Solche gut gemeinten Empfehlungen waren insbesondere in der Lebenshilfeliteratur der 1970er- und -80er-Jahre geradezu Mode und werden von Hobbypsychologen bis heute gern zum Besten gegeben.

Dem wäre natürlich gleich zu entgegnen, dass sich im Liebes- und Beziehungsleben kaum jemand absichtsvoll und bewusst entscheidet, sich romantisch zu verlieben oder aber eine abgeklärte

Partnerschaft auf Zeit einzugehen oder mehrere Beziehungen nebeneinanderher zu unterhalten. In aller Regel passiert es einfach, ohne unsere bewusste Steuerung oder Kontrolle. Wir verhalten uns so, wie wir es im Laufe unserer Beziehungserfahrungen von Kindheit an gelernt und eingeübt haben. Solange wir mit diesem Verhalten einigermaßen gut leben können, haben wir auch wenig Neigung, daran etwas zu verändern. Nur wenn es übermäßiges Leiden verursacht, sehnen wir uns nach Erlösung, suchen uns vielleicht psychotherapeutische Hilfe und sind eher bereit, unser Verhalten zu hinterfragen und zu verändern. ... Und stellen desto deutlicher fest, dass es wenig Spielraum für bewusste Entscheidungen gibt.

Wie geht das – richtig lieben?

Eine Sprachstudentin aus Spanien erklärte mir einmal, der spanischen Sprache lägen besonders besitzorientierte Denkmuster zugrunde. Ihr hervorstechendstes Belegstück war der Ausdruck, den man im Spanischen gebraucht, um jemandem seine Liebe zu gestehen. »Te quiero« sagt man spanisch für »ich liebe dich«. Aber das bedeutet auch: »Ich brauche dich, ich benötige dich«. Im Deutschen dagegen schwingt in dem Satz »Ich liebe dich« keine Bedürftigkeit mit. Und es ist zeitgemäß, dies als die reifere, glücksfähigere Art des Liebens anzusehen.

Die Wörter, die in verschiedenen Sprachen mit den Bindungsaspekten in der Paarbeziehung in Verbindung gebracht werden, mögen immer verschiedenes Hintergrundwissen und Einstellungen mittransportieren. Aber das Problem ist offenkundig in allen Kulturen ähnlich: Abhängige Liebe ist das, was wir alle in unserer Kindheit kennen gelernt haben. Wir haben die Eltern – oder jedenfalls jemanden, der sich um uns kümmert und uns versorgt – wirklich gebraucht. Und dieses Gefühl der Abhängigkeit klingt natürlich immer noch nach, auch wenn wir schon erwachsen sind: Dann brauchen wir keine Zuwendung mehr von jemandem, der uns überlegen ist. Aber für viele fühlt sich Liebe – mehr oder weniger – immer noch so an, nach Bedürftigkeit und Unterlegenheit. Dann mischt sich in das Glücksgefühl, zu lieben und vielleicht auch geliebt zu werden, die Angst, dass diese Zuwendung bald wieder aufhören könnte. Vielleicht auch die Angst, dass der andere, den man für überlegen hält, die Macht seiner Überlegenheit missbrauchen könnte. Die Paarberater und Psychotherapeuten können ein Lied davon singen, wie viele ihrer Klienten in ihren Beziehungen unter ungleichen Machtverhältnissen und quälerischen, missbrauchenden Beziehungen leiden.

Die romantische Liebe unterstellt in der Regel, die Partner seien nur zusammen vollständig – seien zwei Hälften, die einander brauchen. Dass es genau dieses eine Individuum, nämlich meine andere Hälfte, ist, die ich finden muss, macht die Partner- oder Partnerinnensuche besonders spannend, und sobald ich diese andere Hälfte gefunden zu haben glaube, besonders exklusiv. So jedenfalls erklären sich die großen Sehnsuchtsgefühle, die starke Anziehung, das große Glück in der Zweisamkeit. Wenn dieses Konzept der romantischen Liebe real wäre, dürfte es von dem Augenblick an, in dem sich die zwei Hälften gefunden haben, nur noch Glück, Harmonie und ewige Treue geben. Diese Erwartung haben uns seit der Kindheit schon die Märchen von der glücklichen Vermählung von Prinzessin und Prinz eingeflößt; und es ist sicherlich motivierend mit dem oder der Geliebten einer solchen Zielvorstellung nachzustreben. In der Praxis zeigt sich aber oft ein großer Nachteil dieser »romantischen« Vorstellung von Partnerschaft: Sie führt leicht zu der Illusion, das Schicksal habe nun schon alles geregelt, Konflikte, ja schon Meinungsverschiedenheiten, dürfe es nicht mehr geben, die Harmonie sei jetzt schon ohne Aushandeln und Kompromisse gegeben. Die Erwartung, dass die Partner von nun an am Ziel der Sehnsüchte und Wünsche wären, wird in aller Regel bald durchkreuzt. Da gibt es doch noch Konflikte oder Aspekte, die fehlen: – Habe vielleicht nur ich das Gefühl, den Idealpartner/die Idealpartnerin gefunden zu haben? Und der/die andere fühlt sich insgeheim mit mir noch nicht am Ziel? Wenn er/sie doch mein Idealpartner ist, wieso verhält er/sie sich dann ganz anders, als ich mir das wünsche? Die Vorstellung von den zwei ohne Reibung zueinander passenden Hälften schürt dann einmal mehr die Angst, den Partner wieder zu verlieren.

Tragischerweise sind es gerade Verlustängste, die Stress in Beziehungen bringen, Abweisung provozieren, quälende Machtgefälle einführen und letztlich geradewegs auf Trennungen zusteuern. Objektiv ist das Gefühl, einen bestimmten Partner zur eigenen Vollständigkeit zu brauchen, unbegründet und unnötig. Es speist sich meistens aus der Reminiszenz kindlicher Abhängigkeit und mag von manchen Partnern zumindest zeitweise ertragen werden, aber, Romantik hin oder her, es stört in der Kommunikation unter erwachsenen Menschen. Ein Mensch, der glaubt, auf eine andere Hälfte angewiesen zu sein, wirkt in aller Regel auf andere nicht besonders attraktiv. Wesentlich bessere Chancen hat, wer Selbstbewusstsein und Souveränität ausstrahlt. Wer sich eine dauerhafte Partnerbeziehung wünscht, tut das Beste dafür, wenn er oder sie sich auf die eigenen Werte besinnt, mit dem Partner oder der Partnerin die Zweisamkeit genießt, aber sich nicht einredet, die Beziehung sei eine Einheit, die aus zwei bedürftigen Hälften besteht. Attraktivität (und damit ist keineswegs nur das Aussehen gemeint) ist auf jeden Fall eine verlässlichere Basis für die Beziehung als Abhängigkeit.

Liebe – Schicksalsmacht oder Fähigkeit?

Die romantische Liebe und wir, hilflos ausgeliefert in glücklichen wie in leidvollen Phasen – das ist eben doch nicht die ganze Realität. Ein Teil davon ist sie in manchen Fällen sicherlich. Wir können sie gelegentlich erleben mit ihrer unabdingbaren Urgewalt; aber es gibt noch andere Bindungskräfte zwischen Menschen, und diese sind genau besehen immer auch am Werk. Ob es überhaupt notwendig ist, dass wir auf die Gelegenheit der überwältigenden Faszination warten, wenn wir auf Partnersuche gehen, wird von einigen Experten bezweifelt. Erich Fromm zum Beispiel relativiert in seinem Standardwerk *Die Kunst des Liebens* den Stellenwert der romantischen Liebe insgesamt. Er hält sie eher für eine Anschauungsweise, die unter bestimmten kulturellen Bedingungen auftritt und keineswegs von universaler Bedeutung für das Leben der Menschen ist. Unter anderen kulturellen Bedingungen ist hingegen die Vorstellung von zwei Menschen, die für eine Partnerschaft vorbestimmt sind und die kein glückliches Leben führen können, wenn sie sich nicht finden, eher fremd. Dann ist das Lieben tatsächlich weniger eine Naturgewalt, die über uns hereinbricht, als eine Kunst, die wir lernen und üben können und für die wir so oder so geeignete Partner*innen finden können. Das heißt: Die Wahrscheinlichkeit, dass es »funkt« zwischen zwei Menschen, die sich begegnen, wäre demnach gar nicht so gering und jedenfalls nicht auf eine exklusive Begegnung beschränkt. Die Eigenschaften, die Verliebtsein und Liebe auslösen, müssen gar nicht so einzigartig sein. Wir müssen die Objekte unserer Liebe auch gar nicht so überhöhen und idealisieren, um sie lieben zu können und mit ihnen eine starke Bindung aufzubauen.

Die Anschauungsweise der Liebe als einer Kunst, die sich entwickeln kann und entwickelt werden will, ist vermutlich noch ein wenig realistischer als die Vorstellung der Liebe als eines blitzartigen, mit dem Auftreten einer bestimmten Person verbundenen Ereignisses. Denn wenn die Liebe – als Kunst – etwas mit den Fähigkeiten der Liebenden zu tun hat, sind diese auch verantwortlich für das, was sie da zusammen gestalten. Sie sind die Handelnden, nicht nur die Spielbälle von Schicksalsmächten. Weil diese Sichtweise eher zur Arbeit an der Beziehung und zur bewussten Gestaltung motiviert, führt sie auf die Dauer wahrscheinlich zu harmonischeren Beziehungen. Sie kann Partnerinnen und Partner dazu anhalten, über Wünsche und Bedürfnisse zu kommunizieren, Kompromisse einzugehen und Übereinkünfte auszuhandeln. Für eine Beziehung, die nicht gleich am ersten Konflikt scheitern soll, ist das sicherlich unabdingbar. Einen Schutz vor Enttäuschung oder Trennung bietet es freilich noch nicht.

Wann die Treue doch eine Chance hat

Vor allem für die Anfangszeit einer Beziehung passt die Vorstellung der romantischen Liebe häufig gut. Dem Verliebtsein, Honeymoon, der ersten Begeisterung gesteht man die berühmte »rosa Brille« zu. Wahrscheinlich hilft der Zauber des Anfangs, sich auf das Wagnis einer Beziehung einzulassen. Doch indem diese Stimmung als »rosa Brille« identifiziert wird, ist bereits erwartbar, dass das Paar irgendwann wieder auf dem Boden der Tatsachen ankommen wird. Dann jedenfalls ist die Kunst des Liebens gefordert. Und dann entwickeln sich andere Bindungsaspekte: Verstehen, Vertrauen, gemeinsame Erlebnisse und Ziele. Wenn diese tatsächlich wachsen können, stabilisieren sie auch die Beziehung; neben der äußeren Verpflichtung zum Zusammenbleiben wird im Idealfall der Wille zusammenzubleiben stärker, es wächst die Toleranz für die Eigenschaften und die Verhaltensweisen des oder der anderen, die uns eigentlich stören, und die Phantasien, wie wir mit anderen möglichen Partnerinnen oder Partnern ein noch besseres Leben haben könnten, verlieren Glanz und Energie. Ein sturmfestes, klares Ja für die Partnerschaft, ohne »rosa Brille«, das gleichermaßen aus dem Herzen kommt und aus dem Verstand – das ist ein Ideal und vielleicht ein Entwicklungsziel.

Wenn Sie sich so etwas vorstellen können, verweilen Sie in diesem Bild innerer und äußerer Harmonie! Und horchen Sie in sich hinein, wer da in Ihrem Inneren zu diesem Bild etwas sagen möchte. Und falls da eine innere Aussprache in Gang kommt, seien Sie ein möglichst guter Diskussionsleiter. Hören Sie allen Stimmen, die sich in Ihnen melden, respektvoll zu und versuchen Sie auch diejenigen zu würdigen, die Sie als unerwünscht, unbequem oder destruktiv empfinden. Eine solche innere Konferenz kann zu keinem guten Ergebnis kommen, wenn eine Stimme übergangen oder überstimmt wird. Gut und tragfähig wird es nur, wenn mit allen Beteiligten Ideen und Entscheidungen entwickelt werden, die alle inneren Instanzen mittragen können. Dann aber strahlen Sie Klarheit und Harmonie aus, und die Chancen stehen gut, dass Sie erreichen, was Sie sich wünschen.

Liebe dich selbst, dann finden dich auch andere liebenswert

Eine gesunde Selbstliebe entfacht auch die Liebe der Partner, Selbstzweifel und Minderwertigkeitsgefühle führen eher zu Distanz. – Das ist vielleicht keine besonders gute Nachricht für Sie, falls Sie sich als eher unsicher erleben. Nicht allen scheint die Selbstliebe gleichermaßen als ein Geschenk mit auf den Lebensweg gegeben zu sein, manche Menschen haben einfach weniger glückliche Prägungen mitbekommen. Sollen die denn die Hoffnung auf eine harmonische und stabile Beziehung begraben? Selbstliebe kann man schließlich nicht »per Knopfdruck« herstellen; und wer das Gefühl hat, zu wenig Zugriff auf die nötige Selbstliebe zu haben und diesen Mangel durch Großspurigkeit und unstimmige Selbstinszenierung zu verdecken versucht, verschlimmert das Problem, anstatt eine Lösung zu finden.

Nein, fatal und ausweglos ist die Lage auch für solche nicht, die den Appell »Liebe dich selbst« als ein kompliziertes Projekt empfinden. Dauerhafte, glückliche, liebende Paarbeziehungen sind möglich, nicht nur für besonders glücksbegabte Menschen und auch nicht nur durch einen besonderen, glücklichen Zufall. Im Gegenteil: Eine dauerhafte, gute Beziehung stellt sich ein durch das Zutun beider Partner. Sie fällt niemandem in den Schoß, sondern muss gestaltet werden. Durch äußere Verträge oder moralischen Druck ist sie kaum zu erhalten, auch nicht durch materielle Vorteile oder Unterwerfung. Sie blüht, wenn beide Partner ihre Beziehung als eine Win-win-Situation erleben.

Und dafür stehen die Chancen nicht schlecht, auch und gerade für Menschen wie Sie und ich, die im Alltag nicht immer strahlende Heldinnen und Helden sind und die manchmal auch um ihre Selbstachtung, Selbstsicherheit und Selbstliebe kämpfen.

Dafür gibt es gute Gründe. Der erste (und entscheidende): Jedes lebendige Wesen hat die Ressource der Selbstliebe in sich, mag der Zugang zu ihr auch manchmal gestört oder unterbrochen sein. Kein Mensch ist von der (Selbst-)Liebe ausgeschlossen. Wir sind alle – mehr oder weniger bewusst – auf dem Weg, unser wahres Selbst zu finden und auszudrücken; dies ist ganz in der Tiefe unser Ziel im Leben – und übrigens auch der Zweck einer Partnerschaft. Das ist auch Arbeit, oft mühsam und ungewiss, ganz in dem Sinn von Erich Fromm, wenn er sagt, dass die Liebe eine Kunst sei, die wir lernen und entwickeln müssen.

Der nächste Grund: Alle Menschen auf diesem Entwicklungsweg können Weggefährten brauchen, eine Partnerschaft kann uns auf unserem Entwicklungsweg außerordentlich helfen und ist vielen Menschen erwünscht oder gar ersehnt. Die Wahrscheinlichkeit, dass sich Liebe einstellt und wir ein Stück des Weges in der Partnerschaft gehen können, ist hoch. Die Vorstellung, dass es nur einen Menschen gibt, den eine Schicksalsmacht als unsere Partnerin oder unseren Partner für uns vorherbestimmt hat und der in allem genau zu uns und unseren Bedürfnissen passt, ist für eine glückliche Partnerschaft gar nicht notwendig. Wen aber in der Euphorie des Honeymoons ein solches Gefühl des Auserwählt- und Füreinanderbestimmt-Seins überkommt, dem wird es auch nicht schaden, es zu genießen.

Und noch ein wichtiger Grund: So, wie wir sind, sind wir genau richtig und liebenswert. Niemand braucht erst irgendwelche Bedingungen zu erfüllen, ehe sie oder er in eine gute Kommunikation mit anderen eintreten kann, ja, niemand sollte sich für etwas anderes ausgeben, als er ist. Auch das kann natürlich Arbeit sein, denn in einer Welt, in der wir alle Rollen spielen und kompetenter, stärker und vorteilhafter wirken wollen, als wir uns selbst fühlen, verlieren wir leicht aus den Augen, wer wir wirklich sind. In der Liebe gelten aber definitiv andere Regeln. Wirklich geliebt wird, wer sich zeigt, wie er ist, wer eine klare und stimmige Identität hat. Dazu gehören auch Schwächen, dazu gehört die eigene Geschichte mit ihren Brüchen und Verletzungen. Ehrlichkeit und Authentizität sind die wichtigsten Bedingungen für eine gute Partnerschaft. Nicht, dass das immer einfach wäre. Ehrlichkeit und Authentizität erfordern ein Milieu des Vertrauens. Wenn wir das Gefühl haben, so, wie wir sind, auf Ablehnung zu stoßen, verbergen wir unsere Identität lieber.

Die Frage, wer wir sind, scheint unter unseren derzeitigen Lebensbedingungen schwieriger zu werden, die Verlockung, sich mit einer falschen Identität zu maskieren und sich so an unserem eigentlichen Leben vorbeizudrücken, tritt heute in der Konsumwelt, der Werbung und den Medien massiv an uns heran. Die großen psychischen Krisenbaustellen unserer Zeit sind nicht von ungefähr: Identitätskrise, Sinnkrise, Beziehungskrise.

Unsere eigene Identität will aber gelebt werden – wer sich daran vorbeimogeln möchte, wird zwangsläufig sein Leben als sinnlos empfinden und seine Beziehungen als austauschbar, unlebendig und öde – denn die Person, die sich spüren und entfalten möchte, kommt ja tatsächlich darin gar nicht vor.

Treue zu mir selbst

Von daher ist die Krise der heilsame Anstoß zur Selbstbesinnung: Wer bin ich? Und worum geht es in meinem Leben? Das sind die Fragen, die anstehen, heute, in der Welt der schier unbegrenzten Möglichkeiten mehr denn je – und die uns zurückbringen zu unserem Begriff mit der ehernen Ausstrahlung: Treue. Denn Treue hat unmittelbar etwas mit Identität zu tun. Ich selbst muss ein verlässliches Bild von meiner Person haben, wenn ich von anderen erkannt werden will. Treue in Beziehungen setzt Treue zu meinen Zielen und Treue zu mir selbst voraus.

Wir sind im Berufsleben und in der Öffentlichkeit so sehr daran gewöhnt Rollen zu spielen und können uns heute als virtuelle Person im Internet bewegen und zeigen und dabei perfekt jemand anderes sein. Es ist ein spannendes Spiel, den Avatar in virtuellen Räumen agieren zu lassen oder mich in meinem Blog genau nur so zu inszenieren, wie ich von anderen gesehen werden möchte. Aber der Wert und die Einzigartigkeit der eigentlichen Person wird im Angesicht der vielen Möglichkeiten von ihr abzulenken nur noch deutlicher. Wirklichen Sinn erlebe ich nur, wenn es wirklich ich bin, der da handelt, liebt und von der Liebe anderer berührt wird.

Ist es nicht ein überraschendes Paradox, dass das Internet seine Nutzer ermuntert, in fingierte Rollen zu schlüpfen und das wahre Sein weitgehend zu verbergen – einerseits. Und andererseits im Hintergrund, von den Nutzern unbemerkt, riesige Datenmengen über sie gesammelt und analysiert werden, aus denen wieder ein Bild ihres realen Seins rekonstruiert wird, womöglich mit so schonungslosen materiellen und psychischen Details, wie es ihnen selbst niemals bewusst sein wird?

Das ist nun wirklich eine noch nie dagewesene Situation in der Menschheitsgeschichte: Ich verbringe meine Zeit auf der Internet-Spielwiese damit, mich von meiner Identität zu trennen, während die Herrschaft des Cyberspace außerhalb meiner Person danach trachtet, genau zu wissen, wer ich bin und Kontrolle und Macht über mich zu gewinnen. Neu ist vor allem das Ausmaß und die Durchdringungstiefe, mit der da unser Sein in den Datensammlungen des Big Brother rekonstruiert wird – schließlich ermöglichen erst das Internet und die Datenverarbeitungs-Technologien, ungeheure Datenmengen zu sammeln und zu analysieren. Die Nutzer lassen sich mehr oder weniger freiwillig darauf ein, denn es ist ein

Handel: Wir bekommen Komfort und Spaß und Ablenkung, dafür geben wir die Daten über unser Sein und Tun her und überantworten uns einer unbemerkten, fremden Macht. Und das ist doch nur die zeitgemäße Variante des urtümlichen Mythos des Verrats an der eigenen Bestimmung: Für einen bedeutungslosen irdischen Vorteil verkaufe ich meine Seele – der faustische Teufelspakt oder auch die alttestamentarische Geschichte: Esaus Erstgeburtsrecht gegen Jakobs Linsengericht.

Die Lehre, die wir aus der Analogie mit dem Mythos ziehen können: Wir dürfen und können unsere Seele – unsere Identität – nicht veräußern. Sie gehört zu uns, wir sollen sie in unserem Leben zum Ausdruck bringen und entfalten. Darum, im Wesentlichen wirklich nur darum, geht es in unserem Leben. Das ist, so scheint es mir, noch kein Dogma über den Sinn des Lebens, aber doch die praxiserprobte, tragfähige Lösung der Sinnkrise. Die Frage:»Wer bin ich?« ist der Ausgangspunkt für ein befriedigendes, erfülltes Leben. Alles, was mir dazu einfällt, anzunehmen und dazu zu stehen, ist der erste Akt der Treue. Und die Aufgabe ist sogar noch schwerer und komplexer: Auch das, was mir lieber nicht dazu einfällt, was ich an mir nicht wahrhaben will, was aber doch zu mir gehört, gilt es anzunehmen und dazu zu stehen.

Am Anfang des Buches war schon einmal von Don Gesualdo die Rede, dem italienischen Fürsten und Komponisten, der im Jahr 1590 seine Gemahlin mit einem Liebhaber erwischt hat und beide ermordete: Seine Musik zeugt davon, dass er sich mit all dem Entsetzlichen, das zu seinem Leben gehörte, auseinandergesetzt hat. Er hat die Tragödie ausgehalten und ist seiner Schuld nicht ausgewichen. Ein glückliches Leben konnte daraus nie und nimmer werden. Aber wenigstens ein tapferes, authentisches, erfülltes. Das ist seine energiegeladene Identität – und das Geheimnis seiner Kunst; der bizarre Ausdruck reinen Schmerzes vermittelt auch uns noch Gänsehaut; seine Madrigale berühren die Menschen bis heute.

Es kann, aber es muss in unserem Leben nicht immer nur Tragödien geben, und welche zu inszenieren, wo gar keine vorhanden sind, ist genauso unauthentisch wie die Flucht vor vorhandenen. Die Inszenierungen mögen im Theater, auf unserem Internet-Blog oder im Berufsleben ihren Sinn haben, gegenüber unseren Nahestehenden und zumal gegenüber uns selbst verhindern sie die Chance, dass wir unser Leben leben.

Nur wenn ich mich als die Person zeige, die ich bin, womöglich gegen Widerstände und unter Gefahr, bin ich mir selbst treu, bin authentisch. Ich stehe zu mir, mit meinen attraktiven und auch mit meinen unbequemen Seiten, ich kann mich selbst so annehmen, wie ich bin, kann mich selbst lieben. Wenn ich dann anderen Menschen begegne, habe ich auch die Ausstrahlung, die andere Menschen interessiert oder sogar fasziniert und kann eine realistische, tragfähige Beziehung stiften.

Auf die Schnelle ist Selbsterkenntnis freilich nicht zu erlangen. Wenn Menschen meinen, sie hätten das alles schon erledigt, haben sie häufig nur noch nicht richtig geforscht. Genau genommen ist Selbsterkenntnis ein lebenslanger Prozess, eine Lebensaufgabe im wahrsten Sinne des Wortes. Denn hinter unserem Ego, das uns natürlich auch schon weismachen will:»Das bin ich!«, tun sich noch viele Schichten unseres Selbst auf und gibt es viele Stimmen, die in uns sprechen und die gehört und erkannt werden wollen. Zu unserem Selbst gehören viele womöglich gänzlich unbewusste Bindungen und Loyalitäten, zu unserer Herkunftsfamilie, zu vielerlei Zugehörigkeiten und frühen Erlebnissen. Sie mögen eine Quelle der Kraft und des Antriebs für uns sein oder eine Quelle der Verwirrung und des Leidens – auf dem Weg zu uns selbst begegnen wir ihnen, können sie annehmen und in unser Selbstbild integrieren.

Kenne ich mich dagegen selbst nicht, kann ich weder vor mir selbst noch vor anderen meine Identität zum Ausdruck bringen. Und das heißt: Fremdsein, ein Leben ohne Resonanz leben, in einem tiefen Sinn einsam sein.

Dass dies heute ein quälendes Problem vieler Menschen ist, mag bei oberflächlichem Hinsehen noch ganz unwahrscheinlich sein; denn diese Einsamkeit ist bei vielen, und gerade bei jungen Menschen, überdeckt von einer großen Betriebsamkeit, von Beziehungen in Netzwerken, jeder Menge Kontakten und schier endloser Ablenkung. Trotzdem findet sich in solchen Lebensformen – wenn denn einmal die wahren Gefühle zur Sprache finden – allzu oft eine große Verlorenheit und Leere. Niemand erkennt mich, mit niemandem trete ich in einen lebendigen Austausch, wenn ich mich selbst gar nicht erkennen kann, wenn ich mich selbst gar nicht als Person dabei fühle. Aus dieser Art Einsamkeit rettet mich kein noch so liebevoller, bemühter Mensch. Erst muss ich als Person mit einer umrissenen Identität wahrnehmbar sein, ehe andere mit mir in Beziehung treten können.

Konflikte ansprechen

Wer gar keine Beziehungen zu anderen Menschen hat – ein so radikal kaum denkbarer Fall – geht natürlich auch all den Konflikten aus dem Weg, die das Zusammenleben mit sich bringt. Dass das aber keine sinnvolle Strategie ist, um ein gutes Leben zu führen, sagen uns unsere Lebenserfahrung, aber auch wissenschaftliche Studien[24]: Einsame Menschen sind weniger erfolgreich und weniger gesund als Menschen mit guten zwischenmenschlichen Kontakten; von ihrer Lebensfreude ganz zu schweigen. »Die Wärme der Beziehungen einer Person ist entscheidend«, damit jemand glücklich altert, interpretiert der Harvard-Professor Robert Waldinger die *Harvard Adult Development Study.*[25] Aber wie passt das zusammen mit unserer Erfahrung, dass das Zusammenleben mit anderen Menschen so oft schwierig, konfliktbeladen und letztlich auch unsicher ist? Um des Friedens in einer Beziehung willen möglichen Ärger klaglos auszuhalten und den Frust nicht nach außen zu zeigen, ist eine Strategie, aber auf Dauer keine gute: Unterschwellig belastet das die Beziehung, Misstrauen wächst, und die Beziehung verkümmert. Probleme dagegen offen anzusprechen erfordert Mut und ein Milieu von Gleichheit und Gerechtigkeit. Freilich, das Risiko, dass die Beziehung gefährdet wird, lässt sich auch so nicht vermeiden. Aber Konflikte gemeinsam zu bearbeiten und auszuhandeln ist der einzige Weg, Nähe und Vertrauen zu fördern und eine Beziehung stabil und lebendig zu gestalten.

Loslassen oder Ausharren?

Leben Sie in einer Beziehung? – Oder fühlen Sie sich allein und wünschen sich eine harmonische Partnerschaft? Oder trauern Sie einer gescheiterten Beziehung nach? Oder haben Sie keine Beziehung, weil Ihnen das Leben mit einem anderen Menschen als eine ziemlich schwierige Aufgabe erscheint? Das Kopfkino, das Lisa in der folgenden Fallgeschichte durchlebte, haben Sie wahrscheinlich in jedem Fall schon mal in Ihren Gedanken gehabt. Wir oszillieren zwischen zwei Polen, in der Mitte wäre vielleicht irgendwo eine Zone, in der wir uns wohl fühlen würden, aber wenn wir uns zu nah an einem der Pole fühlen, wird es schwierig: zu viel Nähe, die einengt, und zu viel Weite, die das Gefühl von Verlorenheit und Einsamkeit auslösen kann. Freiheit oder Geborgenheit? Die Nähe ertragen oder das Weite suchen? Welche Maxime ist für meine Lebensgestaltung und im Besonderen für meine Paarbeziehung gut und stimmig?

Die 31-jährige Lisa war seit vielen Jahren in einer zeitweise mühsamen Beziehung mit dem 40-jährigen Matthias. Eine zwei Jahre dauernde berufsbedingte räumliche Trennung, in der sich die beiden nur alle paar Wochen sahen, überstand ihre Partnerschaft. Doch schwierig wurde es, als sie wieder zusammenkommen konnten und in einer gemeinsamen Wohnung wohnten. Sie stritten viel. Lisa empfand Matthias als rücksichtslos, machohaft und egoistisch. Aus ihrer Sicht war nur sie es, die sich in allem auf Matthias einstellte und alles für die Beziehung tat, während er nur seine Bedürfnisse und Interessen sah und sich zurückzog, sobald Lisa einmal Erwartungen an ihn stellte. Zwar gab es auch Phasen der Versöhnung, in denen die frühere Liebe wieder aufleuchtete. Doch immer wieder brachen Konflikte auf. Die Vorstellung, das Leben würde immer so aufreibend weiter gehen, machte Lisa Angst. Sie sehnte sich nach einer Lösung – und das war vor allem die Hoffnung, dass sich ein anderer, besserer Partner einstellen würde, und es ging ihr die ganze Bandbreite von Ratschlägen durch den Kopf.

Zum einen die Argumente fürs Loslassen:

- Du hältst ja nur aus Bequemlichkeit oder Feigheit an deiner Partnerschaft fest.
- Du hast viel bessere Chancen, aber du musst sie auch ergreifen.
- Du bist verantwortlich für dein Leben und dein Glück. Also raus aus den Verhältnissen, die dich nicht mehr glücklich machen.
- Der Mensch ist nicht für lebenslange Treue angelegt. Kein Wunder, dass du dich so frustriert, hilflos und erstarrt fühlst, wenn du dich in so ein Korsett zwingst.

Aber ihr Entschluss, aus der Beziehung auszusteigen und Matthias zu verlassen, war alles andere als klar und eindeutig. Sich zu trennen hätte ja auch bedeutet, erst einmal ganz allein dazustehen, in eine gänzlich ungewisse Zukunft zu gehen. Davor hatte sie Angst. Eine Trennung hätte sie ja eventuell in eine noch schwierigere Lage bringen können.

Und es gab schließlich auch die Gegenargumente, die sie zum Weitermachen, zum Geduldhaben und Ausharren aufriefen:

- Das Neue verlockt dich ja nur, weil du zu bequem oder feige bist, die Probleme in der bestehenden Partnerschaft bzw. Lebenssituation zu verändern.
- Wenn du die Probleme in der bestehenden Partnerschaft bzw. Lebenssituation nicht meistern kannst, werden sie dir in der nächsten ganz ähnlich wieder begegnen.
- Für dein Glück entscheidend sind deine innere Entwicklung und Reifung, nicht die äußeren Lebensumstände. Abzuhauen, wenn es schwierig wird, bringt dich nicht weiter.
- Verlässlich, ehrlich und treu zu sein ist oft nicht einfach. Aber doch liegt darin der größte Segen – für die anderen und für dich selbst.

Lisa hatte sich intensiv mit Beziehungsfragen auseinandergesetzt und viele Bücher dazu gelesen. Deshalb waren ihr all die aufgeführten Statements geläufig. Das half ihr aber in ihrer Situation nicht viel weiter. Sie fand, dass all diese Sätze irgendwie berechtigt sind, und jeder von ihnen irgendwann der richtigste und hilfreichste sein kann. Nur: Welcher ist es wann?

Ihr Matthias hatte bei den Erörterungen über ihre Beziehung wenig Geduld. Er war »halt ein Mann« – und zu dieser Rolle gehörte es anscheinend, nicht zuzuhören, problematischen Gesprächen über die Partnerschaft auszuweichen, zuzumachen, wenn sich Lisa Offenheit wünschte und sich im frustrierenden Status quo der Beziehung einzumauern, während Lisa nach Veränderung und Lösung drängte.

Was sollte sie tun mit all dem Wissen aus den Beziehungsbüchern und einem Mann, der anscheinend zu keinem gemeinsamen Schritt aus der Misere mehr bereit war?

Ständig gingen ihr die widersprüchlichen Ratschläge durch den Kopf, und sie rang mit sich, zu einer Entscheidung zu kommen. Aber wenn, dann sollte es bitte die richtige sein. Und diese Unsicherheit quälte sie lange neben ihrem gereizten, lieblosen Matthias, ohne dass sie einen Schritt wagte.

Erst nach einer längeren Phase frustrierten Abwartens und unzähliger unersprießlicher Streitgespräche mit Matthias kam ihr eine neue Idee. Matthias hatte schon oft den Satz gesagt: »Bring doch nicht so unnötigen Stress in unsere Beziehung. So wie du dich verhältst, da kann ich doch gar nicht anders als zuzumachen!« Darüber hatte sie sich immer besonders geärgert: Er ließ alle Probleme an sich abprallen und behauptete auch noch, sie sei die Ursache der Misere! Aber diesmal versuchte sie, statt wieder mit einem Angriff zu reagieren, ruhig zu bleiben und fragte nach: »Ok, du sagst also, es liege an meinem Verhalten, dass wir nicht offen miteinander reden können. Was genau mache ich denn, dass du zumachen musst?« Da brauste Matthias erst einmal auf: »Ja, siehst du, schon wieder! Du bohrst und bohrst und merkst gar nicht, wie du mich in die Enge treiben willst.« Dieser Satz klang einige Sekunden lang nach, und Matthias wirkte plötzlich nur noch hilflos, aber nicht mehr angriffslustig. Das war der Augenblick, in dem Lisa dämmerte, dass sie die Frage »Was genau mache ich denn…?« sich auch selbst stellen und nach der Antwort auch selbst forschen konnte; und dass darin auch ein Schlüssel zur Veränderung lag. Sie dachte, vielleicht zum ersten Mal, darüber nach: Wie verhalte ich mich eigentlich? Und sie fühlte den Zwiespalt nach, den sie in diesen Streitszenen immer wieder erlebte: einerseits empört, weil sie sich so sehr im Recht fühlte, das ihr nicht zugestanden wird; andererseits so gehemmt, weinerlich und schwach. Da kamen ihr plötzlich Sätze ihrer Mutter in den Sinn, die diese abschätzig über ihren Mann gesprochen hatte, gehässige und entmutigende Urteile über sie selbst, die sie von ihren Eltern und Großeltern gehört zu haben glaubte und Ansporn und Erwartungen, denen sie sich nicht gewachsen fühlte. Da waren jede Menge unbewusste Prägungen, Voreinstellungen, Loyalitäten, Ängste und Sehnsüchte, die sie als störend, leidvoll und neurotisch empfand und denen sie sich hilflos ausgeliefert fühlte. Sie erkundete die vielen Stimmen in ihrem Inneren, die ebenso widersprüchlich wie die Ratgeber-Statements klangen und offensichtlich weitgehend im Unbewussten an der Steuerung ihres Lebens mitwirkten. Einerseits war sie entsetzt über den inneren Radau, über all diese diffusen, paradoxen Motive, die so lange unerkannt und unbesprochen in ihr wirkten und anscheinend ständig kleine Giftdosen in ihr Leben abgaben. Wie sollten andere Menschen ihr auch trauen, wenn sie mit sich selbst nicht einig war?

Andererseits: Das war eine neue Spur! Warum waren ausgerechnet so abwertende und gemeine Urteile in ihr hängen geblieben? Sie hatte ihre Familie doch auch als liebevoll und unterstützend erlebt!

Das alles fühlte sich ganz ähnlich an wie die quälenden Auseinandersetzungen mit Matthias, dabei hatte es noch gar nichts mit ihm zu tun! Sie ging in ihrer Phantasie noch einmal Szenen mit ihrer Familie durch, die ihr gerade einfielen. Dann aber versammelte sie ihre ganze Familie in einem inneren Bild, sah alle an, und es kam ihr ein Satz in den Sinn wie:»Ihr habt mich durch Kindheit und Jugend begleitet und euer Bestes gegeben. Und schaut, jetzt bin ich erwachsen und lebe mein eigenes Leben!« Wenig später dachte sie an Matthias und hatte ein warmes, liebevolles Gefühl für ihn. Der reale Matthias war an diesem inneren Prozess überhaupt nicht beteiligt. Und trotzdem keimte in Lisa die Hoffnung auf, dass sie aus dem frustrierenden Leben, in dem sie feststeckte, einen Ausweg finden würde.

Und so kam es dann auch, zu ihrem eigenen Erstaunen sogar zusammen mit Matthias, der sich im Weiteren phasenweise als gar nicht lieblos, sogar manchmal als richtig zugewandt zeigte. Lisa horchte mehr in sich hinein, wenn sie mit etwas unzufrieden war, und sprach über ihre Enttäuschung, Frustration und negativen Gefühle, und Matthias fühlte sich weniger angegriffen und geriet nicht mehr so in die Defensive.

Auch heute streiten Lisa und Matthias immer noch manchmal, aber das läuft in der Regel jetzt nicht mehr so frustrierend und hoffnungslos ab. (Matthias würde sagen: »Weil sie jetzt nicht mehr so einen Stress macht und unsere Auseinandersetzungen nicht immer gleich in Anklage und Beschimpfungen münden.« Aber er würde auch zugeben, dass er sich ebenso verändert hat). Und beide sagen, dass sie jetzt eine gute Beziehung miteinander haben.

Die damalige Zeit in der gemeinsamen Wohnung, die fast zum Scheitern der Beziehung geführt hätte, sieht Lisa heute als Krise, die ihr gezeigt hat, wo ihr eigener unbewusster Anteil an der Inszenierung ihres Unglücks lag – und wie sie daran etwas ändern konnte. Ihr damaliges Gefühl, Matthias missachte sie und halte sie in einer quälenden, disharmonischen Beziehung fest, spiegelte vor allem ihre innere Zerrissenheit und Disharmonie. Deshalb fand sie auch mit all ihrem Ratgeberwissen, das meist nur den Verstand ansprach, zu keiner Lösung. Denn der eigentliche Kriegsschauplatz blieb dem Verstand weitgehend verborgen. Erst als sie begann, die Disharmonien in ihrem Inneren zu bemerken und mit den konflikthaften inneren Stimmen umzugehen, veränderte sich auch in ihrer Beziehung etwas – und wundersamerweise wandelte sich auch ihr Bild von Matthias.

Innere Harmonie kann erst eintreten, wenn die unbewusste und subjektive Dimension nicht mit Vernunftargumenten »untergebügelt« wird, sondern mitschwingen und wahrgenommen werden kann. Dann sind auch stimmige, tragfähige Lösungen im Außen möglich.

Wie genau diese aussehen, ist damit aber noch nicht festgelegt. Für ein Happy-end in der Beziehung gibt es jedenfalls keine Garantie, auch wenn wir glauben alles richtig gemacht zu haben. Unter Umständen kann auch eine Trennung die bessere Wahl sein.

Vom Scheitern der Liebe

In schwierigen Beziehungen erst einmal den Blick nach innen zu richten, ist auf jeden Fall eine gute Idee. Es kann sein, dass hier der Schlüssel dazu liegt, die bestehende Beziehung zu verwandeln und zu verbessern, muss aber nicht. Manchmal liegt darin auch der Schlüssel für die Entscheidung, aus der Beziehung herauszugehen. Und wenn das eine Entscheidung ist, zu der alle inneren Stimmen gehört wurden, dann wird auch eine solche Entscheidung die richtige sein, Leiden beenden und Chancen für eine bessere Zukunft eröffnen.

Unter einer Entscheidung versteht man allgemein einen bewussten Akt, in dem aus mehreren Alternativen eine ausgewählt wird. Das fällt uns oft schwer. Manchmal sind wir unschlüssig und versuchen, mehrere Optionen in der Schwebe zu halten. Es ist ja in der Tat so, dass ich alle anderen Möglichkeiten fallen lasse, wenn ich eine wähle. Aber diese habe ich dann wenigstens; wähle ich nicht, habe ich gar keine. Dann ist alles, was sein könnte, nur in meiner Vorstellung, und meinem Leben fehlt das Wichtigste: meine Lebendigkeit; meine Entscheidung, es anzunehmen.

Überlegen und Abwägen gehört zu einer bewussten Entscheidung, auch das In-sich-Hineinhören, die schon erwähnte »Konferenz mit der inneren Familie«. Ein unaufgelöster innerer Konflikt kann eine anstehende Entscheidung blockieren oder zu einer schlechten Entscheidung führen. Und er lässt sich kaum durch Ratgeberwissen aus der inneren Welt schaffen. Das Horchen nach innen ist der richtige Weg, um zu guten und tragfähigen Entscheidungen zu gelangen.

Das Jawort bei der Eheschließung ist im Prinzip so eine klassische Entscheidung – oder ein bestätigendes Ritual dazu, denn die eigentliche Entscheidung, ob ich mit dieser Frau oder diesem Mann eine Ehe schließen möchte, ist ja in aller Regel schon im Vorfeld getroffen worden. Auch das Scheitern einer Beziehung beruht auf Entscheidungen; nur ergeben sich diese häufig ganz unbemerkt.

Sind die Liebenden achtsam und bewandert in der Kunst des Liebens, werden sie sich ebenso mit Enttäuschungen und Störfaktoren in der Beziehung auseinandersetzen wie sie Dankbarkeit und Wertschätzung für das Glück der Zweisamkeit ausdrücken, sie werden dranbleiben an der Kommunikation, und der Kontakt zueinander wird jederzeit lebendig sein. Aber in der Realität, in den Routinen des Alltags – wer genügt da schon dem Ideal?

Es gibt kaum ein Paar, das nicht zumindest phasenweise erleben würde, dass die Verbindung zueinander an Stärke verliert ... und bei manchen Paaren ist sie nahezu ganz abgerissen. Oft fühlt sich die Zweisamkeit dann bleiern an, grau oder langweilig. Keiner hat bewusst eine Entscheidung getroffen, und doch sind die Gründe, die früher einmal so klar für das Zusammensein sprachen, irgendwie abhandengekommen. Eigenarten des Partners oder der Partnerin, die früher vielleicht sogar als liebenswert empfunden wurden, werden immer mehr zur Belastung und sind womöglich kaum noch zu ertragen. Heimlicher Groll und Schuldgefühle machen es immer schwerer, sich zu öffnen und aufeinander zuzugehen. In so einer angespannten, gereizten Stimmung sticheln und streiten die Paare oft über lauter Kleinigkeiten, attackieren sich mit ironischen oder offen abwertenden Kommentaren oder meiden sich, physisch und emotional, leben nebeneinander her und gehen sich frustriert aus dem Weg, den sie doch einmal zusammen gehen wollten.

Eine Entscheidung in einer solchen Beziehungssituation ist längst gefallen, auch wenn keiner sagen kann, wann das gewesen sein soll. Wenn eine Partnerin oder ein Partner gewahr wird, dass die Beziehung in eine solche Lage geraten ist, besteht immer noch die Chance, sich – so oder so – noch einmal bewusst zu entscheiden und die trostlose Lage zu verwandeln. Das ist noch einmal in verschiedene Richtungen offen.

Entweder: Ich habe gar keine Hoffnung, keine Kraft und keinen Mut mit meinem Partner/meiner Partnerin die Lage zu verändern und werde in meiner unglücklichen Lage ausharren, bis diese durch äußere Einflüsse verändert wird.

Oder: Ich habe gar keine Hoffnung, keine Kraft und keinen Mut mit meinem Partner/meiner Partnerin die Lage zu verändern und werde mich von ihm/ihr trennen.

Oder: Ich habe die Hoffnung, die Kraft und den Mut mit meinem Partner/meiner Partnerin die Lage zu verändern und werde die Ressourcen unserer Kommunikation suchen und mich für eine lebendige, liebevolle Beziehung einsetzen.

Einen Versuch die belastende Lage zu verändern ist die bestehende Beziehung in den meisten Fällen schon wert, sollte man meinen. Aber es geht nicht in erster Linie um die Rettung einer Beziehung, auch nicht um das Einhalten eines einmal gegebenen Treueversprechens oder anderer moralischer Verpflichtungen. Das Wichtigste ist, dass die unglücklichen Partner*innen einen Weg aus einer starr oder gar destruktiv gewordenen Beziehung finden. Damit ein Zusammenbleiben unter besseren Vorzeichen als zuvor gelingen kann, müssen in aller Regel beide Seiten dafür offen sein und mithelfen, gute Lösungen zu entwickeln.

Junge Menschen wählen naturgemäß häufiger den Weg raus aus der bestehenden Beziehung. »Trial and error« ist schließlich ein bewährtes Lern- und Entwicklungsprinzip, und Erfahrungen zu sammeln ist legitim – solange Respekt und Fairness dabei herrschen. Die reiferen Paare setzen sich eher für die bestehende Beziehung ein, suchen das Gespräch und die konstruktive Auseinandersetzung, halten Ausschau nach Lösungsmöglichkeiten mit dem Partner oder der Partnerin – oft auch mit Hilfe einer dritten, unparteiischen Seite. Paarberatung oder -therapie wirken meistens segensreich. Sie bieten Methoden an, Verständnis und Wertschätzung füreinander und konstruktive Lösungen zu entwickeln, gerade dort, wo ohne Know-how allzu leicht Wut und Verurteilung eine destruktive Dynamik entfalten würden. Kommunizieren, Verstehen, Lösungen aushandeln – diese zeitgemäßen Strategien stehen uns heute zur Verfügung und haben sich zur Verbesserung der Partnerschaften bewährt. Und wenn der Versuch, eine trostlos gewordene in eine lebendige, gute Beziehung zu verwandeln, gelungen ist, dann hat das Paar meistens einen großen Schatz gehoben: Vertrauen in die eigenen und gemeinsamen Möglichkeiten und den Einblick in die Kunst des Liebens.

Dabei muss man aber nach aller Beobachtung einschränken, dass es mit einer gut gemeinten Handlungsanweisung nicht getan ist. Dafür sitzen unsere Verhaltensmuster zu tief in unserer Seele. Kein Mensch würde von sich sagen, dass er oder sie darauf aus ist, einen möglichst schmerzhaften, leidvollen Lebensweg zu gehen – doch wenn man sich in den Biographien der Vergangenheit, insbesondere bei den Paarbeziehungen, genauer umsieht, kann man oft den Eindruck gewinnen, dass genau das die meist unbewusste Wahl ist. Warum nur scheinen manche Menschen in ihre Unglücksdisposition geradezu verhext zu sein? Das haben die Humanwissenschaften seit über hundert Jahren aufzuklären versucht und die unterschiedlichsten Hypothesen geliefert: In der frühen Kindheit geprägte Verhaltensmuster, Loyalität zu den in der Herkunftsfamilie oder in anderen sozialen Gemeinschaften geltenden Werten. Manche Spekulationen suchen auch in früheren Leben des Individuums nach den Ursachen der Leidensdisposition. Es sind jedenfalls Kräfte am Werk, die nicht durch eine bewusste Entscheidung gesteuert werden können. Wir werden sie nicht ausschalten; eher müssen wir lernen, sie als zu uns gehörig hinzunehmen. Und vielleicht können wir ein Stück weit lernen, mit diesen Kräften umzugehen.

Rolf ist dem äußeren Eindruck nach ein freundlicher, ausgeglichener und ruhiger Mittvierziger. Im Beruf hat er es zu etwas gebracht. Sein Liebesleben kommt ihm dagegen meistens wie ein Debakel vor. Etliche Frauen, die ihn interessierten oder faszinierten, hat er zunächst einmal als Partnerinnen gewonnen, doch waren diese Partnerschaften auf die Dauer meistens schwierig und quälend. Irgendwann nach einer leichten, glücklichen Phase, in der er sich geliebt und geachtet fühlte, kippte die Stimmung, und er empfand seine Partnerinnen als aggressiv, verächtlich und unverschämt. Trotzdem hatte er jedes Mal die Vorstellung, dies wäre die einzig mögliche Beziehung, und hielt lieber daran fest als allein zu sein. So waren es meistens die Partnerinnen, die ihn irgendwann verließen, und meistens in einer besonders gemeinen, erniedrigenden Weise.

Als er wieder einmal in einer quälenden Beziehung steckte, seine Freundin Lara ihm zu entgleiten drohte und ihn höhnisch und verächtlich behandelte, notierte er sich die folgenden verzweifelten Gedanken:

Ich weiß, es ist ein Gefühl aus meiner Kindheit, das mir jedes Mal lähmende Hilflosigkeit in die Glieder fahren lässt, wenn irgendein Anlass es wieder erscheinen lässt: Ich werde abgelehnt. Ich habe alles falsch gemacht; und egal, was ich gleich noch machen werde, es wird nur meine Schmach vermehren. Die anderen sind immer am längeren Hebel. Ich bin das notorische Opfer, weil es sie ärgert, dass ich sie brauche. Sie verachten mich, weil ich nach dem winsele, was sie mir verweigern: Respekt und Zugehörigkeit.
Schuld und Scham werden meine Begleiter. Ich lasse mir nichts anmerken; aber meine Sehnsucht führt mich immer wieder in die Situationen, in denen ich mich genau ,so' fühle. Abgelehnt und abgewiesen. Etwas anderes scheint es auf Dauer für mich nicht zu geben. In meiner derzeitigen Beziehung mit Lara bin

ich schon wieder genau an diesem Punkt. Mein Verstand drängt mich fortzugehen. Fortgehen – aber wohin? Mein Gefühl diktiert mir, dass ich genau da hingehöre. Fortzugehen fühlt sich an wie auf das Leben zu verzichten. So hänge ich fest in einer Beziehung, in der Schuld und Scham aus meiner Kindheit das Ruder übernommen haben. Aber ich bin erwachsen. Ich sehne mich danach, dass es eine Erlösung innerhalb der schwierigen Beziehung geben könnte: Dass Lara und ich es aus Liebe und gutem Willen schaffen, die Kindheitsgeister von Schuld und Scham zu vertreiben und eine Beziehung aufzubauen, in der Respekt und Zugehörigkeit selbstverständlich sind.

Und dann gibt es noch die andere Option, vielleicht die realistischere: dass Lara es schafft und fortgeht. Mich verlässt. Das ist es, wovor ich am meisten Angst habe. Obwohl mir mein Verstand sagt, dass es einer von uns beiden tun muss.

Was soll der Rat der Treue in quälenden oder destruktiven Beziehungen?

Wenn wir leidvolle Kindheitsmuster in einer Beziehung wiederholen, ist eine Trennung noch nicht die Lösung des Grundproblems. Schließlich waren es wir, die genau bei der passenden Partnerin oder dem passenden Partner hängengeblieben sind und uns womöglich verliebt haben, um die Schrecken der Kindheit wieder zu inszenieren. Wir beenden die Beziehung zu dem einen Partner, mit dem es fürchterlich gelaufen ist, und geben womöglich ihm noch die Schuld daran. Dann ist die Wahrscheinlichkeit sehr groß, dass sich über kurz oder lang in der nächsten Beziehung wieder ganz ähnliche Probleme einstellen. Nicht das Auswechseln des Partners ist die Lösung, sondern das Auswechseln des leidvollen Beziehungsmusters. Aber das ist, zugegeben, nicht so einfach. Die zitierte Hoffnung, »dass es eine Erlösung innerhalb der schwierigen Beziehung geben könnte«, dass zwei Menschen, die in einer verstrickten Beziehung sind, »es aus Liebe und gutem Willen schaffen, die Kindheitsgeister von Schuld und Scham zu vertreiben und eine Beziehung aufzubauen, in der Respekt und Zugehörigkeit selbstverständlich sind« würde von beiden Partnern verlangen, dass sie lernen, die Fallgruben des eingefahrenen Beziehungsmusters zu erkennen und sie zu umgehen. Wer verantwortungsvoll mit seinem Partner und der Beziehung umgeht, wird das auf jeden Fall versuchen.

Wenn es gelingt, einen solchen Lernschritt innerhalb der Beziehung gemeinsam zu schaffen, wird auch der gemeinsame Gewinn groß sein. Genau dafür ist die Paarbeziehung da – dass wir miteinander lernen, dass wir uns und den anderen verstehen und unsere seelische Entwicklung fördern. In kleinen Schritten geschieht das in jeder halbwegs funktionierenden Partnerschaft.

Aber wenn die Probleme und vielleicht auch schon die Verletzungen groß sind, wird aus der Zweisamkeit leicht auch ein Psycho-Boxkampf... Wer sich überfordert fühlt, bleibt in der Deckung und teilt aus, wenn er kann, da kommt auch ein guter Wille leicht mal an seine Grenzen. Paarberatung oder ein Kommunikationstraining können der schwierigen Kommunikation eventuell auf die Sprünge helfen – Wunder vollbringen werden aber auch sie nicht – wenn die gemeinsame Basis von Anfang an belastet war oder schon zu weit zerstört ist. Dann kann es auch sein, dass das gemeinsame Lernen aussichtslos und die Trennung als das geringere Übel erscheint.

So jedenfalls ging die Geschichte mit Rolf und Lara zu Ende: Dieses Mal war es Rolf, der sich plötzlich zu wehren anfing. In einem Ausbruch von Wut schrie er Lara an: »Was fällt dir ein mich so zu behandeln? Ich hab die Schnauze voll von deinen Gemeinheiten! Mir reicht es jetzt! Ich beende unser neurotisches Spiel und will dich nie mehr sehen«. Dann verließ er Lara tatsächlich.

Kurze Zeit später tat ihm diese Szene wieder schrecklich leid. Zwar fühlte er eine Erleichterung, dass ihn die erniedrigenden

Szenen mit Lara nun nicht mehr quälten, doch von ihr getrennt zu sein empfand er als noch viel schlimmer. Ständig dachte er über sie nach, sorgte sich, was sie wohl machen würde; ob sie bereute, wie sie sich verhalten hatte; ob sie nicht auch mit dem Gedanken spielte, wieder einen Schritt auf ihn zuzugehen; ob auch sie sich insgeheim nach ihm sehnte; und er musste heftig gegen die Versuchung ankämpfen, bei Lara wieder angekrochen zu kommen. Er litt, wie vorher schon so oft, wenn er verlassen wurde, furchtbar unter der Trennung; es war die Katastrophe, die er jedes Mal so panisch fürchtete und die trotzdem erbarmungslos über ihn hereinbrach. Neu war diesmal, dass er die Kraft hatte, die quälende Beziehung zu beenden. Aber das milderte den Schmerz über das abermalige Scheitern nicht.

Die Beziehung zerbricht – und das Herz auch?

Wir neigen dazu, die Verabsolutierung des Liebesobjekts und die höchstmögliche Intensivierung der Gefühle als »romantisch« zu empfinden. Das mag historisch nicht ganz zutreffen, denn scheiternde Liebesbeziehungen und der Schmerz darüber – das ist Stoff für die Dichtung seit der Antike.

In Shakespeares *Romeo und Julia* (entstanden um 1597) sind es die verfeindeten Familien der beiden, die die Erfüllung der Liebe verhindern; bei Goethes *Werther* (erschienen 1774) ist es seine unglückliche Objektwahl: seine geliebte Lotte ist bereits vergeben und entscheidet sich, obwohl sie Werther einige Hoffnung auf ihre Liebe gemacht hatte, gegen ihn. Das Weiterleben ohne die unmöglich gewordene Liebeserfüllung erscheint gleichfalls unmöglich. Die Dichter, die diese Geschichten gestalten, steigern die Tragik
200

häufig bis zum Äußersten – sie schicken die Liebenden jeweils in den Tod.

Solange es äußere Einflüsse sind, die die Erfüllung der Liebe verhindern – der Widerstand der Familien gegen die Liebesbeziehung, Unterschiede des Standes oder des Status, Natur- oder politische Ereignisse oder ein schon anderweitig gegebenes Treueversprechen – steht die grundlegende Idee des Füreinander-Bestimmt-Seins nicht in Frage. Die Liebenden hätten zueinander gefunden, wenn nicht äußere Umstände unüberwindlich gewesen wären. So öffnet eventuell gerade der Tod aus Verzweiflung eine Perspektive, das auf Erden verhinderte Zusammenkommen wenigstens im Jenseits zu erlangen.

Noch heilloser muss eine Liebende oder ein Liebender es empfinden, wenn es nicht äußere Umstände sind, die ihm die Erfüllung der Liebe verhindern, sondern das Objekt der Liebe selbst, aus freier Entscheidung. Die Selbstbestimmung des Menschen ist eine Errungenschaft der bürgerlichen Gesellschaft; und mit ihren Segnungen wie ihren Komplikationen haben wir es bis heute zu tun. Die Wankelmütigkeit der Gefühle, das innere Hin- und Hergerissensein, die psychische Ambivalenz: das war die neue Situation, mit der sich im Besonderen die Menschen seit dem Beginn des 19. Jahrhunderts auseinanderzusetzen hatten, nachdem sie sich von der Gängelung der alten feudalen Strukturen frei gemacht hatten. Diesen subjektiven Blick hat die Romantik sichtbar gemacht wie kein anderer Kunststil. Kein anderer ist so tief in die Gefühlswelt eingetaucht. Und bis heute sehen wir alles, was mit Sehnsucht, Liebe, Treue, Trennung und Enttäuschung zusammenhängt, meist noch durch die romantische Brille.

In einem kühlen Grunde,
da geht ein Mühlenrad;

mein Liebchen ist verschwunden,
das dort gewohnet hat.

Sie hat mir Treu' versprochen,
gab mir ein' Ring dabei,
sie hat die Treu gebrochen:
Das Ringlein sprang entzwei.[26]

Angeblich hat der Dichter Joseph von Eichendorff während seiner Studentenzeit 1807/08 in Heidelberg tatsächlich so ein unhappy end einer Liebe erlebt. Das Gedicht, das er darüber schrieb, wurde alsbald, mit der Melodie von Friedrich Glück (1814) und 1825 mit dem Chorsatz von Friedrich Silcher, zum populären Volksgut. Wie die romantische Liebe und das Treueversprechen auf den ganzen Schmerz des Treuebruchs zulaufen: das ist bis heute der Inbegriff hochromantischer Weltverlorenheit. Die Geliebte hat die Liebe selbst gewollt und entfacht und hat die Treu versprochen. Doch nun ist alles anders, und der Dichter bleibt enttäuscht und verzweifelt zurück. Um den Ernst der Lage noch zu steigern, kommt auch hier der Tod als einzig mögliche (Er-)Lösung ins Spiel. Die letzte Strophe von »In einem kühlen Grunde« deutet das so an:

Hör' ich das Mühl'rad gehen,
ich weiß nicht, was ich will –
ich möcht' am liebsten sterben,
dann wär's auf einmal still.

Schuberts Liederzyklen *Die schöne Müllerin* (1823) und gesteigert noch *Die Winterreise* (1827) nach Gedichten von Wilhelm Müller (1823) sind weitere Beispiele für dieses typisch romantische, tragische Erleben der enttäuschten Liebe. So intensiv das Hochgefühl der Liebe erst einmal auftritt, so hoch ist die Fallhöhe beim Sturz in die Enttäuschung. Sowohl der Liebende der schönen Müllerin als auch der Jüngling auf der Winterreise finden den Tod. Und wenn auch die Romantik als Kunstepoche lang vorbei ist, so ist das romantische Muster von Treueerwartung und höchster Verzweiflung beim Bruch der Beziehung immer noch wirksam. Hoffentlich nicht bis zur Konsequenz des Suizids. – Auch Eichendorff hat »ich möcht' am liebsten sterben« nur gedichtet. Er hat künstlerische Trauerarbeit geleistet, der Ausdruck der Verzweiflung spiegelte einen Augenblick; doch sein reales Leben währte noch weitere 50 Jahre (bis 1857), glücklicherweise.

Wenn wir so sehr an der Vorstellung festhalten, die eine Liebe, die wir uns gerade wünschen, sei die einzig mögliche in unserem Leben, steigern wir damit erst einmal den Wert dieser Beziehung ... aber eben auch die Fallhöhe, falls sie zerbricht.

»Es ist aus« – und dann?

Wer gerade eine Trennung erlebt hat oder enttäuscht oder resigniert auf eine Reihe erlittener Trennungen zurückblickt, dem wird vielleicht Goethes Gedicht »Lesebuch« aus seinem *West-östlichen Divan*[27] aus dem Herzen sprechen:

Wunderlichstes Buch der Bücher
Ist das Buch der Liebe;
Aufmerksam hab ich's gelesen:
Wenig Blätter Freuden,
Ganze Hefte Leiden;
Einen Abschnitt macht die Trennung.

Wiedersehn! ein klein Kapitel,
Fragmentarisch. Bände Kummers,
Mit Erklärungen verlängert,
Endlos, ohne Maß.

Gern und oft wird das Gedicht nur bis hierher zitiert und ver-
harrt somit in einer trostlosen Klage. Für die verzweifelte Stimmung eines Augenblicks ist es sicherlich berechtigt, hier innezuhalten.

Aber bei Goethe ist es hier eben nicht zu Ende, er relativiert
seine eindringliche Klage, ganz im Sinne einer lösungsorientierten
psychotherapeutischen Intervention:

O! Nisami! - doch am Ende
Hast den rechten Weg gefunden;
Unauflösliches, wer löst es?
Liebende, sich wieder findend.

Diese Wendung nimmt der vorangegangenen Klage nichts von
ihrer Last, der Schmerz muss durchlitten werden; das ist unauflös-
lich. Und doch leuchtet eine Hoffnung auf:»Wer löst es? Liebende,
sich wieder findend.

Dass eine Trennung sehr wehtun kann, ist das notwendige
Risiko, das wir eingehen müssen und eventuell der Preis, den wir
für unsere Liebe bezahlen. Und um der Wahrhaftigkeit und Tiefe
unserer Liebe willen sollten wir dazu auch bereit sein. Aber wir
dürfen auch erwarten, dass sich da schließlich»etwas löst«.

Wir durchlaufen mit unserer Trauer einen Prozess, in dessen
Verlauf wir uns frei machen können von den Bindungen der Ver-
gangenheit, uns neu orientieren und wieder öffnen können für neue
Begegnungen.

Damit haben wir uns aber von der lebenslangen Treue in der
einzig wahren Partnerschaft verabschiedet und müssen uns – wenn
es sich in unserem Leben so fügt – mit dem Modell der»Lebensabschnittspartnerschaft«, der Monogamie für einen vielleicht
begrenzten Zeitraum anfreunden. Aus den vorangegangenen Beispielen wurde deutlich, dass damit durchaus nicht notwendiger-
weise ein Flattern von Blüte zu Blüte, ein leichtfertiges Verhältnis

zur Treue gemeint sein muss. Auch wenn wir uns bewusst sind, dass sich die Bedingungen, unter denen wir lieben, in einigen Jahren vielleicht verändern können, dass unsere Beziehung vielleicht irgendwann auseinandergeht, muss uns das nicht davon abhalten, uns tief einzulassen. Kontrolle über Zukünftiges anzustreben ist ohnehin aussichtslos und entfernt uns nur von dem, was im Jetzt möglich ist. In jedem Augenblick offen und wahrhaftig zu sein, ist sicherlich das Beste, was wir für unsere Partnerschaft tun können.

Risikomanagement in der Liebe

Aus dem Wirtschaftsleben kennen wir das, und da wird es auch von kaum jemandem angezweifelt: Alles Vermögen in ein Projekt zu stecken, kann in Glücksfällen gut gehen. Aber wenn es schief geht, ist eine ganze Existenz zerstört. Deshalb raten Finanzberater, das Risiko zu streuen, die Investitionen zu»diversifizieren« und nicht alles auf eine Karte zu setzen.

Dieses ökonomische Vorgehen ist aber auf die Risiken in menschlichen Beziehungen nur teilweise übertragbar. Was sich, analog zum»Diversifizieren« im ökonomischen Risikomanagement, auch in der menschlichen Gemeinschaft bewährt, ist die Beziehungsvielfalt. Aufgehoben sein in einem Netz von liebevollen Beziehungen verleiht den Menschen ohne Zweifel Stärke und Selbstvertrauen. Es ist der natürliche Idealzustand des Menschen als sozialem Wesen, im Kreise von Familie, Freund*innen und allen möglichen Gruppen. Und unter den Bedingungen der Freiheit und Gleichberechtigung steht auch jedem Menschen in einer Partnerschaft zu, ein solches Netz von weiteren Beziehungen zu pflegen.

Aber einen entscheidenden Unterschied zur Risikoabschätzung in der Ökonomie sollten wir klar sehen: Auch die größte und romantischste Liebe führt im Verlustfalle – unter erwachsenen Menschen – nicht zu einer zerstörten Existenz. Zu großer Enttäuschung und Trauer, ja. Aber auch wenn das Objekt unserer großen Liebe dahin ist – unser eigentlicher Reichtum ist unsere Liebe. Und die ist unabhängig von den Objekten, und die können wir nicht verlieren. Deshalb ist eine ökonomische Risikovorsorge in der Liebe nicht angebracht. Wir sollten das Risiko des Scheiterns eingehen, denn vermeiden wir es, haben wir das Schöne, das wir erleben könnten, schon von vornherein ausgeschlossen. Und wir vermeiden auch keinen Verlustschmerz im Fall einer Trennung. Denn die fällt am schwersten, wenn wir uns vorher nicht eingelassen haben.

»Wenn ich eh damit rechnen muss, dass ich irgendwann verlassen werde, dann lasse ich mich lieber vorsichtshalber schon nicht so tief ein.« Eigentlich wirkt dieses Kalkül vernünftig, und diese bewusst anti-romantische Haltung ist auch weit verbreitet. Wir haben sie bei der Betrachtung der »Lebensabschnittspartnerschaft« (S. 31, 173, 204) schon einmal anklingen lassen. Paradoxerweise schützt eine solche Haltung aber überhaupt nicht davor, durch eine Trennung tief verletzt zu werden – im Gegenteil! Unsere Liebe, die wir selbst zurückgehalten haben, schmerzt uns noch viel mehr als unsere Liebe, die zurückgewiesen wurde. Denn das zu Grunde liegende Motiv ist die Angst. In unserer Phantasie ist die Zurückweisung und Verletzung bereits eingetreten, wir gehen davon aus, dass wir sie nicht aushalten können und verbieten uns selbst, in das Leben (und seine Risiken) einzutreten. Doch das Bedauern, in vorauseilender Angst die Liebe, die sich hätte entwickeln können, selbst blockiert zu haben, quält uns am allermeisten. Mit nichts hadern wir so sehr wie mit den durch eigenes Verhalten verpassten Chancen.

Wenn wir Geld in ein riskantes Projekt investieren, dann ist es sicherlich klug, vorsichtig zu bleiben und sich nicht so zu engagieren, dass man sich im Fall des Scheiterns damit ruiniert. Mit unseren emotionalen Ressourcen ist das anders. Die erschöpfen sich nämlich gerade dann, wenn wir allzu sparsam mit ihnen umgehen. Und die aus Angst vor Zurückweisung schon selbst vorweggenommenen Enttäuschungserlebnisse machen uns immer empfindlicher und schneiden uns Stück um Stück vom Leben ab.

Wenn wir dagegen großzügig mit unseren emotionalen Ressourcen umgehen, schaffen sie immer neue Fülle. Das heißt nun leider nicht, dass unsere Liebe jedes Mal erwidert wird, wenn wir sie nur nicht selbst blockieren. Enttäuschung kann uns ebenso blühen wie das Glück. Doch wir trainieren damit auch unsere Fähigkeit, Verletzungen auszuhalten, unsere Resilienz.

Wenig Blätter Freuden, ganze Hefte Leiden« – so hat Goethe das »Buch der Liebe« beschrieben. Selbst wenn sich die Liebe auch in Ihrem Leben so tragisch zeigen würde, wäre das kein guter Grund, sie sich aus Angst vor einem Rückschlag zu versagen. Zu lieben kann weh tun, ja, gut... Aber eine Liebe, die ausgedrückt werden will, nicht zuzulassen hat weit schlimmere Auswirkungen, tut noch mehr weh.

Wie meistens in unserer Gefühlswelt suchen wir uns nicht bewusst aus, ob wir um die Liebe einen Bogen machen oder uns mit Jubel hineinstürzen. Diese Verhaltensweisen haben sich ja in der langen Entwicklung unserer Prägungen und Erfahrungen weitgehend unbewusst ergeben und gehören zu unserer Person, ob sie uns nun vornehmlich Freude bescheren oder vornehmlich Leiden.

Aber falls Sie sich eine Entwicklung oder Veränderung in Ihrem Leben wünschen, können Sie einen Schritt bewusst tun und sich fragen: Wie ist das bei mir? Gehe ich verschwenderisch um mit meiner Liebe – oder eher sparsam? Versuche ich mich vor Enttäuschung und Zurückweisung zu schützen, indem ich meine Liebe bremse oder blockiere? Kenne ich die schmerzliche Erfahrung, dass ich mit meiner Liebe zurückgewiesen wurde? Kenne ich die schmerzliche Erfahrung, dass ich meine Liebe unterdrückt oder blockiert habe? Und vermutlich wird es Gelegenheiten in Ihrem Leben geben, bei denen Sie sich vornehmen können, ein neues Verhalten, eine neue Reaktionsweise auszuprobieren.

Zu einem guten Leben gehören auch Herausforderungen

Es gibt in der Lebenshilfeliteratur manche Autor*innen, die verheißen, wir würden alles, was wir uns wünschen, auch bekommen, wir müssten es nur richtig anstellen – durch die richtige mentale Fokussierung, das richtige positive Denken oder die richtige Adressierung unserer Bestellungen beim Universum. Dass unser »Mindset« – unsere mentale Einstellung – entscheidenden Einfluss hat auf das, was uns begegnet, steht für mich außer Frage. Skeptisch bin ich allerdings hinsichtlich der Erwartung, dass wir mit ein paar mehr oder weniger willkürlichen Versuchen, auf unser Bewusstsein einzuwirken, tatsächlich die Realität erschaffen können, die sich unser oberflächlicher Verstand wünscht. Da denke ich, wir müssten viel mehr in die Tiefe gehen, in uns hineinhorchen und alle Instanzen unserer Seele mitnehmen. Denn das, was dabei an Wünschen und Zielen unserer gesamten Person vorhanden ist, das schafft unsere Realität ... aber die sieht sehr wahrscheinlich anders aus als das, was unser Verstand und Ego-Bewusstsein als Ziele ausgeben. Ein bisschen Bestellungen formulieren oder positiv denken – eine solche Abkürzung zum guten, glücklichen Leben halte ich für nicht sehr aussichtsreich. Insbesondere, wenn es um unsere Beziehungen zu anderen Menschen geht, schwingen so viele Aspekte unserer Persönlichkeit mit, dass solche Abkürzungen nicht besonders gut funktionieren werden und uns das Wesentliche vorenthalten: unseren selbst bestimmten Entwicklungsweg. Der ist vielleicht nicht immer bequem, womöglich lernen wir innere Widerstände kennen, mit denen wir gar nicht gerechnet haben, womöglich erwarten uns auch Enttäuschung und Leiden. Aber an diesen Erfahrungen wachsen wir. Sie durchzustehen gibt unserem Leben Sinn.

Durchstehen, nicht verharren. Die Perspektive auf dem Wachsen und Freiwerden darf und soll schon dabei sein. Zuversicht und Mut brauchen wir für unsere innere Auseinandersetzung mit uns selbst; und erst recht für unsere Begegnung mit anderen: Wir müssen raus aus unserer Komfortzone, wir müssen etwas wagen, um uns für eine Beziehung zu öffnen oder in einer Beziehung, die gerade schwierig erscheint, offen zu bleiben und gemeinsam mit der Partnerin oder dem Partner diese Beziehung zu gestalten.

Ihren eigenen Weg zu suchen ist jedenfalls ganz allein Ihnen überlassen – ebenso wie die Verantwortung, die Sie für all Ihre Entscheidungen haben. Wenn Sie es aber in einer schwierigen Phase der Beziehung schaffen, wieder zueinander zu finden, ist das ein großes Geschenk, das Sie der Partnerschaft machen – der oder dem anderen ebenso wie sich selbst. Denn Krisen gemeinsam zu überstehen ist die größte Wachstumschance für beide und stärkt das Vertrauen und Selbstbewusstsein der beiden – auf lange Sicht eine klare Win-win-Situation.

Das gilt auch, wenn die Beziehung bereits beendet war oder wenn Affären oder Dreiecksbeziehungen die ursprüngliche Zweisamkeit durcheinandergebracht haben – unter einer Bedingung: Der Vertrauensverlust muss reparabel sein. Und das verlangt Ehrlichkeit. Notlügen oder das Bestreben, das ganze Ausmaß von Untreue und Betrug doch nicht ans Licht kommen zu lassen, schaffen definitiv keine geeignete Basis für Vertrauen und eine blühende Partnerschaft. Dafür braucht es die Bereitschaft beider Partner, auf der Grundlage der Wahrheit beieinander zu bleiben. Einfach über erlittene Enttäuschung oder Verletzung hinwegzugehen und in der Paarbeziehung so weiterzumachen wie zuvor, ist kein guter Rat. Denn die Schuldgefühle und die benannten oder auch unausgesprochenen

Vorwürfe lassen sich mit einer »Schwamm-drüber«-Geste nicht löschen. Erst einmal müssen die Dinge auf den Tisch, sie müssen von beiden Partnern offen und ehrlich angeschaut werden. Dazu gehört auch, dass alle, die Schuld auf sich genommen haben, das anerkennen können und um Vergebung bitten. Das ist oft nicht leicht. Ebensowenig leicht ist es für die verletzte Person, Verständnis aufzubringen für die Motive des anderen und dann die Vorwürfe loszulassen.

Aber – ganz im Ernst – nach allem, was wir über die Disposition des Menschen »auf der Kippe« und über das Spannungsfeld zwischen Freiheit und Zugehörigkeit erörtert haben, sollte es ein bisschen leichter geworden sein, mit der Partnerin oder dem Partner offen und konstruktiv über Treue, Untreue, über die Chancen und die Hindernisse der Beziehung zu sprechen. Und es sollte ein bisschen leichter geworden sein, unseren romantischen Wunsch nach unserer Idealpartnerin oder unserem Idealpartner, die oder der uns ein ganzes Leben lang sicher bleibt, als einen schönen Wunsch anzusehen, der eventuell in Erfüllung geht, eventuell aber eben auch nicht.

Es bleibt uns ja doch nichts anderes übrig als den Widerspruch, der uns Menschen mitgegeben ist, hinzunehmen. Der Sexual- und Paartherapeut Ulrich Clement benennt diese Disposition des Menschen sehr prägnant: »Dieser Widerspruch steckt in uns allen. Und er ist unauflösbar: Wir brauchen eine emotionale Heimat, und wir suchen zugleich Autonomie und Individualität. Das ist kein Problem, das man lösen kann. Wenn man dieses Dilemma akzeptiert, ist man schon weiter. Sich darüber zu ereifern ist genauso aussichtslos wie sich über die Schwerkraft aufzuregen.«[28]

Das ist schön und humorvoll gesagt, und es führt uns klar vor Augen, dass wir es einfacher nicht haben können. An die Schwerkraft sind wir gewöhnt, wir nehmen sie als eine Naturgegebenheit hin und erkennen auch ihren Nutzen, sie verschafft uns den festen Stand auf dem Erdboden. Das Dilemma zwischen Freiheit und

Zugehörigkeit empfinden wir dagegen oft als eine Zumutung. Die Unsicherheit in unserer Liebe als eine Naturgegebenheit zu akzeptieren ist schwer, auch wenn es realistisch und befreiend ist. Eine erfüllte Liebe, eine gelingende Beziehung und lange (lebenslange?) Treue sind ein Segen, aber nichts, worauf wir unsere Partner*innen und Geliebten festnageln können und genauso nichts, das wir den anderen für alle Zeiten und Lebenslagen garantieren können. Falls wir Enttäuschungen und Trennungen erleben, werden wir wohl verletzt, verzweifelt, traurig sein. Und der Gedanke, dies alles dürfte uns im Leben nicht widerfahren, hält uns vielleicht eine Zeit lang fest. Aber auch das ist ein Durchgangsstadium, eine Phase, in der wir Trauerarbeit leisten müssen, damit wir uns später wieder davon lösen können.

Trauer und Treue

Wir wollen geliebt, begehrt, geachtet werden, erhoffen uns Glück für unser Leben, wir wünschen uns die Gemeinschaft mit anderen, die uns fördern und stärken. Jedenfalls ist es das, was die Menschen über sich sagen und wonach sie bewusst streben. Was unbewusst abläuft, muss damit keineswegs übereinstimmen. Nur ist uns das weitgehend verborgen. Wir können vielleicht eine Ahnung davon gewinnen, wenn wir in uns hineinhorchen – wenn es uns gelingt, die verschiedenen Stimmen in unserem Inneren wahrzunehmen und ihnen zuzuhören.

Unsere Seele scheint ihren eigenen Plan zu haben. Wir mögen es für Zufall halten, welchen Menschen wir begegnen. Aber auf wen wir unsere Aufmerksamkeit richten und welche Beziehungen sich daraus ergeben; auch: welche Enttäuschungen und welches Leid wir dabei erleben – das ist das, was wir, bewusst und vor allem auch unbewusst dazu tun. Unsere Seele steuert uns in diese Gefühlswelten, und es hilft uns absolut nichts, wenn wir uns dagegen sträuben und auflehnen. Wahrscheinlich ergeht es uns sogar besser, wenn wir unsere Gefühle annehmen; wenn wir uns auf unser Leid demütig einlassen, ihm Raum geben. Und Zeit.

Haben Sie in Ihrem Leben schon einmal eine schmerzliche Trennung erlebt? Sind Sie schon einmal von einem geliebten Menschen verlassen worden? Erinnern Sie sich: Wie haben Sie sich da gefühlt? Wie haben Sie reagiert?

Wenn wir uns eingestehen müssen, dass es aussichtslos ist, um eine Beziehung weiter zu kämpfen, dass wir sie verloren haben, ist unser Schmerz darüber womöglich so groß, dass wir vor ihm fliehen. »Ich möcht' am liebsten sterben, dann wär's auf einmal still.« – Diese Eichendorff'schen Verse beschreiben genau die romantische Reaktion auf den übergroßen Schmerz: Lieber auf das Geschenk des Lebens verzichten... lieber sterben, nur um den Schmerz nicht aushalten zu müssen.

Auch noch weitere Reaktionsweisen sind denkbar: Ablenkung: schnell irgendetwas anderes anfangen, das einen total in Beschlag nimmt. Auch so kann man dem Schmerz (wenigstens für eine Zeit) ausweichen. Oder: Sich einmauern, versteinern, die Gefühle einfach ignorieren.

Den Schmerz zuzulassen – zu trauern – ist hart. Und so ist es verständlich, dass sich die Menschen allerlei einfallen lassen, um diese Aufgabe nicht erledigen zu müssen. Doch wenn wir schon einen geliebten Menschen verloren geben müssen, dann ist es um so wichtiger, den Kontakt zu uns selbst nicht zu verlieren, uns selbst treu zu bleiben. Und zu trauern, das ist in dem Moment das, was unsere Seele fordert, unsere Wahrheit.

Wenn wir verlassen worden sind, mischt sich in unsere Gefühle in aller Regel auch Ärger und Wut auf die Person, die uns diesen Schmerz zugefügt hat. Hätte sie das nicht tun dürfen? Oder anders anfangen sollen? Vorwürfe, das können wir überall beobachten, verstärken und besiegeln die Trennung. Insofern betreiben spätestens damit beide Seiten das Auseinandergehen. Wer aber seinen verlorenen Partner oder seine verlorene Partnerin insgesamt abwertet, fügt auch sich selbst unnötigen Schaden zu. Denn damit verleugnet man all das Schöne, das die Beziehung auch einmal ausgemacht hat. Und Hass und Verachtung binden einen in einer negativen, schädlichen Weise immer noch an die verlorene Person.

Ein Wechselbad der Gefühle steht jedem zu, der einen schweren Verlust erlitten hat. Aber wenn dann der Verstand als verständnisvoller Freund zu Wort kommen darf, wird er dem enttäuschten, verwundeten Herzen vielleicht diesen heilsamen Rat geben: Weine und trauere über den Verlust – damit bringst du schließlich auch zum Ausdruck, wie schön und wertvoll das war, was du schon bekommen hast. Damit ehrst und achtest du die verlorene Beziehung und deine Liebe. Du, wenigstens du, verrätst die Beziehung nicht. Das ist die Form von Treue, zu der du keinen anderen Menschen brauchst, die das Ende der Beziehung annimmt und dir die Freiheit gibt weiterzugehen.

Trauern ist keine äußere Aktivität, aber sehr wohl eine innere: in sich hineinhorchen und Gefühle zulassen; den Verlust anerkennen und »verarbeiten« – in der neuen Situation ein neues Gleichgewicht suchen. Deshalb wird oft von »Trauerarbeit« gesprochen, und in diesem Begriff ist auch die Hoffnung enthalten: Es ist eine Aufgabe, die wir erfüllen müssen, ein Prozess mit Anfang und Ende. Und wenn die Arbeit getan ist, haben wir Frieden und sind offen für Neues.

Von der Vergeblichkeit zur Vergebung

Wenn Sie Ihre Partnerin oder Ihren Partner lieben und gut kennen, wird Ihnen die romantische Vorstellung, sie oder er sei die einzig mögliche ideale andere Hälfte, wahrscheinlich gar nicht so wichtig sein. Und wenn Ihre Partnerin oder Ihr Partner Sie liebt und gut kennt, wird auch sie oder er Ihre Unvollkommenheit ohne größere Entzweiung hinnehmen können. Es gibt Reibung, es gibt Konflikte, es gibt Ungewissheiten in diesem Leben. Auch dass der Mensch, mit dem wir zusammen sind und der uns die Treue versprochen hat, einmal aus der Beziehung wegstrebt, kann niemand ausschließen. Nicht einmal, dass wir es selbst sind, die irgendwann einmal ausbrechen werden, ist undenkbar. Wir kennen unsere Zukunft nicht, und eine biologisch vorprogrammierte Monogamie ist uns nicht mitgegeben. Wir sind – generell und füreinander – unvollkommen. Diese tragischen Grundbedingungen unseres Lebens können wir nicht auflösen. Aber wir können vielleicht lernen sie zu akzeptieren, als einen Aspekt des verborgenen Sinns unseres Lebens.

Denn stellen wir uns vor, diese Grundbedingungen fänden wir nicht vor – wir bekämen immer das, was wir uns wünschen (und nur das), … unser Leben wäre vielleicht angenehm, aber reizlos, wir könnten uns diese Erlebnisse glatt sparen, es wäre definitiv sinnlos. Schließlich wollen wir doch wirklich etwas erleben, etwas Neues erfahren, und das bedeutet, dass von außen etwas an uns herantritt, das in unseren Wünschen und Vorstellungen nicht schon vorhanden war – das erwarten wir doch von der Reise des Lebens. Das Risiko, dass uns solche Erlebnisse nicht beglücken, sondern frustrieren können, gehört offenkundig zu diesen Grundbedingungen.

Frustration setzt ein, wenn wir Erwartungen hatten, die nicht befriedigt, die enttäuscht werden: Wir wünschen uns etwas oder bemühen uns um etwas und erreichen es nicht. Das lateinische Adverb *frustra* bedeutet *vergeblich*. Manche unserer Bedürfnisse oder Bestrebungen werden nicht befriedigt; wir geben unsere Energie her und müssen erkennen, dass die erhoffte Wirkung ausbleibt. Darauf reagieren wir mit Aggression nach außen oder gegen uns selbst (in Richtung Burn-out oder Depression) – oder aber es gelingt uns, Misserfolg und Enttäuschungen auszuhalten. Einen Fehler zu machen ist schließlich ein ganz normaler Vorgang bei der Gewinnung von Erfahrung. Auf Grund von Versuch und Irrtum schreitet die Evolution voran. Bekanntermaßen wird in dem Wort *Ent-täuschung* auch der positive Effekt sichtbar, dass eine Täuschung aufgehoben wird. Genau so wird auch in dem, worum wir uns *vergeblich* bemüht haben, eine positive Perspektive sichtbar: die *Vergebung.*

Vergeben geht nicht auf die leichte Tour. Wir müssen unsere Enttäuschung und die Vergeblichkeit unserer Hoffnung anerkennen, wir müssen den Schmerz zulassen. Wir erkennen an, dass wir das, was wir uns gewünscht haben, nicht bekommen haben und können es so sein lassen. Wir stimmen dem zu, was ist, ohne Groll.

Dass uns ein anderer Mensch etwas Schweres zugemutet hat, müssen wir akzeptieren und aushalten, und zwar gerade nicht, um den Vorwurf von nun an vor uns herzutragen, sondern um ihm einen Platz zuzuweisen und ihn dann loslassen zu können. Dann, erst nach diesem Durchgang, findet Vergebung statt, und zwar wie von selbst. Ohne Tragödie ist die Katharsis nicht zu haben – ohne den Schmerz zuzulassen kommen wir nicht zu unserer Lebendigkeit und Freiheit. Aber das Hindurchgehen heilt uns auch wieder.

Und ob wir am Ende unserer Tage auf eine glückliche, treue Partnerschaft zurückblicken können oder auch auf Enttäuschungen und vergebliche Lieben – wozu wir unser Leben gelebt haben, werden wir – wenn überhaupt – erst in der Rückschau erkennen. Und – diese Ahnung ist ganz stark in mir – so oder so werden wir erkennen, dass es gut und richtig war, und wir werden Anlass haben zur Dankbarkeit für alles, was uns widerfahren ist.

Nachwort

Verliebte und Liebende haben meistens eine unbegrenzte gemeinsame Zukunft vor Augen und wünschen sich das Leben zusammen als Paar zu verbringen. Und dass das gelingen kann, bestätigen viele Lebensgeschichten – von heterosexuellen wie von homosexuellen Paaren und sicherlich von Paaren mit den verschiedensten Eigenschaften, die mir nur noch nicht begegnet sind. Da wirkt der Einwand, niemand könne vorhersehen, wie sich die Beziehung im Laufe der Jahre entwickelt, oft besserwisserisch und missgünstig. Er stört unsere Wünsche und unser Bild vom guten Leben.

Aber nach allem, was wir beobachten können, ist lebenslange Treue durchaus nicht das einzig mögliche Paarverhalten unter den Menschen, und die Einflüsse, die die Paare auseinanderbringen, lauern überall.

Trotzdem wird das Dogma, dass die monogame Paarbeziehung die im Menschen angelegte,»natürliche« Lebensform sei, seit Jahrtausenden weitergegeben; es hat, wie wir aus der Geschichte ersehen können, nie ungebrochen geherrscht, aber hat trotzdem, durchgesetzt mit der Macht der Religion und der weltlichen Mächte, die abendländische Zivilisation mitgestaltet. Mitte des 20. Jahrhunderts kam dieses Dogma ins Wanken, fragwürdig geworden durch die Verwerfungen zweier Weltkriege, durch die neue Mobilität der Industriegesellschaften und noch mehr durch das genaue Hinsehen der anthropologischen Wissenschaften.

Die »sexuelle Revolution« traf zeitlich und hinsichtlich vieler Akteure zusammen mit der revolutionären politischen Agenda der

1968er-Bewegung, auch wenn diese beiden Entwicklungen durchaus aus unterschiedlichen Quellen stammten. Viele, vor allem junge Leute wagten den scharfen Widerspruch zur abgewirtschafteten alten »bürgerlichen Werteordnung« und waren fasziniert vom genau entgegengesetzten Lebensstil: von der Aussicht auf vielfältige Beziehungen ohne Zwang und moralischen Druck, auf eine freie Sexualität ohne Schuldgefühle, auf eine Bejahung ihrer Freiheit um der Ehrlichkeit und Lebendigkeit willen. Doch hat dieser neue Lebensstil kein längerfristig erfolgreiches Dogma geprägt – er taugte für die meisten in einer jugendlichen Phase; später relativierten sie die Freiheit dann doch wieder zugunsten einer auf längere Dauer angelegten Paarbeziehung oder eines stabilen Familiennests.

Die alte »bürgerliche Werteordnung« ist aber keineswegs zurückgekehrt, das Dogma von der natürlich vorgegebenen monogamen lebenslangen Partnerschaft ist entkräftet und damit auch jede allgemein gültige Vorgabe, wie das Leben am besten zu verbringen sei. Aus diesem Grund ist die Lehre, die Sie aus diesem Buch mitnehmen können, gerade nicht: Sie sollten dies oder das tun, sollten Ihr Leben mit Beziehungsvielfalt und vielen Erfahrungen bereichern oder aber nach einer einzigen, lebenslang treuen Paarbeziehung streben. Die Chancen, dass Sie scheitern und ein unglückliches Leben führen, obwohl Sie sich strikt an Anweisungen gehalten und alles richtig gemacht haben, sind nämlich mit jedem denkbaren Lebensstil ziemlich groß.

Die Lehre, die mir vorschwebt, ist eher: *Es kommt darauf an…* Das ist nun leider nicht unbedingt die Auskunft, die sich Ratsuchende wünschen. Und doch ist es wohl die, die sich in der Vielfalt unseres Lebens (zeittypisch würde man auch sagen: in der Diversität unserer Gesellschaft) am besten bewährt. Also: Horchen Sie in sich hinein und erfahren Sie mehr über Ihre Wünsche, Ihre Ziele, darüber, worum es in *Ihrem* Leben gehen soll. Denn genau *darauf kommt es an.* Bleiben Sie offen für das, was sich in Ihrem

Leben zeigt. Dann stehen Sie zu Ihren Wünschen und gehen Sie Ihren eigenen Weg.

Die Freiheit dazu haben Sie.

Während ich an diesem Buch schrieb, hat ein Mann aus meinem Bekanntenkreis seine Frau und Kinder im Teenager-Alter verlassen, weil sich zwischen ihm und einer anderen Frau eine so unbedingte Liebe entwickelt hat, dass er entschied, sein bisheriges Leben über den Haufen zu werfen. Als Außenstehender bedauere ich diese Geschichte, da mir die nun auseinandergerissene Familie so vertraut war. Aber ich bin mir sicher, dass dieser Mann heftig mit seiner Verantwortung gerungen hat... Ich denke, ich sollte sie ihm überlassen.

Ein lesbisches Paar hatte über dreißig Jahre eine sehr innige, spannende Beziehung; irgendwann nahmen die Reibungen zu, die redlichen Versuche der beiden Frauen, das frühere Einverständnis wiederzuerlangen, hatten wenig dauerhaften Erfolg. Schließlich verliebte sich die eine der beiden in einen Mann und ließ ihre Lebenspartnerin untröstlich zurück. Einige aus der Verwandtschaft derjenigen, die nun ins heterosexuelle Lager gewechselt war, jubelten: Endlich war sie »normal« geworden! Ich dagegen war traurig, weil ich dem Frauenpaar in einer guten Freundschaft verbunden war – und weil ich den Schmerz der Zurückgelassenen so gut nachempfinden konnte. Aber Außenstehenden steht definitiv nicht zu, irgendeine Moralkeule zu schwingen; höchstens das Bemühen zu verstehen und vielleicht später einmal, sich für die Vergebung einzusetzen, die die neue Situation anerkennt und frei macht von den alten Vorwürfen und Schuldgefühlen.

Als ich jung war, ich deutete das schon an, ging es in meinem Beziehungsleben relativ wild zu ... und das war nicht nur der in den 1970er- und 1980er-Jahren vorherrschenden Ideologie von der freien Entfaltung und der Beziehungsvielfalt ohne Besitzansprüche geschuldet. Heute würde ich sagen: Ich war ziemlich verwirrt, war in meinem Narzissmus ziemlich bedürftig und brauchte diese Phase des Ausprobierens, musste durch viele desasträse und leidvolle und auch durch viele gute, stärkende Erfahrungen gehen. Im Rückblick denke ich mir: Ich wäre in meinem Verhalten gern klarer und ehrlicher gewesen; aber damals war es eben so, und das kann ich mir, bis auf einige Aktionen, die wirklich nicht o.k. waren, auch zugestehen – und ich hoffe, alle, die mich in guter oder auch nicht so guter Erinnerung haben, können das auch.

Heute habe ich eine geduldige, liebevolle Frau und eine wunderbare Tochter; da wäre es naheliegend, in einer bestimmten Weise über Treue zu räsonieren. Aber das ist eben auch an eine bestimmte Lebenssituation gebunden; wie sollte ich da vor Menschen in ganz anderen Lebenssituationen predigen, die meine wäre die einzig richtige? Sicherlich kommen andere Menschen mit ganz anderen Lösungen gut zurecht. Wieder andere leiden und scheinen im Unglück festzustecken. Da wünschen wir uns vielleicht, beistehen und helfen zu können … aber bitte nicht mit einer allgemein gültigen Anweisung, mit einer Maxime, die sich vielleicht im Leben anderer einmal bewährt hat. Solche Hilfen vergrößern in der Regel nur die Verwirrung und den Schmerz der Vergeblichkeit.

Wir können voneinander lernen, wir können die Lebensweisheit anderer übernehmen, aber wir sollten auch unseren eigenen Lebensentwurf bestimmen und gegen andere abgrenzen. Dazu können Bücher eine große Hilfe sein – und genau diese Zielsetzung habe ich mit meinem Buch.

Ihre individuellen Voraussetzungen können Sie aber nicht aus Büchern herauslesen. Dazu müssen Sie den Blick nach innen richten. Das können Sie im Prinzip ohne jedes Buch. Aber wenn ich Ihnen dazu nützliche Anregungen geben konnte, dann habe ich mit diesem Buch mein Ziel erreicht.

Anmerkungen

[1] Studien der University of Texas in Austin, USA

[2] Alfred Kinsey, *Das sexuelle Verhalten der Frau«*, Berlin/ Frankfurt am Main: G. B. Fischer, 1954 bzw. *Das sexuelle Verhalten des Mannes,* Berlin: G.B. Fischer 1955

[3] Interpret: Drafi Deutscher, Text: G. Loose, 1965

[4] Interpretin: Peggy March; Komponist: G. Buschor; Text: H. Mayer, 1966 Nena und George O'Neill, *Die offene Ehe. Konzept für einen neuen Typus der Monogamie,* Reinbek: Rowohlt TB 1975

ebenda, S. 31

[5] Uschi Obermaier, *Expect Nothing,* München: Riemann 2012

[6] Nena und George O'Neill, *Die offene Ehe. Konzept für einen neuen Typus der Monogamie,* TB-Ausg., Reinbek: Rowohlt TB 1975, S. 31.

[7] Ebenda., S. 31

[8] Jörn Pfennig *Grundlos zärtlich.* Originalausgabe München: Schneekluth 1979.

[9] Peter Dausend und Tina Hildebrandt, »Im lustverdünnten Raum«, in *Die Zeit* No. 9. 2.2020, S. 7

[10] Nena und George O'Neill, *Die offene Ehe. Konzept für einen neuen Typus der Monogamie, Reinbek: Rowohlt TB 1975, S. 148*

[11] *Ebenda., S. 149*

[12] Hilde Schramm, Interview mit Lara Fritsche im *Süddeutsche Zeitung Magazin* vom 13.10.2016:»Ich habe ihn nicht als grausam, sondern als liebenswert empfunden«

[13] Interview mit Ijoma Mangold, *Zeit Magazin* Nr. 24, 2012

[14] Christopher Lasch, *The Culture of Narcissism. American Life in an Age of Diminishing Expectations.* W.W. Norton, 1979. Dt. Ausg.: *Das Zeitalter des Narzissmus.* München: Steinhausen 1980

[15] Erich Fromm, *Die Kunst des Liebens, 1956;* 60. Auflage, Frankfurt am Main 2003, Englische Originalausgabe *The Art of Loving,* Erstausgabe 1956.

[16] Eva Maria Zurhorst, *Liebe dich selbst, und es ist egal, wen du heiratest,* München: Arkana, 2004

[17] Stefanie Stahl im *Süddeutsche Zeitung Magazin,* 29.1.2021

[18] Lucia Bramert,»Ich bin so frei«, in der *Süddeutschen Zeitung* vom 20./21. August 2022

[19] Eva Illouz, *Der Konsum der Romantik. Liebe und die kulturellen Widersprüche des Kapitalismus,* Frankfurt am Main/New York: Campus 2003

[20] *Die Bibel, Evangelium des Markus* 10:9

[21] *Monaco Franze,* vom Bayerischen Rundfunk 1981-1983 produzierte und deutschlandweit in alle ARD-Programme übernommene Fernsehserie, 10 Episoden

[22] Wolfgang Schmidbauer im Gespräch mit Francesco Giammarco, »Hilfe! Sollte man als Paar darüber reden, wie man mit möglicher Untreue umgeht«, *Zeit Magazin* No. 13, 25.03.2021

[23] Mareike Nieberding, Interview mit Aleida und Jan Assmann, im *Süddeutsche Zeitung Magazin,* 23.12.2022, S. 20-27

[24] z.B. die *Harvard Adult Development Study,* eine schon seit Jahrzehnten immer weitergeführte psychologisch-soziologische Erhebung der Harvard University

[25] Robert Waldinger im Interview mit Mario Stäuble, »Wie wird man glücklich?« *Süddeutsche Zeitung,* 21.1.2023

[26] Joseph von Eichendorff, »Das zerbrochene Ringlein« geschrieben 1807/08, erstmals veröffentlicht unter dem Titel »Lied« in der Anthologie D*eutscher Dichterwald,* 1813

[27] Johann Wolfgang von Goethe, *Poetische Werke* [Band 1–16], Band 3, (Berliner Ausgabe), Berlin 1960 ff, S. 36.

[28] Ulrich Clement im Gespräch mit Stefanie Kara, »Nur Sex, das gibt's doch gar nicht«, *Die Zeit,* 20. 2. 2020, S. 33